KB214706

BIBLE in Hand 교양인을 위한 성경

구약 | 여호수아기 · 사사기 · 룻기

선택,
어느 편에 설 것인가?

해제 **김근주**

봄이다
프로젝트

해제 김근주 | 기독연구원 느헤미야 연구위원

서울대학교 경제학과를 졸업하고, 장로회신학대학교 신학대학원에서
목회학 석사(M.Div.)와 신학 석사(Th.M.) 학위를 받은 후,
영국 옥스퍼드대학교에서 칠십인역 이사야서의 신학적 특징을 다룬
논문(The Identity of the Jewish Diaspora in the Septuagint Isaiah)으로
박사(D.Phil.) 학위를 받았다.
기독연구원 느헤미야 연구위원이며, 일산은혜교회 협동목사로 섬기고 있다.
〈복음의 공공성〉(비아토르), 〈특강 예레미야〉 〈특강 이사야〉(IVP),
〈나를 넘어서는 성경 읽기〉 〈소예언서 어떻게 읽을 것인가 1, 2, 3〉(이상 성서유니온),
〈구약의 숲〉 〈다니엘처럼〉 〈네 이웃을 네 몸과 같이〉(이상 대장간),
〈구약으로 읽는 부활 신앙〉(SFC출판부) 등을 펴냈다.
봄이다 프로젝트가 펴내는
Bible in Hand | 교양인을 위한 성경 시리즈 중 구약편 해제를 집필했다.

구약 | 여호수아기·사사기·룻기

선택,
어느 편에 설 것인가?

믿음에 관심이 있거나 새로 예수를 믿게 된 사람들이 성경을 읽어야 하는데, 이때 전권을 주고 읽으라고 하면 질려서 잘 읽지를 못한다. 이런 사람들에게 이 책을 권하면 좋을 것 같다. 새번역을 사용하고 있고, 읽으면서 생길 수 있는 질문에 답을 주는 짧은 주석이 붙어 있어서 재미있게 읽을 수 있기 때문이다. 이 낱권 성경책은 특별히 비신자 전도에 집중하는 가정교회에서 잘 활용할 수 있을 것이다. 처음 성경을 접하는 분들이 성경을 쉽게 이해하고, 성경 읽는 데 자신감이 생길 것이다.

_ **최영기** | 휴스턴서울교회 은퇴목사, 국제가정교회사역원 초대원장

베스트셀러를 주로 읽는 요즘 사람들은 정작 인류 최고의 베스트셀러인 성경에는 무지하다. 일반인들이 성경을 읽으려면 먼저 성경은 종교적 경전의 모양새에서 벗어나야 한다. 이 책은 바로 그런 목적으로 출간되었다. 이제 종교적인 편견을 버리고 성경을 읽고, 세계 시민에 걸맞은 교양을 가져보자.

_ **방선기** | 일터개발원 이사장

거룩할 '성'과 날 '경' 자로 구성된 성경(聖經)은 우리 삶이 혼돈의 심연으로 빠져들지 않도록 지켜주는 수직의 중심이다. 사람들이 성경에는 오류가 없어야 한다고 믿는 것은 그 때문이다. 성경을 읽다가 모순되는 지점을 발견하는 순간 경건한 사람들은 마치 연모하던 이의 비밀스러운 모습을 본 것처럼 민망해한다. 기독교에 대해 반감을 가진 이들은 '잘코사니!' 하면서 공격의 빌미를 삼는다. 민망해할 것도 없고, 쾌재를 부를 것도 없다. 김근주 교수와 권연경 교수의 안내를 받아 성경 속을 거닐다 보면 그 모순 속에 담긴 삶의 심오함에 가닿을 것이다. 교회 밖의 사람들은 물론이고 기독교인에게도 이 책은 좋은 길잡이가 되어주리라 믿는다.

_ 김기석 | 작가, 전 청파교회 담임목사

일러두기

01

이 책에 사용된 한글 번역본은 대한성서공회의 허락을 받아
〈성경전서 새번역〉(2001년)을 사용했습니다.

기독교 성서를 번역, 출판, 반포하는 대한성서공회는 〈성경전
서 새번역〉에 대해 "원문의 뜻을 우리말 독자들이 이해할 수
있도록 정확하게 번역하고, 쉬운 현대어로, 우리말 어법에 맞
게, 한국교회에서 사용할 수 있도록 번역된 성경"이며, "번역
이 명확하지 못했던 본문과 의미 전달이 미흡한 본문은 뜻이
잘 전달되도록 고쳤다. 할 수 있는 대로 번역어투를 없애고,
뜻을 우리말로 표현하려고 노력했다. 그러나 신학적으로 중요
한 본문에서는 원문을 그대로 반영하려고 노력했다. 대화문에
서는 현대 우리말 존대법을 적용했다"고 밝히고 있습니다.

02

성경 본문 하단은 성경을 읽으면서 생기는 궁금한 내용에 대해
질문과 해제 형식으로 담아냈습니다. 질문은 편집부에서 만들
고, 해제는 구약성경은 김근주 교수(기독연구원 느헤미야), 신
약성경은 권연경 교수(숭실대 기독교학과)가 맡았습니다.

성경 본문입니다

장을 말합니다

절을 말합니다

약자를 말합니다.
〈성경의 구성〉(9p)을
참고하십시오.

성경의 해당 부분
책 이름입니다.

질문과 해제입니다

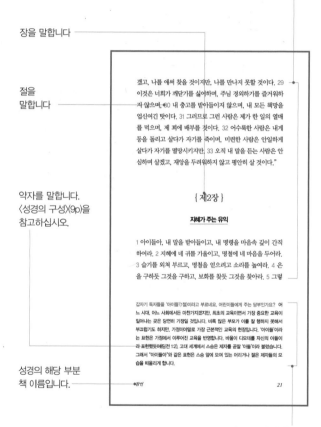

겠고, 나를 애써 찾을 것이지만, 나를 만나지 못할 것이다. 29 이것은 너희가 깨닫기를 싫어하며, 주님 경외하기를 즐거워하지 않으며, ●30 내 충고를 받아들이지 않으며, 내 모든 책망을 업신여긴 탓이다. 31 그러므로 그런 사람은 제가 한 일의 열매를 먹으며, 제 꾀에 배부를 것이다. 32 어수룩한 사람은 내게 등을 돌리고 살다가 자기를 죽이며, 미련한 사람은 안일하게 살다가 자기를 멸망시키지만, 33 오직 내 말을 듣는 사람은 안심하며 살겠고, 재앙을 두려워하지 않고 평안히 살 것이다."

{ 제2장 }

지혜가 주는 유익

1 아이들아, 내 말을 받아들이고, 내 명령을 마음속 깊이 간직하여라. 2 지혜에 네 귀를 기울이고, 명철에 네 마음을 두어라. 3 슬기를 외쳐 부르고, 명철을 얻으려고 소리를 높여라. 4 은을 구하듯 그것을 구하고, 보화를 찾듯 그것을 찾아라. 5 그렇

갑자기 독자를 '아이들'(1절)이라고 부르네요. 어린이들에게 주는 당부인가요? 어느 시대, 어느 사회에서든 마찬가지겠지만, 최초의 교육이면서 가장 중요한 교육이 일어나는 곳은 당연히 가정일 것입니다. 비록 많은 부모가 이를 잘 행하지 못해서 부끄럽기도 하지만, 가정이야말로 교육의 현장입니다. '아이들'이라는 표현은 가정에서 이루어진 교육을 반영합니다. 바울이 디모데를 자신의 아들이라 표현했듯이(딤전 1:2), 고대 세계에서 스승은 제자를 곧잘 '아들'이라 불렀습니다. 그래서 "아이들아"와 같은 표현은 스승 앞에 모여 있는 어리거나 젊은 제자들의 모습을 떠올리게 합니다.

●잠언   21

성경, 구약 39권 + 신약 27권

성경은 한 권의 책이 아닙니다. 기원전 1천 년 전부터 기원후 2세기에 이르기까지 아주 긴 시간 동안 쓰여진 다양한 책들의 묶음입니다. 성경은 66권의 책으로 구성되어 있습니다. 그 책들은 저자도, 내용도, 형식도, 분량도 모두 다릅니다. 성경은 크게 구약과 신약으로 구분되며, 구약은 39권, 신약은 27권으로 구성되어 있습니다.

또 성경에는 여러 종류의 번역판이 있는데, 이 책은 대한성서공회가 최근에 번역해 출간한 〈성경전서 새번역〉(2001년)을 채택하고 있습니다.

성경의 구성

구약

율법서 { 창세기(창) 출애굽기(출) 레위기(레) 민수기(민) 신명기(신)

역사서 { 여호수아기(수) 사사기(삿) 룻기(룻) 사무엘기상(삼상)
사무엘기하(삼하) 열왕기상(왕상) 열왕기하(왕하) 역대지상(대상)
역대지하(대하) 에스라기(라) 느헤미야기(느) 에스더기(더)

시가서 { 욥기(욥) 시편(시) 잠언(잠) 전도서(전) 아가(아)

대선지서 { 이사야서(사) 예레미야서(렘) 예레미야 애가(애) 에스겔서(겔)
다니엘서(단)

소선지서 { 호세아서(호) 요엘서(욜) 아모스서(암) 오바댜서(옵) 요나서(욘)
미가서(미) 나훔서(나) 하박국서(합) 스바냐서(습) 학개서(학)
스가랴서(슥) 말라기서(말)

신약

복음서 { 마태복음서(마) 마가복음서(막) 누가복음서(눅) 요한복음서(요)

역사서 { 사도행전(행)

바울서신 { 로마서(롬) 고린도전서(고전) 고린도후서(고후)
갈라디아서(갈) 에베소서(엡) 빌립보서(빌) 골로새서(골)
데살로니가전서(살전) 데살로니가후서(살후)
디모데전서(딤전) 디모데후서(딤후) 디도서(딛) 빌레몬서(몬)

공동서신 { 히브리서(히) 야고보서(약) 베드로전서(벧전) 베드로후서(벧후)
요한1서(요일) 요한2서(요이) 요한3서(요삼) 유다서(유)

예언서 { 요한계시록(계)

※괄호 안은 각 책을 줄여서 표기할 때 쓰는 약자입니다.

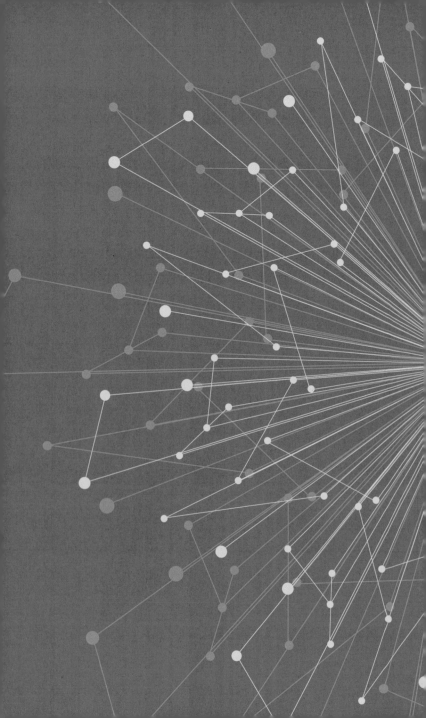

여호수아기

Joshua

진정한 승리는
말씀대로 살아가는 일상

●

이제 막 전쟁을 앞둔 여호수아를 향한 하나님의 당부는
전략 전술에 관한 어떤 지시나 군사적인 내용이 아니었습니다.
그것은 놀랍게도 "이 율법책의 말씀을 늘 읽고
밤낮으로 그것을 공부하여, 이 율법책에 씌어진 대로,
모든 것을 성심껏 실천하여라"입니다.
정복 전쟁의 승패는
여호수아와 이스라엘의 군사력에 달린 것이 아니라
오직 하나님의 율법책을 열심히 읽고
그에 따라 온 맘 다해 살아가는 삶에 있다는 것입니다.

이스라엘 백성의 가나안 정착기

여호수아는 모세의 뒤를 이어 이스라엘을 이끈 인물입니다. 하나님께서 아브라함에게 처음 주셨던 땅의 약속은 그의 후손이 이집트까지 내려가면서 성취와는 거리가 아주 멀어진 것처럼 보였지만, 놀랍게도 이집트에서 노예살이를 하던 이스라엘을 하나님께서는 모세를 보내 이끌어내셨습니다. 40년의 광야 방랑을 거쳐 마침내 요단강 동쪽까지 이르렀고, 이제 요단강을 넘어 본격적인 가나안 정착이 새로운 지도자 여호수아와 더불어 시작됩니다.

이스라엘의 가나안 정착을 다룬 여호수아기의 내용은 크게 세 부분으로 나뉩니다. 1-12장은 세 차례에 걸친 가나안 정복 전쟁을 다룹니다. 13장부터 22장까지는 이렇게 차지한 땅을 온 이스라엘을 구성하는 열두 지파에게 분배하는 내용이 이어집니다. 마지막 23-24장은 이제 각 지파에 주어진 땅에 정착한 이스라엘을 향해 정복 전쟁과 정착 과정을 이끈 여호수아가 마지막 유언처럼 전하는 설교, 그리고 그에 대한 백성의 다짐과 언약을 다룹니다.

오늘날 우리는 여호수아기가 정확히 언제 집필되었는지 판단하기 어렵습니다. 여호수아기가 다루는 내용은 기원전 13세기 후반에 이루어진 가나안 정착이지만, 이와 같은 주제에 관심을 품고 지금과 같은 여호수아기를 완성한 시기에 대해서 이집트에서 노예로 시달리던 백성이 새로운 땅에서 새로운 삶을 시작할 수 있는 이유는 오직 하나님의 도우심 때문입니다. 그렇기에 아무리 약한 자라도, 아무리 부족하고 모자란다 해도, 하나님께서는 그런 노예들과 함께하시며 노예들의 부르짖음을 들으시고 그들이 더 강해 보이는 나라를 이기게 하신다는 것이 여호수아기가 증언하는 알맹이입니다.

는 단정적으로 말하기 어렵다는 말입니다. 그렇다면 여호수아기를 읽으면서 최대한 집중해야 할 것은 이 책이 가나안 정복과 정착을 어떻게 묘사하고 있는가, 그리고 이를 통해 어떤 메시지를 후대의 독자와 청중에게 전하고 싶은가입니다. 이러한 관심사를 잘 살피다 보면, 거꾸로 이러한 관심사를 지녔던 후대 시대가 언제인지 짐작할 수도 있습니다.

말씀을 따라 살아가는 일상

창세기를 비롯한 구약성경의 다른 책들처럼, 여호수아기 역시 과거에 일어난 일을 정확하고 세밀하게 전달하기 위해 쓴 책이 아닙니다. 이를 생각하면, 여호수아기를 읽으면서 여기 나오는 내용이 모두 정확하고 틀림없는 과학적이고 역사적인 기록이라 여기는 것은 그리 좋은 태도가 아닙니다. 예를 들어 다른 사람의 도움을 받고 어려움을 극복한 지인이 "나 오늘 하나님께서 날 도우신다는 것을 알았어"라고 말하는 것을 두고, 그것이 정말 하나님의 도우심이냐 따지는 것은 상대의 말을 귀기울여 듣는 것과는 거리가 먼 태도겠지요. 여호수아기를 비롯한 구약성경의 책 대부분은 사실을 전달하려는 책이 아니라 사실에 대한 해석을 증언하는 책입니다.

이 책의 특징 혹은 관점을 보여주는 단적인 예는 1장, 그리고 여리고 함락을 다룬 2-7장입니다. 이제 막 전쟁을 앞둔 여호수아를 향한 하나님의 당부는 전략 전술에 관한 어떤 지시나 군사적인 내용이 아니라 놀랍게도 "이 율법책의 말씀을 늘 읽고 밤낮으로 그것을 공부하여, 이 율법책에 씌어진 대로, 모든 것을 성심껏 실천하여라"(1:8)입니다. 정복 전쟁의 승패는 여호수아와 이스라엘의 군사력에 달린 것이 아니라 오직 하나님의 율법책을 열심히 읽고 그에 따라 온 맘 다해 살아가는 삶에 있다는 것입니다. 이와 같은 말씀은 여호수아기가 사실상 독자에게 촉구하려는 것이 전쟁이 아니라 말씀을 따라 살아가는 일상임을 잘 보여줍니다.

또 가나안 지경에서의 첫 전투라 할 수 있는 여리고 전투의 경우, 이스라엘은 하루에 한 바퀴씩 여리고 성을 돌고 일곱째 날에는 일곱 바퀴를 돌라는 명령을 하나님께로부터 받았습니다.

그렇게 일곱 바퀴를 돌 때 하나님의 언약궤를 든 제사장이 가운데 서고, 그 앞에는 나팔을 부는 일곱 제사장이 서서 행군했습니다. 하나님을 찬양하는 나팔, 하나님의 말씀을 상징하는 언약궤를 앞세워 행진하는 장면은 오늘날의 예배를 연상시킵니다. 이러한 모습은 여리고 성 함락이 이스라엘의 강함이나 군사력에서 비롯된 것이 아니라 하나님께서 그 백성을 위해 행하신 결과임을 증언합니다.

힘과 능력이 하나님께 있음을 삶으로 고백하기

그렇다고 해서 여호수아기의 저자가 신앙심만 있으면 뭐든 다 할 수 있다고 말하지는 않습니다. 이집트에서 노예로 시달리던 백성이 새로운 땅에서 새로운 삶을 시작할 수 있는 이유는 오직 하나님의 도우심 때문입니다. 그렇기에 아무리 약한 자라도, 아무리 부족하고 모자란다 해도, 하나님께서는 그런 노예들과 함께하시며 노예들의 부르짖음을 들으시고 그들이 더 강해 보이는 나라를 이기게 하신다는 것이 여호수아기가 증언하는 알맹이입니다.

13장부터 이어지는 땅 분배의 방법이 제비뽑기라는 점도 이러한 증언과 맥을 같이합니다. 더 좋은 땅이 따로 있다면, 더 넓은 땅이 더 큰 부와 세력이라는 생각뿐이라면, 어떻게 제비를 뽑아 땅을 분배할 수 있을까요? 열두 지파가 모두 미리 열두 군데로 나눠놓은 땅을 제비 뽑았다는 것은 우리의 힘과 능력이 땅에 있지 않고 하나님께 있음을 삶으로 고백하는 행동입니다.

그저 땅만 차지한다면 가나안 부족이 이스라엘이라는 새로운 부족으로 교체된 것밖에는 다른 의미가 없겠지요. 그러나 제비뽑기와 하나님의 율법에 따르는 삶에 대한 강조는 단지 가나안 땅에 등장한 또 하나의 민족을 부각시키기 위함이 아닙니다. 자신의 능력과 권세가 아니라 하나님을 신뢰하며 그 말씀대로 살아가는 새로운 공동체의 건설에 초점이 있음을 보여줍니다. 이를 생각해보면 아마도 여호수아기는 이스라엘이 강할 때보다는 오히려 약할 때, 나아가 나라 자체가 없어져버렸을 때 지금과 같은 모습으로 완성되었을 수 있습니다.

이 새로운 삶의 길을 이스라엘과 여호수아는 어떻게 걸어가는지 이제 차근차근 읽고 상상해봅시다.

{ 제1장 }

여호수아에게 가나안으로 가라고 하시다

1 주님의 종 모세가 죽은 뒤에, 주님께서, 모세를 보좌하던 눈의 아들 여호수아에게 말씀하셨다. 2 "나의 종 모세가 죽었으니, 이제 너는 이스라엘 자손 곧 모든 백성과 함께 일어나, 요단 강을 건너서, 내가 그들에게 주는 땅으로 가거라. 3 내가 모세에게 말한 대로, 너희 발바닥이 닿는 곳은 어디든지 내가 너희에게 주겠다. 4 광야에서부터 레바논까지, 큰 강인 유프라테스 강에서부터 헷 사람의 땅을 지나 서쪽의 지중해까지, 모두 너희의 영토가 될 것이다. 5 네가 사는 날 동안 아무도 너의 앞길을 가로막지 못할 것이다. 내가 모세와 함께하였던 것과 같이 너와 함께하며, 너를 떠나지 아니하며, 버리지 아니하겠다. 6 굳세고 용감하여라. 내가 이 백성의 조상에게 주기로 맹세한 땅을, 이 백성에게 유산으로 물려줄 사람이 바로 너다. 7 오직 너는 크게

하나님은 어째서 출애굽을 모세와 더불어 마감하지 않습니까? 줄곧 고생만 하다가 가나안 코앞에서 숨진 모세가 안타깝습니다. 모세가 가나안 땅에 들어가지 못한 까닭에 대해 구약성경 민수기 20장 10~13절은 모세와 아론이 "하나님의 거룩함을 나타낼 만큼 하나님을 신뢰하지 않았기 때문"이라 전합니다(또한 신 32:51). 아마도 백성들의 끊임없는 불신앙으로 인해 모세 역시 하나님을 신뢰하는 모습을 어느 순간 잃었던 것 같습니다. 그러나 이것을 그저 모세 개인의 부족함 탓으로 돌릴 수만은 없을 것입니다. 모세도 사람이니 그의 어떤 잘못이나 연약함도 원인일 수 있겠지만, 다른 면에서는 한 시대의 종언을 알리는 상징이라고 볼 수 있습니다. 모세는 민족을 노예살이에서 끄집어냈고, 이제 새로운 땅을 정복하고 그곳에 정착하는 일은 다음 세대를 상징하는 여호수아의 몫입니다.

용기를 내어, 나의 종 모세가 너에게 지시한 모든 율법을 다 지키고, 오른쪽으로나 왼쪽으로 치우치지 않도록 하여라. 그러면 네가 어디를 가든지 성공할 것이다. 8 이 율법책의 말씀을 늘 읽고 밤낮으로 그것을 공부하여, 이 율법책에 씌어진 대로, 모든 것을 성심껏 실천하여라. 그리하면 네가 가는 길이 순조로울 것이며, 네가 성공할 것이다. 9 내가 너에게 굳세고 용감하라고 명하지 않았느냐! 너는 두려워하거나 낙담하지 말아라. 네가 어디로 가든지, 너의 주, 나 하나님이 함께 있겠다."

여호수아가 백성에게 명령을 내리다

10 ○ 그리하여 여호수아는 백성의 지도자들에게 명령을 내렸다. 11 "진을 두루 다니며 백성들에게 알리시오. 양식을 예비하고, 지금부터 사흘 안에 우리가 이 요단강을 건너, 주 우리 하나님이 우리에게 주셔서 우리가 소유하게 될 땅으로 들어가, 그 땅을 차지할 것이라고 말하시오."

모세와 줄곧 함께하며 지도자 수업을 받았을 백전노장 여호수아에게 8-9절 같은 격려가 왜 필요한지 모르겠습니다. 모세의 곁에서 그를 돕고 따르면서 이미 듣고 배웠던 내용이라 하더라도, 이제 모세를 대신해 민족을 이끌 지도자로 세워진 자리에서 듣는 말씀은 이전과는 완전히 다르지 않을까요? 더구나 모세와 같은 어마어마한 지도자 다음에 세워진 사람은 누구라도 상당한 부담감을 느낄 수밖에 없을 테고, 자신의 연약함과 한계를 절감할 것입니다. 하나님께서 이르시는 2-9절의 말씀은 여호수아로 하여금 자신의 능력과 한계 때문에 절망하거나 움츠러들지 말고, 오직 하나님을 신뢰하며 그분께서 명하신 율법을 굳게 붙잡고 힘을 내라고 격려합니다. 하나님의 백성에게 필요한 것은 개인의 능력이 아니라 하나님을 신뢰하는 것, 그리고 그분의 말씀을 한 걸음씩 행하며 살아가는 것뿐입니다.

12 ○ 여호수아는 르우벤 지파와 갓 지파와 므낫세 반쪽 지파에게 말하였다. 13 "주님의 종 모세가 당신들에게 이르기를, 주 당신들의 하나님이 당신들에게 요단강 동쪽의 이 땅을, 당신들이 편히 쉴 곳으로 주실 것이라고 하였으니, 당신들은 이 말을 기억하십시오. 14 당신들의 아내들과 어린아이들과 집짐승들은, 모세가 당신들에게 준 요단강 동쪽 땅에 머물러 있게 하십시오. 그러나 당신들의 모든 용사들은 무장을 하고, 당신들의 동족들보다 앞서 건너가서, 그들을 도와주십시오. 15 주님께서 당신들과 마찬가지로 당신들 동기들에게도 편히 쉴 곳을 주실 때까지, 그리고 그들도 주 당신들의 하나님이 마련해주신 땅을 차지할 때까지 그들을 도우십시오. 그런 다음에 당신들은 당신들의 소유지 곧 주님의 종 모세가 당신들에게 준 요단강 동쪽 해 돋는 땅으로 돌아가서, 그곳을 차지하도록 하십시오."

16 ○ 그들이 여호수아에게 대답하였다. "지금 우리에게 명령하신 것은 무엇이든지 다 하고, 어디로 보내시든지 그리로 가겠습니다. 17 우리는 모두, 모세에게 복종하였던 것과 같이, 모세의 뒤를 이어 우리의 지도자가 되신 분께도 복종하겠습니

백성 가운데 일부에게는 요단강 동쪽 땅을 주었습니다(12-14절). 거기도 하나님이 약속한 '젖과 꿀이 흐르는 땅'에 해당하나요? 그렇습니다. 그러나 사실 '젖과 꿀이 흐르는 땅'은 상징적인 표현입니다. 여기가 온 세상에서 가장 비옥한 땅, 그러니까 말그대로 땅에서 젖과 꿀이 흘러나와서 저렇게 표현한 것은 아닙니다. 특별히 그 땅이 가장 중요한 까닭은 하나님께서 그들에게 약속으로 주신 땅이기 때문입니다. 하나님께서 그 땅을 살피시며 그 백성을 보시는 땅이기에, 하나님께서 주신 땅은 이처럼 '젖과 꿀이 흐르는 땅'입니다. 달리 말해, 하나님이야말로 이스라엘의 젖과 꿀입니다. 그러니 하나님께서 인도하시는 곳이라면 그 어디든 젖과 꿀이 흐르는 땅입니다. 요단강 동편이든, 이제 건너가서 차지할 요단강 서편이든 말입니다.

다. 오직 주 하나님이 모세와 함께 계셨던 것과 같이, 여호수아 어른과도 함께 계시기만 바랍니다. 18 여호수아 어른의 명령을 거역하고, 지시하는 말에 복종하지 않는 사람은, 누구든지 모두 죽임을 당할 것입니다. 여호수아 어른께서는 오직 굳세고 용감하시기를 바랍니다."

{ 제2장 }

여호수아가 여리고에 정탐꾼을 보내다

1 눈의 아들 여호수아가 싯딤에서 정탐꾼 두 사람을 보내며 일렀다. "가서, 몰래 그 땅을 정탐하여라. 특히 여리고 성을 잘 살펴라." 그들은 그곳을 떠나, 어느 창녀의 집에 들어가 거기에서 묵었다. 그 집에는 이름이 라합이라고 하는 창녀가 살고 있었다. 2 그때에 여리고 왕은 이런 보고를 받았다. "아룁니다.

정탐꾼들은 '결벽'에 가까울 만큼 성결을 중요하게 여기는 히브리인들이잖아요? 그런데 왜 하필이면 창녀의 집으로 들어갔을까요? 이스라엘 공동체 안에서 각자의 삶을 율법에 따라 돌아보기 위해 성결은 당연히 중요하지만, 그것이 다른 사람을 판단하고 정죄하는 기준이 될 수는 없습니다. 종종 성경에서는 몸을 파는 여성이 매우 중요한 역할을 하는 것을 볼 수 있습니다. 유다는 창녀라고 착각했던 자신의 며느리 다말을 통해 자손을 얻게 되었으며(창 38장), 하나님께 지혜를 받은 솔로몬이 처음 다룬 사건 또한 두 명의 창녀 가운데 아기의 진짜 엄마가 누구인지를 밝혀내는 사건이었습니다(왕상 3:16-28). 여호수아기의 라합 역시 마찬가지입니다. 여리고 사람들 모두 이스라엘을 알아보지 못하고 대적했지만, 창녀 라합만은 무엇이 올바른 길인지 알아차렸습니다.

이스라엘 자손 가운데서 몇 사람이 오늘 밤에 이 모든 땅을 정탐하려고 이곳으로 왔습니다." 3 여리고 왕이 라합에게 전갈을 보냈다. "너에게 온 사람들 곧 네 집에 온 사람들을 데려오너라. 그들은 이 온 땅을 정탐하려고 왔다."

4 ○ 그러나 그 여인은 두 사람을 데려다가 숨겨놓고, 이렇게 말하였다. "그 사람들이 저에게로 오기는 했습니다만, 그들이 어디서 왔는지 저는 알지 못합니다. 5 그리고 그들은 날이 어두워 성문을 닫을 때쯤 떠났는데, 그들이 어디로 갔는지 저는 알지 못합니다. 빨리 사람을 풀어 그들을 뒤쫓게 하시면, 따라잡을 수도 있을 것입니다." 6 그러나 그때는, 그 여인이 그들을 지붕으로 데리고 올라가, 자기네 지붕 위에 널어놓은 삼대 속에 숨겨놓은 뒤였다. 7 뒤쫓는 사람들이 요단 길을 따라 나루터까지 그들을 뒤쫓았고, 뒤쫓는 사람들이 나가자마자 성문이 닫혔다.

8 ○ 정탐꾼들이 잠들기 전에, 라합은 지붕 위에 있는 그들에게 올라가서 9 말하였다. "나는 주님께서 이 땅을 당신들에게 주신 것을 압니다. 우리는 당신들 때문에 공포에 사로잡혀 있

11절의 "정신을 잃고 말았다"라는 표현은 지나친 과장으로 보입니다. 라합은 무슨 말을 하고 싶었던 걸까요? 이집트를 떠난 이스라엘의 진격 소식은 가나안 땅 곳곳에 충격과 놀라움을 가져다줬던 것 같습니다. 당대 최강국이라는 이집트의 추격을 뿌리치고 떠나와 아모리 부족들의 왕인 시혼과 옥까지도 격파하고 이제 요단강 건너 편까지 왔으니, 이스라엘의 기세는 많은 가나안 부족을 두렵게 했을 것입니다. 라합의 말은 실제의 사실보다 훨씬 과장된 표현일 테지만, 라합의 시선에서는 여리고 전체가 그런 두려움에 빠졌다고 여겨졌을 것입니다. 객관적인 사실 딱 그만큼만 묘사하는 것이 라합의 직무도 아니고, 그는 그저 자신이 깨닫고 파악했던 내용을 나름대로 정확히 표현했을 것입니다. 사실 라합의 표현이야말로 당시 상황의 눈에 보이지 않는 진실이라고 할 수 있습니다.

고, 이 땅의 주민들은 모두 하나같이 당신들 때문에 간담이 서늘했습니다. 10 당신들이 이집트에서 나올 때에, 주님께서 당신들 앞에서 어떻게 홍해의 물을 마르게 하셨으며, 또 당신들이 요단강 동쪽에 있는 아모리 사람의 두 왕 시혼과 옥을 어떻게 전멸시켜서 희생제물로 바쳤는가 하는 소식을, 우리가 들었기 때문입니다. 11 우리는 그 말을 듣고 간담이 서늘했고, 당신들 때문에 정신을 잃고 말았습니다. 위로는 하늘에서 아래로는 땅 위에서, 과연 주 당신들의 하나님만이 참 하나님이십니다. 12 내가 당신들에게 은혜를 베풀었으니, 이제 당신들도 내 아버지의 집안에 은혜를 베푸시겠다고 주님 앞에서 맹세를 하시고, 그것을 지키겠다는 확실한 징표를 나에게 주십시오. 13 그리고 나의 부모와 형제자매들과 그들에게 속한 모든 식구를 살려주시고, 죽지 않도록 우리의 생명을 구하여주십시오."

14 ○ 정탐꾼들이 그 여인에게 말하였다. "우리가 목숨을 내놓고라도, 약속한 것은 지키겠소. 우리가 한 일을 어느 누구에게도 일러바치지 않는다면, 주님께서 우리에게 이 땅을 주실 때에, 우리는 친절과 성실을 다하여 그대를 대하겠소."

라합은 형제자매뿐만 아니라 식구들까지 모두 살려주길 요구합니다(13절). 오지랖이 너무 넓은 게 아닌가요? 살 길이 여기에 있다면 어떻게 나만 살 수 있겠습니까? 여기서 주목할 점은 라합이 정말 이스라엘의 승리를 믿었기에 이러한 부탁을 했다는 것입니다. 이스라엘의 승리를 의심했다면 그녀는 달리 행동했겠지요. 그러나 당시 여리고의 어느 누구도 창녀인 이 여성보다 상황을 제대로 정확하게 보지 못했습니다. 여기서 우리는 생명의 길을 선택하고 따르는 것은 출신 성분이나 사회적 지위, 세간의 평판 같은 것과는 거리가 멀다는 것을 알 수 있습니다. 이제 라합의 말을 듣고 그의 가족들이 정말 라합의 집에 모여 숨는 것은 그다음의 일, 즉 그들의 믿음의 결단일 것입니다.

15 ○ 라합은 성벽 위에 있는 집에 살고 있었기 때문에, 창문으로 밧줄을 늘어뜨려 그들을 달아 내려주었다. 16 그리고 여인은 그들에게 말하였다. "뒤쫓는 사람들이 당신들과 마주치지 않도록 산으로 가십시오. 거기에서 사흘 동안 숨어 있다가, 뒤쫓는 사람들이 돌아간 다음에 당신들이 갈 길을 가십시오."

17 ○ 그 사람들이 그 여인에게 말하였다. "당신이 우리와 맺은 이 맹세에 대하여 우리가 허물이 없게 하겠소. 18 이렇게 합시다. 여기 홍색 줄이 있으니, 우리가 이 땅으로 들어올 때에, 당신이 우리를 달아 내렸던 그 창문에 이 홍색 줄을 매어두시오. 그리고 당신의 아버지와 어머니와 오라버니들과 아버지 집안의 모든 식구를 다 당신의 집에 모여 있게 하시오. 19 누구든지 당신의 집 대문에서 밖으로 나가서 죽으면, 그 죽음에 대한 책임은 죽은 사람 자신이 져야 하며, 우리는 책임을 지지 않겠소. 그러나 우리가 당신과 함께 집 안에 있는 사람에게 손을 대서 죽으면, 그 죽음에 대한 책임은 우리가 질 것이오. 20 그러나 당신이, 우리가 한 일을 누설하면, 당신이 우리와 맺은 맹세에 대하여 우리는 아무런 책임이 없소." 21 그러자 라합

추적자들은 사흘 동안이나 정탐꾼들을 뒤쫓았습니다(22절). 여리고 성에서 나루터까지가 제법 먼 길이었나 봅니다. 구약성경에서는 상징적인 숫자가 자주 쓰입니다. 예를 들어 이스라엘은 광야에서 40년을 방황하고, 훗날 가나안 땅에 살면서 좋은 지도자로 인한 평화는 40년간 지속됩니다. 여기서 40년은 충분히 긴 한 세대를 상징합니다. 본문에 쓰인 '사흘' 역시 상징적인 의미로 이해할 수 있습니다. 사흘은 '짧지만 충분한 시간'이라 볼 수 있습니다. 추적대가 사흘 동안 정탐꾼을 수색했다는 것은 그야말로 그 인근 지역 전체를 샅샅이 뒤지고 수색했다는 의미입니다. 또 사흘 동안 정탐꾼들이 숨어 있었다는 것은 서두르거나 조급해하지 않고 충분히 인내하며 기다렸음을 보여줍니다.

은, 그들의 말대로 하겠다고 대답하고, 그들을 보냈다. 그들이 간 뒤에, 라합은 홍색 줄을 창에 매달았다.

22 ○ 그들은 그곳을 떠나 산에 다다라서, 사흘 동안 거기에 머물러 있었다. 뒤쫓는 사람들은 모든 길을 수색하였으나, 정탐꾼들을 찾지 못하고 되돌아갔다. 23 두 사람은 산에서 다시 내려와 강을 건넜고, 눈의 아들 여호수아에게 이르러서, 그들이 겪은 모든 일을 보고하였다. 24 그들이 여호수아에게 말하였다. "주님께서 그 땅을 모두 우리 손에 넘겨주셨으므로 그 땅의 모든 주민이 우리를 무서워하고 있습니다."

{ 제3장 }

이스라엘 백성이 요단강을 건너다

1 여호수아는 아침 일찍 일어나, 모든 이스라엘 자손과 함께 싯딤을 떠나 요단강까지 왔다. 그들은 강을 건너기 전에 그곳에 진을 쳤다. 2 사흘 뒤에 지휘관들이 진을 두루 다니며, 3 백성에게 명령하였다. "당신들은, 레위 사람 제사장들이 주 당신들 하나님의 언약궤를 들어서 메는 것을 보거든, 진을 철수하여 제사장들의 뒤를 따르시오. 4 당신들이 이전에 가보지 않았던 길을 가기 때문에, 제사장들이 당신들이 가는 길을 안내할 것이오. 그러나 당신들과 언약궤 사이는, 이천 보쯤의 거리를 띄우고, 그 궤에 가까이 가지 마시오."
5 ○ 여호수아가 백성에게 말하였다. "당신들은 자신을 성결하게 하시오. 주님께서 내일 당신들 가운데서 놀라운 일을 이루실 것입니다." 6 여호수아가 제사장들에게 언약궤를 메고 백성보다 앞서 건너가라고 명령하자, 그들은 언약궤를 메고

제사장들은 '이전에 가보지 않았던 길'(4절)을 어떻게 안내할 수 있었습니까? 이미 여호수아가 보낸 정탐꾼들은 요단강을 건너 여리고까지 다녀왔기에, 여리고로 가는 길을 앞장서서 인도했을 것입니다. 그래서 이들은 요단강까지 이르렀습니다. 그 강에는 건널 만한 다리도 없고, 하필 추수 기간이어서 수량이 가장 많던 시기임에도(15절), 놀랍게도 그들은 요단강을 건너려고 합니다. 그러므로 '이전에 가보지 않은 길'은 전혀 모르는, 말 그대로 가본 적 없는 길이라는 의미와 더불어 사람이 상상할 수 없는 길, 하나님과 함께 걸어가는 새로운 삶의 길을 가리키는 말로도 이해할 수 있습니다. 하나님께서 인도하시는 길이라는 점은 언약궤를 멘 제사장이 앞장서는 것에서 잘 드러납니다.

백성들 앞에서 나아갔다.

7 ○ 주님께서 여호수아에게 말씀하셨다. "바로 오늘부터 내가 너를 모든 이스라엘 사람이 보는 앞에서 위대한 지도자로 세우고, 내가 모세와 함께 있던 것처럼 너와 함께 있다는 사실을 그들이 알게 하겠다. 8 이제 너는 언약궤를 멘 제사장들에게, 요단강의 물가에 이르거든 요단강에 들어가서 서 있으라고 하여라."

9 ○ 여호수아가 이스라엘 자손에게 말하였다. "이곳으로 와서, 주 당신들 하나님의 말씀을 들으십시오." 10 여호수아가 말을 계속하였다. "이제 이루어질 이 일을 보고, 당신들은, 살아계신 하나님이 당신들 가운데 계셔서, 가나안 사람과 헷 사람과 히위 사람과 브리스 사람과 기르가스 사람과 아모리 사람과 여부스 사람을 당신들 앞에서 쫓아내신다는 것을 알게 될 것입니다. 11 온 땅의 주권자이신 주님의 언약궤가 당신들 앞에서 요단강을 건널 것입니다. 12 이제 이스라엘의 각 지파마다 한 사람씩 열두 사람을 뽑으십시오. 13 온 땅의 주권자이신 주님의 궤를 멘 제사장들의 발바닥이 요단강 물에 닿으면,

여호수아가 백성에게 언약궤와 멀찌감치 떨어져 행진하라고 명령한(4절) 까닭은 무엇입니까? 언약궤는 하나님의 임재를 상징합니다. 출애굽기 19~20장을 보면, 하나님께서 시내산에 강림해 모세에게 십계명을 주실 때 사람이나 가축까지도 가까이 다가오지 않도록 엄중히 경고하셨습니다. 하나님께서 그 백성의 길을 이끌며 함께하시지만, 하나님의 임재를 가벼이 여기거나 사람 마음대로 이용할 수 있는 수단으로 여겨서도 안 됩니다. 하나님과 친근하다 싶을 때 마치 하나님께서 사람의 욕심을 다 들어주며 내 뜻대로 모두 행하시는 분인 양 손쉽게 말하는 이들이 종종 있습니다. 그러나 우리는 나와 함께하시는 하나님을 기뻐하고 감사하면서, 동시에 거룩하신 하나님에 대한 경외와 조심스러움, 신중함도 함께 가져야 합니다.

요단강 물 곧 위에서부터 흘러내리던 물줄기가 끊기고, 둑이 생기어 물이 고일 것입니다."

14 ○ 백성이 요단강을 건너려고 자기들의 진을 떠날 때에, 언약궤를 멘 제사장들이 백성 앞에서 나아갔다. 15 그 궤를 멘 사람들이 요단강까지 왔을 때에는, 마침 추수 기간이어서 제방까지 물이 가득 차올랐다. 그 궤를 멘 제사장들의 발이 요단 물가에 닿았을 때에, 16 위에서부터 흐르던 물이 멈추었다. 그리고 멀리 사르단 근처의 아담 성읍에 둑이 생겨, 아라바의 바다 곧 사해로 흘러가는 물줄기가 완전히 끊겼다. 그래서 백성들은 여리고 맞은쪽으로 건너갈 수 있었다. 17 온 이스라엘 백성이 마른 땅을 밟고 건너서, 온 백성이 모두 요단강을 건널 때까지, 주님의 언약궤를 멘 제사장들은 요단강 가운데의 마른 땅 위에 튼튼하게 서 있었다.

14-17절에는 홍해의 기적이 고스란히 재현되고 있습니다. 이렇게 반복될 수 있는 기적이 왜 지금은 일어나지 않습니까? 만일 이러한 기적이 오늘날에도 늘 일어난다면 세상의 자연 질서는 더 이상 질서가 아니겠지요. 홍해가 갈라진 사건이 오늘 일어나지 않을 것이며, 요단강이 마른 땅으로 변한 것 역시 오늘날에 일어나지 않을 것입니다. 그러나 성경에 기록된 이 사건은 하나님께서 노예를 건져내신다는 것, 그리고 그분의 백성을 새로운 삶의 길로 인도하신다는 것을 확실히 보여줍니다. 그래서 수많은 세대를 거치는 동안 사람들은 이 글을 보면서 힘겹고 막막한 현실 속에서도 절망하거나 체념하지 않고 홍해를 가르신 하나님을 신뢰하며 숨 막히는 현실을 견디고 버티고 살아냈습니다. 그리고 이들은 자신의 삶과 역사 속에서 "하나님께서 홍해를 가르셨구나" 고백하며 찬양할 것입니다.

제4장

기념비를 세우다

1 온 백성이 모두 요단강을 건넜을 때에, 주님께서 여호수아에게 말씀하셨다. 2 "너는 백성 가운데서 각 지파마다 한 사람씩 열두 사람을 뽑아서 세워라. 3 그리고 그들에게, 제사장들의 발이 굳게 선 그곳 요단강 가운데서 돌 열두 개를 가져다가, 오늘 밤 그들이 머무를 곳에 두라고 하여라."

4 ○ 여호수아는 이스라엘 자손 가운데서 각 지파마다 한 사람씩 세운 그 열두 사람을 불러서, 5 그들에게 말하였다. "주 당신들 하나님의 언약궤 앞을 지나 요단강 가운데까지 들어가서, 이스라엘 자손의 지파 수대로 돌 하나씩을 각자의 어깨에 메고 오십시오. 6 이것이 당신들에게 기념물이 될 것입니다. 훗날 당신들 자손이 그 돌들이 지닌 뜻이 무엇인지를 물을 때에, 7 주님의 언약궤 앞에서 요단강 물이 끊기었다는 것과, 언

여호수아는 요단강 바닥에 또 하나의 기념물을 만듭니다(9절). 이렇게 두 군데씩이나 기념비를 세운 까닭은 무엇입니까? 여호수아와 이스라엘은 요단강에서 돌 열두 개를 가져다가 강을 건넌 후 길갈에 기념물로 세웠습니다. 이 기념물은 언약궤 앞에서 요단강 물이 멈춘 것을 기념하는 것으로, 하나님께서 여호수아에게 명하신 일입니다. 반면 하나님께서 명령하신 것은 아니나, 여호수아는 제사장들이 언약궤를 메고 서 있던 요단강 가운데에도 열두 개의 돌을 세웠습니다. 그 이유에 대한 설명이 본문에 나오지 않지만, 아마도 언약궤를 메고 강 한가운데 서 있던 제사장들의 순종을 기억하고 기념하는 방식이었을 것이라 짐작됩니다. 강을 건넌 이스라엘은 원래대로 물이 넘쳐흐르는 요단강 한가운데 서 있는 돌기둥들을 보면서, 저곳에 우리 제사장들이 서 있었다고 기억할 것입니다.

약궤가 요단강을 지날 때에 요단강 물이 끊기었으므로 그 돌들이 이스라엘 자손에게 영원토록 기념물이 된다는 것을, 그들에게 말해주십시오."

8 ○ 그래서 이스라엘 자손은 여호수아가 명령한 대로 하였다. 그들은 주님께서 여호수아에게 말씀하신 대로, 이스라엘 자손의 지파 수에 따라 요단강 가운데서 돌 열두 개를 메고 나와서, 그것들을 그들이 머무르려는 곳까지 가져다가 그곳에 내려놓았다. 9 여호수아는 요단강 가운데, 언약궤를 메었던 제사장들의 발이 머물렀던 곳에 다른 열두 개의 돌을 세웠다. (그 돌들이 오늘까지 거기에 있다.) 10 주님께서 여호수아를 시켜 백성에게 명령하신 일 곧 모세가 여호수아에게 지시한 일이 그대로 다 이루어지기까지, 궤를 멘 제사장들이 요단강 가운데 서 있었다.

○ 백성은 서둘러 강을 건넜다. 11 백성이 모두 건너기를 마치자, 주님의 궤와 그 궤를 멘 제사장들이 백성이 보는 앞에서 건넜다. 12 르우벤 자손과 갓 자손과 므낫세의 반쪽 지파는, 모세가 그들에게 지시한 대로 이스라엘 자손보다 앞서서 무장

강바닥에 세운 돌들이 그대로 있다고(9절) 어떻게 확언할 수 있습니까? 유명한 관광지에 가보면 그곳의 이름이 왜 오늘과 같은 이름으로 불리는지 설명하는 글을 볼 수 있습니다. 9절 역시 그런 역할을 합니다. 9절에 있는 '오늘까지'의 오늘은 여호수아기가 지금과 같은 형태로 기록된 그때를 가리킬 것입니다. 이러한 의미의 '오늘까지'는 5장 9절에서도 볼 수 있습니다. 이런 표현은 여호수아기의 배경이 되는 시대와 여호수아기가 실제로 현재와 같은 형태로 기록된 시대가 서로 다르다는 사실을 보여줍니다. 여호수아기를 기록할 당시에는 요단강에 그와 같은 돌기둥들이 존재했겠지요. 여호수아기와 같은 기록은 그 기둥들이 언제 왜 생겨났는지를 설명하면서, 후손들에게 하나님께서 어떻게 그들을 인도하셨고, 조상들이 어떻게 믿음으로 한 걸음 내디뎠는지를 가르칩니다.

하고 건넜다. 13 약 사만 명이 되는 이들은 무장을 하고, 주님 앞에서 전투를 벌이려고 여리고 평원으로 건너갔다. 14 그날 주님께서, 온 이스라엘 백성이 보는 앞에서 여호수아를 위대한 지도자로 세우셨으므로, 그들은, 모세가 살아 있는 동안 모세를 두려워하였던 것처럼, 여호수아를 두려워하였다.

15 ○ 주님께서 여호수아에게 말씀하셨다. 16 "증거궤를 메고 있는 제사장들에게 명령하여 요단강에서 올라오게 하여라." 17 그래서 여호수아가 제사장들에게 요단강에서 올라오라고 명령을 내렸다. 18 주님의 언약궤를 멘 제사장들이 요단강 가운데서 올라와서 제사장들의 발바닥이 마른 땅을 밟는 순간, 요단강 물이 다시 원래대로 흘러 전과 같이 강둑에 넘쳤다.

19 ○ 백성이 첫째 달 열흘에 요단강을 건너 여리고 동쪽 변두리 길갈에 진을 쳤다. 20 여호수아는 요단강에서 가져온 돌 열두 개를 길갈에 세우고 21 이스라엘 자손에게 이렇게 말하였다. "당신들 자손이 훗날 그 아버지들에게 이 돌들의 뜻이 무엇인지를 묻거든, 22 당신들은 자손에게 이렇게 알려주십시

"당신들 자손이 묻거든 … 알려주십시오(21-22절)" 같은 형식의 구절들이 자주 등장합니다. 당시에는 부모와 자식 사이의 대화가 요즘보다 훨씬 많았나요? 구약성경의 잠언에도 "내 아들아"와 같은 표현이 빈번하게 등장하는 것을 볼 수 있습니다. 그리고 출애굽기에서도 "자녀가 묻거든 일러주라"와 같은 표현을 볼 수 있습니다(출 12:26-27). 하나님께서 행하신 일을 자녀에게 길이 알리라는 명령도 성경 곳곳에 등장합니다(신 4:9; 욜 1:3). 고대 이스라엘에 오늘날의 학교와 비슷한 형태의 교육 기관이 존재했는지는 정확히 알기 어렵지만, 어느 시대 어느 문화에서건 가장 기본적인 교육 단위는 가정일 것입니다. 부모의 삶과 가르침이야말로 자녀를 위한 가장 중요한 교육입니다. 가정에서 옳고 바름에 대해 가르치지 않은 채 학교나 교회에만 모든 교육을 맡기는 것은 무책임한 일일 수 있습니다.

오. '이스라엘 백성이 이 요단강을 마른 땅으로 건넜다. 23 우리가 홍해를 다 건널 때까지, 주 우리의 하나님이 우리 앞에서 그것을 마르게 하신 것과 같이, 우리가 요단강을 다 건널 때까지, 주 우리의 하나님이 요단강 물을 마르게 하셨다. 24 그렇게 하신 것은, 땅의 모든 백성이 주님의 능력이 얼마나 강하신가를 알도록 하고, 우리가 영원토록 주 우리의 하나님을 경외하도록 하려는 것이다.'"

{ 제5장 }

1 요단강 서쪽에 있는 아모리 사람의 모든 왕과, 해변에 있는 가
나안 사람의 모든 왕이, 주님께서 이스라엘 자손 앞에서 그들이
요단강을 다 건널 때까지 그 강물을 말리셨다는 소식을 듣고 간
담이 서늘했고, 이스라엘 자손 앞에서 아주 용기를 잃고 말았다.

이스라엘이 길갈에서 할례를 받다

2 ○ 그때에 주님께서 여호수아에게 말씀하셨다. "너는 돌칼
을 만들어, 이스라엘 자손에게 다시 할례를 베풀어라." 3 그래
서 여호수아는 돌칼을 만들어 기브앗 하아라롯 산에서 이스라
엘 자손에게 할례를 베풀었다. 4 여호수아가 할례를 베푼 데는
이런 이유가 있었다. 이집트에서 나온 모든 백성 가운데서 남
자 곧 전투할 수 있는 모든 군인은, 이집트를 떠난 다음에 광
야를 지나는 동안에 다 죽었다. 5 그때에 나온 백성은 모두 할
례를 받았으나, 이집트에서 나온 다음에 광야를 지나는 동안

할례는 어떤 의미의 의식입니까? 그리스도인이 되려면 반드시 할례를 받아야 합니
까? 할례는 하나님의 언약 백성이 되었다는 상징입니다(창세기 17장의 해설 참조).
이를 위해 남성의 성기 포피를 자르는데, 이는 나 자신을 베어낸다는 의미라고 볼
수 있습니다. 고대에는 이처럼 겉으로 드러나는 의식을 통해 하나님의 언약대로 살
겠노라 표현했습니다. 그리고 이렇게 겉으로 드러나는 문화는 당연히 시대에 따라
변합니다. 할례의 본질은 할례 행위 그 자체가 아니라 하나님의 언약, 즉 그분의 말
씀을 따라 살겠다는 데 있습니다. 할례 자체는 유대인에게 전해 내려오는 문화이므
로 유대인이 아닌 이들에게는 아무 의미가 없습니다. 다만 모든 그리스도인은 자신
의 마음에 할례를 행해야 합니다. 내 마음을 주 앞에서 낮추고 주님의 은혜를 신뢰
하며 살아가겠노라 결심하는 것이 그러한 마음의 할례라고 할 수 있습니다.

에 태어난 사람은 아무도 할례를 받지 못하였다. 6 이스라엘 자손 가운데서 이집트를 떠날 때에 징집 연령에 해당하던 남자들은, 사십 년을 광야에서 헤매는 동안에 그 광야에서 다 죽고 말았다. 주님께서는, 우리에게 젖과 꿀이 흐르는 땅을 주시겠다고 우리의 조상에게 맹세하셨지만, 이집트를 떠난 조상이 주님의 말씀을 순종하지 않았기 때문에, 그들이 젖과 꿀이 흐르는 그 땅을 볼 수 없게 하겠다고 맹세하셨다. 7 그들을 대신하여 자손을 일으켜주셔서, 여호수아가 그들에게 할례를 베풀었는데, 그것은, 광야를 지나는 동안에 그들에게 할례를 베풀지 않아서, 그들이 무할례자가 되었기 때문이다.

8 ○ 백성이 모두 할례를 받고 나서 다 낫기까지 진 안에 머물러 있었다. 9 주님께서 여호수아에게 말씀하셨다. "너희가 이집트에서 받은 수치를, 오늘 내가 없애버렸다." 그리하여 그곳 이름을 오늘까지 길갈이라고 한다.

요단강을 중심으로
가나안에 살던 토착 민족

히위

헷

········· 기르가스
········· 가나안

브리스

아모리

히위

헷

아모리

10 ○ 이스라엘 자손은 길갈에 진을 치고, 그달 열나흗날 저녁에 여리고 근방 평야에서 유월절을 지켰다. 11 유월절 다음 날, 그들은 그 땅의 소출을 먹었다. 바로 그날에, 그들은 누룩을 넣지 않은 빵과 볶은 곡식을 먹었다. 12 그 땅의 소출을 먹은 다음 날부터 만나가 그쳐서, 이스라엘 자손은 더 이상 만나를 얻지 못하였다. 그들은 그해에 가나안 땅에서 나는 것을 먹었다.

칼을 든 사람

13 ○ 여호수아가 여리고에 가까이 갔을 때에 눈을 들어서 보니, 어떤 사람이 손에 칼을 빼 들고 자기 앞에 서 있었다. 여호수아가 그에게 다가가서 물었다. "너는 우리 편이냐? 우리의 원수 편이냐?"
14 ○ 그가 대답하였다. "아니다. 나는 주님의 군사령관으로 여기에 왔다." 그러자 여호수아는 얼굴을 땅에 대고 절을 한 다음에 그에게 물었다. "사령관님께서 이 부하에게 무슨 말씀을 하시렵니까?"

하나님도 군대를 거느립니까? 인간의 군대처럼 계급이 있고 무기를 사용합니까? 여호수아기를 비롯한 구약성경은 지금으로부터 최소 2천 년 이전에 기록된 책입니다. 오늘날 대부분의 사람은 천사를 눈으로 볼 수도 없고, '하나님의 군사령관' 같은 이도 전혀 확인할 수 없습니다. 그러나 지금부터 2천 년, 3천 년 전의 시대에는 세상에 대한 인식이 현대와는 달랐을 것입니다. 오늘 우리는 '신화'라고 손쉽게 치부하는 내용이 수천 년 전 사람들에게는 일종의 과학적인 세계관이었을 수 있는 것이지요. 그래서 여기 언급된 하나님의 군사령관 혹은 하나님의 군대는 고대인의 시각이 반영된 표현임을 염두에 둘 필요가 있습니다. 이 표현이 말하고 싶은 핵심은 하나님께서 이집트를 떠나온 백성을 그분의 능력으로 돌보고 지키신다는 것입니다.

15 ○ 주님의 군대 사령관이 여호수아에게 말하였다. "네가 서 있는 곳은 거룩한 곳이니, 너의 발에서 신을 벗어라." 여호수 아가 그대로 하였다.

{ 제6장 }

여리고 성의 함락

1 여리고 성은 이스라엘 자손을 막으려고 굳게 닫혀 있었고, 출입하는 사람이 없었다. 2 주님께서 여호수아에게 말씀하셨다. "내가 여리고와 그 왕과 용사들을 너의 손에 붙인다. 3 너희 가운데서 전투를 할 수 있는 모든 사람은, 엿새 동안 그 성 주위를 날마다 한 번씩 돌아라. 4 제사장 일곱 명을, 숫양 뿔나팔 일곱 개를 들고 궤 앞에서 걷게 하여라. 이레째 되는 날에, 너희는 제사장들이 나팔을 부는 동안 성을 일곱 번 돌아라. 5 제

하나님은 왜 1-5절처럼 황당무계한 전략을 제시하고 따르게 합니까? 차라리 여리고 성의 약점과 공격 포인트를 지정해주는 게 합리적이지 않을까요? 나팔 부는 제사장이 앞장서고 언약궤를 멘 제사장들이 뒤따르는 이와 같은 광경은 마치 하나님을 예배하는 의식을 떠올리게 합니다. 거기에 7일 동안 성을 돌고 일곱째 날에는 일곱 바퀴를 도는 행위는 숫자 7이 하나님의 완전하심을 상징한다는 점을 이용한 상징 행위일 것입니다. 그래서 이러한 기이한 행진은 이 전쟁의 승리가 이스라엘의 군사력에 달려 있지 않고 하나님의 능력에 달려 있음을 가르칩니다. 앞으로 어떤 상황이 닥치든 우리의 연약함으로 인해 실망하고 좌절할 것이 아니라, 하나님의 능력과 함께하심을 신뢰하며 용기 있게 나갈 수 있도록 가르치는 것이 여리고 싸움의 핵심입니다. 그리스도인이 된다는 것은 자신의 능력이 아니라 하나님의 능력을 신뢰하며 걸어가겠다고 마음먹는 것입니다.

사장들이 숫양 뿔나팔을 한 번 길게 불면, 백성은 그 나팔 소리를 듣고 모두 큰 함성을 질러라. 그러면 성벽이 무너져내릴 것이다. 그때에 백성은 일제히 진격하여라."

6 ○ 눈의 아들 여호수아가 제사장들을 불러서 말하였다. "언약궤를 메고 서시오. 그리고 일곱 제사장은 제각기 일곱 숫양 뿔나팔을 들고 주님의 궤 앞에 서시오." 7 또 그는 백성에게 말하였다. "앞으로 나아가거라! 성을 돌아라! 무장한 선발대는 주님의 궤 앞에 서서 행군하여라!"

8 ○ 여호수아가 백성에게 명령한 대로, 제각기 숫양 뿔나팔을 든 일곱 제사장은 주님 앞에서 행군하며 나팔을 불었고, 주님의 언약궤는 그 뒤를 따랐다. 9 또한 무장한 선발대는 나팔을 부는 제사장들보다 앞서서 나갔고, 후발대는 궤를 따라갔다. 그동안 제사장들은 계속하여 나팔을 불었다. 10 여호수아가 또 백성에게 명령하였다. "함성을 지르지 말아라. 너희 목소리가 들리지 않게 하여라. 한마디도 입 밖에 내지 말고 있다가, 내가 너희에게 '외쳐라' 하고 명령할 때에, 큰 소리로 외쳐라."

강을 건널 때도, 여리고 성을 공격할 때도 언약궤를 가지고 나갑니다. 전투에 아무 도움이 되지 않는 이 물건을 앞세우는 이유는 무엇입니까? 언약궤는 하나님과 이스라엘 사이의 언약을 상징하며, 하나님께서 그곳에 임재하심을 상징합니다. 요단강을 건너는 불가능해 보이는 상황, 또 여리고 성을 함락해야 하는 상황을 맞닥뜨렸을 때 제사장이 멘 언약궤는 이 모든 상황 가운데 하나님께서 함께하심을 가르칩니다. 이스라엘의 힘은 병력의 수나 군사력에 달린 것이 아니라 그들과 함께하시는 하나님께 달린 것입니다. 그렇기에 이제 정복 전쟁을 수행해야 하는 여호수아에게 하나님께서는 "율법에 기록된 말씀을 다 지켜 행하라"(1:8)는 특별한 권면을 하셨던 것입니다. 힘과 능력이 지배하는 세상에서 하나님께서는 가장 강하지도 않고, 가장 수가 많지도 않은 이스라엘과 함께하셔서 승리하게 하십니다. 그래서 여리고 전투는 힘이 지배하는 세상이 아닌, 다른 세상을 보여줍니다.

11 이처럼 여호수아는 주님의 궤를 메고 성을 한 바퀴 돌게 한 다음에 진에 돌아와서, 그 밤을 진에서 지내게 하였다.

12 ○ 다음 날 아침에 여호수아가 일찍 일어났다. 제사장들도 다시 주님의 궤를 메었다. 13 제각기 숫양 뿔나팔을 든 일곱 제사장은 주님의 궤 앞에 서서, 계속 행군하며 나팔을 불었고, 무장한 선발대는 그들보다 앞서서 나아갔으며, 후발대는 주님의 궤를 뒤따랐다. 그동안 제사장들은 계속하여 나팔을 불었다. 14 이튿날도 그들은 그 성을 한 바퀴 돌고 진으로 돌아왔다. 그들은 엿새 동안 이렇게 하였다.

15 ○ 드디어 이렛날이 되었다. 그들은 새벽 동이 트자 일찍 일어나서 전과 같이 성을 돌았는데, 이날만은 일곱 번을 돌았다. 16 일곱 번째가 되어서, 제사장들이 나팔을 불 때에, 여호수아가 백성에게 이렇게 명령하였다. "큰 소리로 외쳐라! 주님께서 너희에게 이 성을 주셨다. 17 이 성과 이 안에 있는 모든 것을 전멸시켜서, 그것을 주님께 제물로 바쳐라. 그러나 창녀 라합과 그 여인의 집에 있는 사람은 모두 살려주어라. 그 여인은 우리가 보낸 정탐꾼들을 숨겨주었다. 18 너희는, 전멸시켜서

여호수아는 "모든 것을 전멸시켜서 주님께 제물로 바쳐라"(17절)라고 명령합니다. 하나님은 이렇게 잔인한 제물을 좋아하는 신입니까? 노아 시대에 하나님께서 홍수로 세상을 멸하신 까닭은 온 땅이 폭력으로 무법천지가 되었기 때문입니다(창 6:9, 11). 또 하나님께서는 아브라함에게 가나안 땅을 주겠다 약속하셨지만 곧바로 주시지는 않았습니다. 아직 가나안 민족의 죄악이 벌을 받을 만큼 심하지 않았기 때문입니다(창 15:16). 이를 고려할 때, 여호수아 시대에 이르러 이 땅을 차지하게 하시고 여리고를 비롯한 가나안 민족을 멸하게 하신 것은 가나안 땅의 폭력과 죄악이 이제는 극심해졌기 때문일 것입니다. 그러므로 "모든 것을 전멸시켜라"라는 명령의 핵심은 '그 모든 악에 대한 단호하고 결연한 반대와 단절'을 의미합니다.

바치는 희생제물에 손을 댔다가 스스로 파멸당하는 일이 없도록 주의하여라. 너희가 전멸시켜서 바치는 그 제물을 가지면, 이스라엘 진은 너희 때문에 전멸할 것이다. 19 모든 은이나 금, 놋이나 철로 만든 그릇은, 다 주님께 바칠 것이므로 거룩하게 구별하여, 주님의 금고에 넣도록 하여라."

20 ○ 제사장들이 나팔을 불었다. 그 나팔 소리를 듣고서, 백성이 일제히 큰 소리로 외치니, 성벽이 무너져내렸다. 백성이 일제히 성으로 진격하여 그 성을 점령하였다. 21 성 안에 있는 사람을, 남자나 여자나 어른이나 아이를 가리지 않고 모두 전멸시켜서 희생제물로 바치고, 소나 양이나 나귀까지도 모조리 칼로 전멸시켜서 희생제물로 바쳤다.

22 ○ 여호수아는 그 땅을 정탐하러 갔던 두 사람에게 말하였다. "그 창녀의 집으로 들어가서, 너희가 맹세한 대로, 그 여인과 그에게 딸린 모든 사람을 그곳에서 데리고 나오너라." 23 정탐하러 갔던 젊은이들이 가서, 라합과 그의 아버지와 어머니와 오라버니들과 그에게 딸린 모든 사람을 데리고 나왔다. 라합의

여호수아는 여리고 성을 무너뜨리고 재건까지 단호하게 금지합니다(26절). 왜 이렇게 가혹하게 구는 걸까요? 여리고 사람을 다 죽이라는 명령과 같은 맥락으로 이해할 수 있습니다. 여리고로 상징되는 악에 대한 단호한 반대가 이와 같은 금지 명령에 담겨 있습니다. 불의한 권력이나 독재 권력을 뒤엎고 새로운 민주 정부가 세워졌음에도, 그렇게 새로운 시대를 맡은 이들이 또다시 탐욕을 부리고 사사로운 이익을 추구하는 일을 인류 역사에서 허다하게 볼 수 있습니다. 이렇게 악이 반복되는 모습을 우리는 무너뜨린 여리고를 다시 쌓은 것이라 비유할 수 있지 않을까요? 만일 그러한 여리고를 다시 쌓는다면, 이스라엘의 여리고 정복은 여리고라는 특정한 민족에 대한 증오 혹은 혐오와 다름없을 것입니다. 그러므로 여리고를 다시 쌓지 않는 행위는 여리고 전투가 여리고 민족에 대한 반대가 아닌, 여리고로 상징되는 죄악과의 싸움이었음을 보여주는 상징입니다.

식구들을 모두 이끌어내어, 이스라엘 진 밖으로 데려다 놓았다. 24 그리고 그들은 그 성읍과 그 안에 있는 모든 것을 불로 태웠다. 그러나 은이나 금이나 놋이나 철로 만든 그릇만은 주님의 집 금고에 들여놓았다. 25 여호수아는 창녀 라합과 그의 아버지 집과 그에게 딸린 사람을 다 살려주었다. 라합이 오늘날까지 이스라엘 백성 가운데 살고 있는데, 그것은 여호수아가 여리고를 정탐하도록 보낸 사람들을 그가 숨겨주었기 때문이다.

26 ○ 그때에 여호수아가 이렇게 맹세하였다. "이 여리고 성을 일으켜 다시 세우겠다고 하는 자는, 주님 앞에서 저주를 받을 것이다. 성벽 기초를 놓는 자는 맏아들을 잃을 것이요, 성문을 다는 자는 막내아들을 잃을 것이다."

27 ○ 주님께서 여호수아와 함께 계셨으므로 그의 명성이 온 땅에 두루 퍼졌다.

{ 제7장 }

아간의 죄

1 이스라엘 자손이, 전멸시켜서 주님께 바쳐야 할 물건을 잘못 다루었다. 유다 지파에서, 세라의 증손이요 삽디의 손자요 갈미의 아들인 아간이, 전멸시켜서 주님께 바쳐야 할 물건을 가져갔기 때문에, 주님께서 이스라엘 자손들에게 진노하셨다.

2 ○ 여호수아가 여리고에서 베델 동쪽 뱃아웬 곁에 있는 아이 성으로 사람들을 보내면서, 그들에게 올라가서 그 땅을 정탐하라고 지시하니, 그 사람들이 올라가서 아이 성을 정탐하였다. 3 그들이 여호수아에게 돌아와서 이렇게 말하였다. "모든 백성을 다 올라가게 할 필요가 없을 것 같습니다. 이천 명이나 삼천 명만 올라가도 아이 성을 칠 수 있습니다. 모든 백성이 그 성을 치느라고 다 수고할 필요가 없을 것 같습니다. 성 안에 있는 사람들의 수가 얼마 되지 않습니다." 4 백성 가운데서 약 삼천 명

한 사람의 죄를 물어 온 이스라엘에게 진노하다니요?(1절) 하나님은 너무 불공평하신 같습니다. 여호수아기는 과거의 사실을 정확히 전달하기 위한 역사책이 아니라, 하나님을 신뢰하며 새로운 삶의 길을 걸어간 신앙 공동체의 이야기를 증언하는 책입니다. 만일 말로는 새로운 공동체라고 하면서 그에 속한 개인은 자신의 탐욕만을 추구하고 공동체에서는 이러한 죄에 대해 올바르게 대응하지 않는다면, 가나안 땅의 이스라엘은 그저 이름과 피만 다를 뿐 이전에 있던 가나안 부족과 아무런 차이가 없는 또 하나의 민족이 되고 말 것입니다. 그리고 실제로 이스라엘은 점차 공동체 안의 죄악을 내버려두고 방관하다가 훗날 결국 멸망해 그 땅에서 쫓겨나고 맙니다. 여호수아기는 이러한 현실을 반성하면서 처음 가나안 정착 시기에 공동체 전체가 한 사람의 죄악을 어떤 방식으로 진지하게 대응했는지 강조합니다.

이 그리로 올라갔다. 그러나 그들은 도리어 아이 성 사람에게 패하여 도망쳐왔다. 5 아이 성 사람은 이스라엘 사람을 서른여섯 명쯤 죽이고, 성문 앞에서부터 스바림까지 추격하여 비탈길에서 그들을 쳤으므로, 백성의 간담이 서늘해졌다.

6 ○ 여호수아는 슬퍼하면서 옷을 찢고, 주님의 궤 앞에서 얼굴을 땅에 대고 엎드려서 저녁때까지 있었다. 이스라엘의 장로들도 그를 따라 슬픔에 젖어, 머리에 먼지를 뒤집어썼다. 7 여호수아가 아뢰었다. "주 하나님, 우리 백성을 요단강 서쪽으로 잘 건너게 하시고는, 왜 우리를 아모리 사람의 손에 넘기어 멸망시키려 하십니까? 차라리 우리가 요단강 동쪽에서 그대로 살았더라면 좋을 뻔하였습니다. 8 주님, 이스라엘이 원수 앞에서 패하여 되돌아왔으니, 이제 제가 무슨 말을 할 수 있겠습니까? 9 가나안 사람과 그 땅에 사는 모든 주민이 이 소식을 듣고 우리를 에워싸고, 이 땅에서 우리의 이름을 없애버릴 터인데, 주님께서는 주님의 위대한 명성을 어떻게 지키시겠습니까?"

10 ○ 주님께서 여호수아에게 말씀하셨다. "일어나거라. 어찌하여 이렇게 엎드려 있느냐? 11 이스라엘이 죄를 지었다. 나와

옷을 찢고 머리에 먼지를 뒤집어쓰는(6절) 행동에는 어떤 의미가 담겨 있습니까? 고대나 지금이나 우리는 단지 보온이나 몸을 가리는 용도만이 아니라 스스로를 치장하고 꾸미기 위해 적절하게 옷을 입습니다. 이러한 옷을 찢는 행위는 우리를 치장하는 일이 아무 소용이 없다는 것, 그리고 우리가 스스로를 꾸미지 않고 하나님 앞에 부끄러운 모습 그대로 나아간다는 것을 표현합니다. 사람의 머리에 먼지와 같은 흙이 얹어지는 것은 보통 죽었을 때일 것입니다. 머리에 흙을 뿌리는 것 역시 우리가 살았으나 죽은 자와 마찬가지라는 고백으로 볼 수 있습니다. 그래서 옷을 찢고 머리에 먼지를 쓰는 것은 우리의 잘못을 뉘우치는 회개의 순간을 표현하며, 또 우리가 살았다 하나 죽은 자와 마찬가지임을 고백하며 하나님 앞에 엎드리는 것을 표현합니다.

맺은 언약, 지키라고 명령한 그 언약을 그들이 어겼고, 전멸시켜서 나 주에게 바쳐야 할 물건을 도둑질하여 가져갔으며, 또한 거짓말을 하면서 그 물건을 자기들의 재산으로 만들었다. 12 그래서 이스라엘 자손은 원수를 대적할 수 없었고, 원수 앞에서 패하여 물러섰다. 그들이 자청하여 저주를 불러들여서, 그들 스스로가 전멸시켜야 할 물건이 되었기 때문이다. 너희들 가운데에서 전멸시켜 나 주에게 바쳐야 할 물건을 없애지 아니하면, 내가 다시는 너희와 함께 있지 않겠다. 13 일어나서 백성을 성결하게 하여라. 너는 그들에게 말하여라. '너희는 스스로 성결하게 하여, 내일을 맞이할 준비를 하여라. 주 이스라엘의 하나님께서 이렇게 말씀하신다. 이스라엘아, 너희 가운데 전멸시켜서 주님께 바쳐야 할 물건이 있다. 그것을 너희 가운데서 제거하기 전에는, 너희의 원수를 너희가 대적할 수 없다. 14 너희는 아침에 지파별로 나오너라. 주님께서 주사위로 뽑으신 지파는 가문별로 가까이 나오고, 주님께서 주사위로 뽑으신 가문은 집안별로 가까이 나오고, 또한 주님께서 주사위로 뽑으신 집안은 장정별로 가까이 나오너라. 15 전멸시켜서 주님께 바쳐야 할 물건을 가져간 사람이 주사위로 뽑히면, 그에게 딸린 모든 것

전쟁에서 승리를 거두고 전리품을 챙기는 건 아주 흔한 일입니다. 그것이 왜 죄가 됩니까?(10-12절) 전쟁에서 전리품을 챙기는 것은 당연한 일입니다. 다만 여리고 전투의 경우 요단강 서편에서 벌어지는 첫 전투였기 때문에 여리고에서 획득한 모든 것은 하나님께 바친 제물과 같다고 선언되었습니다(6:16-19). 만약 하나님께 양을 제물로 바친다 하면서 자신이 그 양의 일부를 빼돌린다면 그 제물은 적합한 제물이 아닙니다. 마찬가지로 여리고 성의 모든 것은 하나님께 바친 것이므로 어느 것에도 손대지 말 것을 하나님께서는 강력하게 명령하셨습니다. 이후 대부분의 전투에서는 이스라엘이 전리품을 획득하는 것이 허용됩니다(8:2).

과 함께 그를 불에 태우겠다. 그가 주님의 언약을 어기고, 이스라엘에서 수치스러운 일을 저질렀기 때문이다.'"

16 ○ 여호수아가 아침 일찍 일어나서 이스라엘 백성을 그 지파별로 나오게 하였더니, 유다 지파가 뽑혔다. 17 유다 지파를 가문별로 나오게 하였더니 세라의 가문이 뽑혔고, 세라의 가문에서 장정들을 나오게 하였더니 삽디가 뽑혔다. 18 삽디의 집안의 장정들을 차례대로 나오게 하였더니 유다 지파에서 세라의 증손이요 삽디의 손자요 갈미의 아들인 아간이 뽑혔다. 19 여호수아가 아간에게 말하였다. "나의 아들아, 주 이스라엘의 하나님께 영광을 돌리고, 그에게 사실대로 고백하여라. 네가 무엇을 하였는지 숨기지 말고 나에게 말하여라."

20 ○ 아간이 여호수아에게 대답하였다. "제가 진실로 주 이스라엘의 하나님께 죄를 지었습니다. 제가 저지른 일을 말씀드리겠습니다. 21 제가, 전리품 가운데에서, 시날에서 만든 아름다운 외투 한 벌과 은 이백 세겔과 오십 세겔이 나가는 금덩이 하나를 보고, 탐이 나서 가졌습니다. 보십시오, 그 물건들을 저의

죄를 자백했음에도 불구하고(20-21절) 아간은 용서받지 못했습니다. 하나님은 죄를 고백하면 용서해준다고 들었는데, 헛소문인가 봅니다. 이미 아간의 범죄로 인해 이스라엘은 적지 않은 피해를 겪었습니다. 아간 사건은 한 사람의 범죄가 공동체 전체에 어떤 영향을 미치는지 명확하게 보여준 사건입니다. 그리고 아간에 대한 처벌 역시 일종의 본보기라고 할 수 있습니다. 오늘의 우리로서는 아간과 그 가족 전부를 꼭 죽일 필요가 있었을까 싶지만, 여호수아기는 공동체 내의 탐욕과 죄악을 절대 가벼이 여기지 말고 단호하고도 결연하게 대처할 것을 촉구합니다. 어쩌면 오늘 우리가 과거사를 제대로 비판적으로 돌아보지도 않은 채 너무나 쉽게 용서를 선언하는 것은 아닐까요? 그래서 그런 과거와 같은 상황이 벌어졌을 때 또다시 어리석은 행동을 반복하는 것은 아닐까요? 죄인을 죽이자는 말이 아니라, 우리의 과거 반성은 좀 더 통렬할 필요가 있다는 말입니다.

장막 안 땅속에 감추어두었는데, 은을 맨 밑에 두었습니다."

22 ○ 여호수아가 사람들을 그리로 보냈다. 그들이 장막으로 달려가 보니, 물건이 그 장막 안에 감추어져 있고, 은이 그 밑에 있었다. 23 그들은 그것을 그 장막 가운데서 파내어, 여호수아와 모든 이스라엘 자손이 있는 데로 가져와서, 주님 앞에 펼쳐놓았다. 24 여호수아는, 세라의 아들 아간과 그 은과 외투와 금덩이와 그 아들들과 딸들과 소들과 나귀들과 양들과 장막과 그에게 딸린 모든 것을 이끌고 아골 골짜기로 갔으며, 온 이스라엘 백성도 그와 함께 갔다. 25 여호수아가 말하였다. "너는 어찌하여 우리를 괴롭게 하느냐? 오늘 주님께서 너를 괴롭히실 것이다." 그러자 온 이스라엘 백성이 그를 돌로 쳐서 죽이고, 남은 가족과 재산도 모두 돌로 치고 불살랐다. 26 그들은 그 위에 큰 돌무더기를 쌓았는데, 그것이 오늘까지 있다. 이렇게 하고 나서야 주님께서 맹렬한 진노를 거두셨다. 그래서 그곳 이름을 오늘까지도 아골 골짜기라고 부른다.

"그래서 그곳 이름을 오늘까지도 아골 골짜기라고 부른다"(26절)는 게 무슨 뜻인지 모르겠습니다. '그래서'를 좀 더 구체적으로 설명해주세요. '아골'은 히브리어 명사로 '괴로움'을 의미합니다. 이 명사는 '괴롭게 하다'라는 동사에서 파생한 것인데, 이 동사는 25절에 두 번 쓰였습니다. 아간이 그의 사사로운 탐욕으로 온 이스라엘을 '괴롭게 했으니', 이제 하나님께서 그를 '괴롭게 하실 것입니다'. 그 결과 아간과 그의 가족이 모두 죽게 되었고, 이스라엘은 그 장소를 가리켜 '괴로움의 골짜기', 아골 골짜기라고 불렀습니다. 특정한 사건을 잊지 않고 기억하며 스스로를 돌아보기 위해 이처럼 사건과 연관된 이름을 해당 장소에 붙였습니다. 이스라엘은 아골 골짜기라는 이름을 떠올릴 때마다 내가 공동체 안에 속해 있다는 것, 그리고 "나 하나쯤이야"라는 생각이 공동체 전체를 괴롭게 할 수 있으며 결국 한 가족 전체가 죽게 되는 참으로 괴로운 결과로 이어질 수 있다는 사실을 기억할 것입니다.

{ 제8장 }

아이 성의 붕괴

1 주님께서 여호수아에게 말씀하셨다. "두려워하지 말아라! 겁내지 말아라! 군인들을 다 동원하여 아이 성으로 쳐올라가거라. 보아라, 내가 아이의 왕과 백성과 성읍과 땅을 다 네 손에 넘겨주었다. 2 너는 아이 성과 그 왕에게도 여리고와 그 왕에게 한 것처럼 하고, 오직 전리품과 가축은 너희가 가져라. 성 뒤쪽에 군인들을 매복시켜라."

3 ㅇ 여호수아가 군인들을 다 동원하여, 아이 성으로 쳐올라갔다. 여호수아는 용사 삼만 명을 뽑아 밤을 틈타 보내면서, 4 그들에게 명령을 내렸다. "너희들은 성 뒤로 가서, 성에서 너무 멀지 않은 곳에 매복하고, 모두들 공격할 준비를 갖추어라. 5 나와 함께 있는 모든 군인은 그 성으로 접근하겠다. 아이 성 사람들이 우리와 싸우려고 나오면, 우리는 지난번과 같이 뒤

여리고 성을 공략할 때는 '전멸'을 명한 하나님이 어째서 이번에는 "전리품과 가축은 가져라"(2절)라고 하는 걸까요? 7장 10-12절의 설명에서 언급했지만, 가나안 정복 전쟁 가운데 어떤 전쟁은 전리품을 하나도 취하지 않고 전부 하나님께 바치는 전쟁이었던 반면, 대부분의 전쟁에서는 전리품을 취할 수 있었습니다. 아이 성 전투 역시 그러했습니다. 모두 바치는 전쟁과 그렇지 않은 전쟁의 기준을 명확하게 구분할 수는 없지만, 이와 같은 하나님의 명령은 전쟁의 승패가 이스라엘의 군사력에 달려 있지 않음을, 그래서 두려움 없이 싸울 수 있음을 알려줍니다. 그리고 전리품을 거두는 것도 중요하고 필요하지만, 때로 아무것도 취할 수 없는 전투를 치르면서 이스라엘은 그들을 풍성하고 부요케 하는 것이 단지 물자 자체가 아님을 돌아보게 됩니다. 그야말로 여호수아기는 하나님의 백성이 어떻게 살아야 하는지 전쟁과 정복을 통해 가르치는 책이라 할 수 있습니다.

돌아서 도망칠 것이다. 6 그들은 우리를 뒤쫓고, 우리는 그들을 성 밖으로 이끌어낼 것이다. 그들은 도망하는 우리를 보고서, 자기들끼리, 지난번과 같이 우리 앞에서 도망한다고 말할 것이다. 우리가 그들 앞에서 도망하거든, 7 너희는 매복하고 있던 곳에서 일어나서, 그 성을 점령하여라. 주 너희 하나님이 그 성을 너희의 손에 넘겨주실 것이다. 8 성을 점령하거든, 주님께서 하신 말씀을 따라서 그 성을 불태워라. 내가 너희에게 내린 명령이니, 명심하여라." 9 여호수아가 그들을 보내니, 그들이 매복할 곳으로 가서, 아이 성 서쪽, 베델과 아이 성 사이에 자리를 잡았다. 여호수아는 그날 밤에 군인들과 함께 잤다. 10 ○ 여호수아는 아침 일찍 일어나서 군인들을 점호하고, 이스라엘 장로들과 함께, 그들 앞에서 아이 성을 향하여 쳐올라갔다. 11 그와 함께 있던 군인들이 모두 쳐올라가서 성 앞에 다다랐다. 그들은 아이 성의 북쪽에 진을 쳤다. 그와 아이 성 사이에는 한 골짜기가 있었다. 12 그는 오천 명을 뽑아서 아이 성의 서쪽, 베델과 아이 성 사이에 매복시켰다. 13 이렇게 군인들은 모두 성 북쪽에 본진을 치고, 복병은 성의 서쪽에 배치하였다. 여

3절에서는 매복시킨 인원이 3만 명이라더니, 12절에서는 갑자기 5천 명이라고 합니다. 아이 성 전투로 죽은 아이 사람들은 남녀 모두 1만 2천 명이었습니다(8:25). 그런데 처음에 여호수아의 이스라엘은 3천 명을 보냈다가 패했고(7:4-5), 아간의 사건을 다룬 후에 이제는 처음에 보냈던 인원의 10배인 3만 명이 출병합니다. 상황을 과소평가하지 않고, 신중하고 철저하게 대응하는 모습입니다. 그리고 이 3만 명 모두가 매복에 관한 작전을 충분히 이해하고 숙지한 채 이동했고, 아이 성에 이르러서는 그 가운데 5천 명을 매복하게 하고, 나머지 2만 5천 명이 성 정면에서 싸운 것으로 이해할 수 있습니다. 전쟁에 참여한 이들 모두가 이번 전쟁의 전술과 내용을 이해하고 총력을 기울여 대처했습니다.

호수아는 그날 밤을 골짜기에서 보냈다. 14 아이 성의 왕이 여호수아의 군대를 보고, 그 성의 장정들과 함께 서둘러 일찍 일어나서, 이스라엘과 맞서 싸우려고 모두 아라바 앞의 싸움터로 나아갔다. 그러나 그는 성 뒤에 그를 칠 복병이 있는 줄은 미처 알지 못하였다. 15 여호수아와 이스라엘 온 군대가 그들 앞에서 패하는 척하며 광야 길로 도망쳤다. 16 그러자 성 안에 있는 모든 백성이 동원되어, 그들을 따라잡으려고 여호수아의 뒤를 쫓았다. 그들은 성으로부터 멀리 떨어졌다. 17 아이 성과 베델에는, 이스라엘 군대를 추격하지 않고 남아 있는 사람이 하나도 없었다. 그들은 성문을 열어둔 채 이스라엘 군대를 추격하였다. 18 ○ 주님께서 여호수아에게 말씀하셨다. "네가 쥐고 있는 단창을 들어 아이 성 쪽을 가리켜라. 내가 그 성을 네 손에 넘겨준다." 여호수아는 들고 있던 단창을 들어, 아이 성 쪽을 가리켰다. 19 그가 손을 쳐든 순간, 복병들이 잠복하고 있던 그곳에서 재빨리 일어나서 돌진하여 들어가 성을 점령하고, 순식간에 그 성에 불을 놓았다. 20 아이 성 사람들이 뒤를 돌아보니, 연기가

여호수아는 매복과 유인 전술을 펼칩니다. 수백 년간 종살이를 하던 민족이 어디서 이런 싸움 기술을 익혔을까요? 이미 그들은 광야 40년 방랑 중에도 여러 번의 전투를 경험했고, 가나안 땅 근처에 이르러서도 아모리 왕 시혼, 바산 왕 옥과의 싸움을 치러야 했습니다. 이 모든 전투에서의 승리는 이스라엘의 군사력이나 전술이 아닌 하나님의 도우심과 능력 때문이었습니다. 그러나 그렇다고 이스라엘이 아무것도 하지 않았던 것은 당연히 아닐 겁니다. 하나님의 능력이 승리의 길임을 믿는다면, 상대가 제아무리 강하고 많아 보여도 두려움 없이 그 앞에 나서야 하는 것은 이스라엘의 몫입니다. 그렇기에 전쟁의 전략과 전술, 계획을 짜서 대응하는 것이 중요하고, 이는 여러 번의 전투를 거치면서 훈련돼야 제대로 작동할 것입니다. 여전히 승리는 하나님께로부터 오는 것을 명심하며 용기를 내고, 스스로 헌신해 전술을 습득하고 최선을 다해 싸우는 것, 그것이 정복 전쟁 당시 이스라엘의 모습입니다.

그 성에서 하늘로 치솟고 있었다. 그들은 어느 곳으로도 도망할 수 없게 되었다. 광야로 도망하는 척하던 이스라엘 군대는 뒤쫓던 사람들에게로 돌아섰다. 21 여호수아와 온 이스라엘 사람은, 복병이 그 성을 점령하고, 연기가 그 성에서 치솟는 것을 보고는, 돌이켜서 아이 성의 사람들을 무찔렀다. 22 복병들도 아이 성의 사람들과 맞서려고 성 안에서 나왔다. 이제 아이 성 사람들은 앞뒤에 있는 이스라엘 사람들의 가운데 놓이게 되었다. 이스라엘 사람들은 그들을 쳐 죽였으며, 그들 가운데서 살아남거나 도망한 사람이 없었다. 23 그러나 이스라엘 사람들은 아이 성의 왕만은 사로잡아 여호수아에게로 끌고 왔다.

24 ㅇ 이스라엘 사람은 광야 벌판에서 자기들을 뒤쫓던 모든 아이 성 주민을 다 죽였다. 그들이 모두 칼날에 쓰러지자, 온 이스라엘 군대는 아이 성으로 돌아와서, 성에 남은 사람을 칼로 죽였다. 25 그날 아이 성 사람 남녀 만 이천 명을 모두 쓰러뜨렸다. 26 여호수아는, 아이 성의 모든 주민을 전멸시켜서 희생제물로 바칠 때까지, 단창을 치켜든 그의 손을 내리지 않았다. 27 오직 가축과 그 성의 전리품은, 주님께서 여호수아에게

아이 성 임금의 주검을 오래 공개하지 않고 저녁때까지만 나무에 매달아둔 까닭은 무엇입니까? 전쟁에서 적의 우두머리를 모든 사람이 볼 수 있는 곳에 오래도록 매달아두는 것은 흔히 벌어졌던 일입니다. 이를 보는 모든 이들에게 어떤 일이 일어났는지 명심하게 하는 행동입니다. 그런데 신명기 21장 22-23절에서는 시체를 나무 위에 밤새도록 두지 말고 그날 밤에 내려서 장사하라고 명령합니다. 이에 따르면 주검을 밤새 나무 위에 둘 경우 하나님께서 기업으로 주신 땅을 더럽히게 됩니다. 부정하다 여겨지는 시체를 밤새 매달아두면 새나 다른 짐승에 의해 뜯겨 사방에 흩어질 수 있고, 이것은 하나님께서 주신 땅을 더럽히는 것입니다. 죄 지은 자를 처형하는 경우라도, 이스라엘은 하나님의 법도를 따라야 하며 하나님께서 주신 땅을 더럽히지 말아야 합니다.

명하신 말씀대로 이스라엘이 차지하였다. 28 여호수아는 아이 성을 불 질러서 황폐한 흙더미로 만들었는데, 오늘날까지 그대로 남아 있다. 29 여호수아는 아이 성의 왕을 저녁때까지 나무에 매달아 두었다가, 해가 질 때에 사람들에게 명령을 내려, 나무에서 그의 주검을 끌어내려 성문 어귀에 내버리게 하였다. 사람들이 주검 위에 큰 돌무더기를 쌓았는데, 그것이 오늘날까지 남아 있다.

에발산에서 율법을 낭독하다

30 ○ 그 뒤에 여호수아는 에발산 위에 주 이스라엘의 하나님을 섬기려고 제단을 쌓았다. 31 그것은 주님의 종 모세가 이스라엘 자손에게 명령한 대로, 또 모세의 율법책에 기록된 대로, 쇠 연장으로 다듬지 아니한 자연석으로 쌓은 제단이다. 그들은 그 위에서 번제와 화목제를 주님께 드렸다. 32 거기에서 여호수아는, 이스라엘 자손이 보는 앞에서 모세가 쓴 모세의 율법을 그 돌에 새겼다. 33 온 이스라엘 백성은 장로들과 지도자들과 재판장들과 이방 사람과 본토 사람과 함께 궤의 양쪽에

여호수아가 에발산에서 율법을 다시 낭독한(34-35절) 의도는 무엇입니까? 아이 성 전투에서 승리한 후 율법 낭독 의식을 거행했다는 사실은 여호수아기의 성격을 더욱 확실히 보여줍니다. 여호수아기는 전쟁이나 정복에 대한 이야기가 아닙니다. 하나님을 신뢰하며 하나님의 율법에 순종하는 신앙 공동체 건설에 대한 이야기입니다. 이스라엘이 첫 번째 아이 성 전투에서 패배한 것은 전술의 결여나 군사력의 열세 때문이 아니라 하나님의 법도를 거역했기 때문입니다. 이를 생각할 때 전투 승리 후에 율법을 다시 낭독했다는 점을 이해할 수 있습니다. 이들의 승리 비결은 강하고 센 군대가 아닌, 하나님을 신뢰하며 그분의 말씀을 기억하고 준행하는 삶입니다.

서서, 주님의 언약궤를 멘 레위 사람 제사장을 바라보고 서 있었다. 백성의 절반은 그리심산을 등지고 서고, 절반은 에발산을 등지고 섰는데, 이것은 전에 주님의 종 모세가 이스라엘 백성을 축복하려고 할 때에 명령한 것과 같았다. 34 그 뒤에 여호수아는 율법책에 기록된 축복과 저주의 말을 일일이 그대로 낭독하였다. 35 모세가 명령한 것 가운데서, 이스라엘 온 회중과 여자들과 아이들, 그리고 그들 가운데 같이 사는 이방 사람들 앞에서, 여호수아가 낭독하지 않은 말씀은 하나도 없었다.

{ 제9장 }

기브온 사람들이 여호수아를 속이다

1 요단강 서쪽의 야산과 평원지대와 지중해 연안에서 레바논에 이르는 곳에 사는 헷 사람과 아모리 사람과 가나안 사람과 브리스 사람과 히위 사람과 여부스 사람의 모든 왕이 이 소식을 듣고, 2 함께 모여서, 여호수아와 이스라엘에 맞서서 싸우기로 뜻을 모았다.

3 ○ 히위 사람인 기브온 주민들은, 여호수아라는 사람이 여리고 성과 아이 성에서 한 일을 듣고서, 4 여호수아를 속이기로 결정하였다. 그들은 낡은 부대와 해어지고 터져서 기운 가죽 포도주 부대를 나귀에 싣고서, 외모를 사절단처럼 꾸미고 길을 떠났다. 5 발에는 낡아서 기운 신을 신고, 몸에는 낡은 옷을 걸쳤으며, 마르고 곰팡이 난 빵을 준비하였다. 6 그들은 길갈 진에 있는 여호수아에게 와서, 그와 이스라엘 사람들에게 말하였다. "우리는 먼 곳에서 왔습니다. 이제 우리와 조약을 맺어주십시오."

7 ○ 이스라엘 사람들이 이 히위 사람들에게 말하였다. "당신

이스라엘에 맞서서 동맹을 맺은 여섯 민족(1절)은 당시 이 지역 인구에서 큰 비중을 차지하는 편이었나요? 여기에 열거된 민족은 가나안 땅에 살고 있는 부족을 가리키는 말로 빈번히 언급되었습니다(가령, 출 3:8; 23:23; 33:2; 신 20:17). 드물지만 기르가스 족속도 가나안 부족으로 언급되는데(신 7:1; 수 3:10), 이렇게 일곱 민족이 가나안에 원래 살고 있던 민족을 대표합니다. 그러므로 지금 본문에 언급된 여섯 민족은 사실상 이전부터 가나안에 살고 있었던 모든 민족을 가리킨다고 볼 수 있습니다. 하나님께서 주시기로 약속하신 땅은 텅 비어 있는 땅이 아니라 이처럼 다른 민족이 이미 살고 있는 땅이기에 그 땅을 차지하는 것은 그리 간단한 일이 아니었습니다.

들은 우리 근처에 사는 듯한데, 어떻게 우리가 당신들과 조약을 맺을 수 있겠소?"

8 ○ 그들이 여호수아에게 말하였다. "우리를 종으로 삼아주십시오."

○ 여호수아가 그들에게 물었다. "당신들은 누구이며, 어디에서 왔소?"

9 ○ 그들이 여호수아에게 대답하였다. "종들은 주 하나님의 명성을 듣고서, 아주 먼 곳에서 왔습니다. 우리는 주님께서 이집트에서 하신 모든 일을 들었으며, 10 또 주님께서 요단강 동쪽 아모리 사람의 두 왕 곧 헤스본 왕 시혼과 아스다롯에 있는 바산 왕 옥에게 하신 일을 모두 들었습니다. 11 그래서 우리 땅에 살고 있는 장로들과 모든 주민이 우리를 이리로 보냈습니다. 우리 기브온 주민은, 종이 될 각오가 되어 있다는 것을 말씀드리고, 우리와 평화조약을 맺어달라고 하는 부탁을 하려고, 길에서 먹을 양식을 준비해 가지고 이렇게 왔습니다. 12 우리가 가져온 이 빵을 보십시오, 우리가 이리로 오려고 길

사절단이 이미 자기소개를 했음에도(6절), 여호수아가 이들의 정체와 출신에 대해 다시 추궁하는(8절) 이유는 무엇입니까? 본문의 상황처럼 전쟁이 연이어 벌어지고 있을 때는 낯선 사람들의 말을 손쉽게 액면 그대로 믿을 수는 없을 것입니다. 여호수아 또한 신중하게 확인했지만, 속이려고 작정한 이들을 제대로 파악하기는 어려웠습니다. 기브온 주민이 속임수까지 써서 이스라엘과 화친하려 했다는 이 내용은 이를 읽는 고대 이스라엘 독자들에게 하나님께서 함께하시는 이스라엘이 참으로 강했음을 깨닫게 했을 것입니다. 아울러 먼 곳에서 왔다는 기브온 사람에게 속아 화친했다는 점을 생각하면, 이스라엘의 기나안 정복이 무한한 영토 확장과는 거리가 멀었음을 보여줍니다. 실제로 이후 다윗과 솔로몬 시기에 이르러서도 이스라엘의 영토는 그리 광대하게 넓어지지는 않습니다. 앗수르나 바빌론, 페르시아와 같은 제국들의 끝도 없는 영토 확장을 이스라엘에서는 찾아볼 수 없습니다.

을 떠나던 날, 집에서 이 빵을 쌀 때만 하더라도 이 빵은 따뜻하였습니다. 그러나 보십시오, 지금은 말랐고, 곰팡이가 났습니다. 13 우리가 포도주를 담은 이 가죽부대도 본래는 새것이었습니다. 그런데 보십시오, 낡아서 찢어졌습니다. 우리의 옷과 신도 먼 길을 오는 동안 이렇게 낡아서 해어졌습니다."

14 ㅇ 이스라엘 사람들은, 어떻게 해야 할지를 주님께 묻지도 않은 채, 그들이 가져온 양식을 넘겨받았다. 15 여호수아는 그들과 화친하여, 그들을 살려준다는 조약을 맺고, 회중의 지도자들은 그 조약을 지키기로 엄숙히 맹세하였다.

16 ㅇ 이스라엘 사람들은, 그들과 조약을 맺은 지 사흘이 지난 뒤에, 자기들과 조약을 맺은 사람들이 가까운 이웃이고, 자기들 가까이에서 사는 사람들임을 알게 되었다. 17 이스라엘 자손은 그리로 가서 보려고 길을 떠났는데, 겨우 사흘 만에 자기들과 조약을 맺은 사람들이 살고 있는 여러 성읍에 이르렀다. 그들이 살고 있는 성읍은 기브온과 그비라와 브에롯과 기럇여아림이었다. 18 그러나 이스라엘 자손은, 회중의 지도자들이 주 이스라엘의 하나님의 이름을 두고 조약을 지키기로 그들에게 맹세하였기 때문에, 그들을 칠 수 없었다. 그래서 온 회중이 지도자들

속임수에 넘어가서 맺은 조약까지 성실하게 지킬 필요가 있을까요?(16-19절) 파기해버리면 그만이잖아요. 19절에서 볼 수 있듯이, 그들은 하나님의 이름으로 맹세하고 조약을 맺었기 때문에 손쉽게 파기할 수 없었습니다. 애초에 거짓말을 기반으로 맺어졌으니 그 어떤 조약도 무효라고 오늘의 우리는 생각할 수 있겠지만, 이 본문은 하나님의 이름을 함부로 여기지 않으려는 신중함과 조심스러움을 보여줍니다. 본문속의 사람들은 설령 나에게 불이익이 있다 할지라도 하나님의 이름으로 한 맹세는 지켜야 한다고 생각합니다. 그렇기에 그들은 하나님의 이름을 말할 때도 매우 조심했고, 그분의 이름을 자신의 유익을 위해 제멋대로 쓰는 일도 삼갔습니다.

을 원망하였다. 19 그러나 모든 지도자들이 온 회중에게 말하였다. "우리가 주 이스라엘 하나님의 이름을 두고 그들에게 맹세하였으므로, 그들을 해칠 수 없습니다. 20 우리가 그들에게 할 일이라고는, 그들을 살려두어서, 우리가 그들에게 맹세한 맹세 때문에 받게 될 진노가 우리에게 내리지 않게 하는 것뿐입니다. 21 그러나 비록 그들을 살려둔다 하더라도, 우리 가운데서 나무 패는 자와 물 긷는 자로 살아가도록 그들을 제한할 것입니다." 지도자들이 이렇게 제안한 것을 회중이 받아들였다.

22 ○ 여호수아가 그들을 불러다가 말하였다. "당신들은 우리 가까이에 살면서, 어찌하여 아주 멀리서 왔다고 말하여 우리를 속였소? 23 당신들이 이렇게 우리를 속였기 때문에, 당신들은 저주를 받아서, 영원히 종이 되어, 우리 하나님의 집에서 나무를 패고 물을 긷는 일을 하게 될 것이오."

24 ○ 그들이 여호수아에게 대답하였다. "우리가 그렇게 속일 수밖에 없었던 까닭은, 주 하나님이 그의 종 모세에게 명하신 것이 참으로 사실임을 우리가 알았기 때문입니다. 하나님이

이 모두가 하나님의 금지령 탓에 벌어진 사달입니다. 이방 민족과 뒤섞이는 걸 하나님이 이토록 경계하는 이유는 무엇입니까? 이토록 경계하셨지만, 이후로도 이방 민족은 이스라엘과 함께 살았습니다(삿 3:5; 왕상 9:20). 이를 볼 때 이방 민족에 대한 경계는 특정한 민족이나 사람에 대한 경계가 아니라 이방 민족으로 상징되는 삶의 방식, 사고방식에 대한 경계라고 볼 수 있습니다. 이스라엘은 여호와 하나님께서 명령하신 율법을 따라 새로운 세상을 열고 만들어가는 공동체입니다. 이를 위해 그들에게 이 율법대로 살아갈 공간이 필요한 것이지요. 그런데 만일 땅만 차지하고 이방 민족과 똑같은 삶을 산다면, 그것은 하나의 민족이 또 다른 민족으로 교체된 것일 뿐 아무런 의미도 의의도 없을 것입니다. 그러므로 이방 민족과 섞이지 않고 여호와의 율법을 따라 살아가는 것이야말로 가나안 땅에 이스라엘이 존재하는 근본적인 이유입니다.

이 땅을 다 이스라엘 사람에게 주라고 명하셨고, 이스라엘 사람이 보는 앞에서 이 땅에 사는 모든 사람을 다 죽이라고 명하셨다는 것을, 우리가 들어서 알았습니다. 우리가 속임수를 쓸 수밖에 없었던 것은, 우리가 이스라엘 사람 때문에 목숨을 잃을까 두려워하였기 때문입니다. 25 이제 우리를 마음대로 하실 수 있으니, 처분만을 기다리겠습니다." 26 여호수아는 그들을 보호하기로 결정을 내리고, 이스라엘 사람들이 그들을 죽이지 못하게 하였다. 27 바로 그날로 여호수아는 그들을, 회중을 섬기고 주님의 제단을 돌보는 종으로 삼아, 나무를 패고 물을 긷는 일을 맡게 하였다. 그들은 오늘까지 주님께서 택하신 곳에서 그 일을 하고 있다.

{ 제10장 }

여호수아가 기브온을 건지다

1 예루살렘 왕 아도니세덱은, 여호수아가 아이 성을 점령하면서, 여리고 성과 그 왕에게 한 것과 꼭 같이 아이 성과 그 왕을 전멸시켜서 희생제물로 바쳤다는 소식과, 또 기브온 주민이 이스라엘과 화친하고 그들과 함께 살고 있다는 소식을 듣고, 2 몹시 놀랐다. 기브온으로 말하면 왕이 있는 도성처럼 큰 성읍이고, 아이 성보다도 더 큰 성인 데다가, 기브온 주민은 모두 용맹한 전사들이었기 때문이다. 3 그래서 예루살렘 왕 아도니세덱은 헤브론 왕 호함과 야르뭇 왕 비람과 라기스 왕 야비아와 에글론 왕 드빌에게 전갈을 보냈다. 4 "내게로 와서, 나를 도와주십시오. 우리가 함께 기브온을 칩시다. 기브온이 여호수아와 이스라엘 자손과 화친하였다고 합니다." 5 그리하여 아모리 족속의 다섯 왕 곧 예루살렘 왕과 헤브론 왕과 야르뭇 왕과 라기스 왕과 에글론 왕이 연합하여, 그들의 모든 군대를 거느리고 올라와서, 기브온을 공격하려고 진을 쳤다.

예루살렘 왕 아도니세덱이 이처럼 주도적으로 이스라엘에 맞서려 했던(1–5절) 속내가 궁금합니다. 여리고와 아이에서의 전투가 가나안 중부 지역을 장악하는 전투였다면, 이제 예루살렘 왕을 중심으로 연합한 다섯 왕들과의 전투는 모두 가나안 남부 지역에 속한 나라들과의 전투입니다. 예루살렘과 헤브론, 야르뭇, 라기스, 에글론은 가나안 남부 지역과 남서쪽에 있는 도시들입니다. 이 가운데 예루살렘이 길갈을 기반으로 한 이스라엘 군대와 가장 가까운 지역이며, 예루살렘이 무너지면 이제 야르뭇, 헤브론, 라기스가 다음 차례입니다. 그런 연유로 예루살렘 왕이 가장 앞장 서서 남쪽과 남서쪽 나라들에게 동맹을 제안했을 것으로 짐작할 수 있습니다.

6 ○ 기브온 사람들은 길갈 진에 있는 여호수아에게 전갈을 보냈다. "이 종들을 버리지 마십시오. 속히 우리에게로 와서 우리를 구출하여주십시오. 우리를 도와주십시오. 산간지방에 거주하는 아모리 왕들이 연합군을 이끌고 우리를 공격하였습니다."
7 ○ 여호수아는 정예부대를 포함한 전군을 이끌고, 길갈에서 진군하여 올라갔다. 8 그때에 주님께서 여호수아에게 말씀하셨다. "그들을 두려워하지 말아라. 내가 그들을 너의 손에 넘겨주었다. 그들 가운데서 한 사람도 너를 당할 수 없을 것이다."
9 길갈에서 떠난 여호수아의 군대는, 밤새도록 진군하여 기습작전을 폈다. 10 주님께서 이스라엘 군대 앞에서 그들을 혼란에 빠지게 하시니, 여호수아는 기브온에서 그들을 크게 무찔러 승리하였다. 그는 벳호론의 오르막길을 따라서 아세가와 막게다까지 추격하여 그들을 무찔렀다. 11 그들이 이스라엘 군대 앞에서 도망하여 벳호론의 내리막길에 이르렀을 때에, 주님께서, 거기에서부터 아세가에 이르기까지, 하늘에서 그들에게 큰 우박을 퍼부으셨으므로, 많은 사람이 죽었다. 우박으로 죽은 자가 이스라엘 자손의 칼에 찔려서 죽은 자보다 더 많았다.
12 ○ 주님께서 아모리 사람들을 이스라엘 자손에게 넘겨주신

동맹을 맺은 다른 민족들은 제쳐두고 아모리 족속의 임금들끼리만 이렇게 단독 행동에 나선 이유는 무엇입니까? 성경은 종종 가나안 지역에 사는 이방 민족을 가리킬 때 뭉뚱그려 '가나안 민족'이라고도 부르고, 때로는 그들 전체를 '아모리 족속'이라 부르기도 합니다. 이 본문에서 언급하는 아모리 족속 역시 가나안 남쪽과 남서쪽에 사는 이들이 모두 같은 민족이었다는 의미보다는, 전체를 뭉뚱그려 아모리 족속이라 표현한 것 같습니다. 이 지역에 적지 않은 도시들이 존재했지만, 이 다섯 도시와 그 왕들이 특별히 연합 세력을 구성한 것은 아마도 이들이 당시에 가장 세력이 강한 도시국가였기 때문일 것입니다.

날에, 여호수아가 주님께 아뢰었다. 이스라엘 백성이 보는 앞에서 그가 외쳤다. "태양아, 기브온 위에 머물러라! 달아, 아얄론 골짜기에 머물러라!" 13 백성이 그 원수를 정복할 때까지 태양이 멈추고, 달이 멈추어 섰다. '야살의 책'에 해가 중천에 머물러 종일토록 지지 않았다고 한 말이, 바로 이것을 두고 한 말이다. 14 주님께서 사람의 목소리를 이날처럼 이렇게 들어 주신 일은, 전에도 없었고 뒤에도 없었다. 주님께서는 이처럼 이스라엘을 편들어 싸우셨다. 15 여호수아 및 그와 함께한 모든 이스라엘 군대가 길갈에 있는 진으로 돌아왔다.

아모리의 다섯 왕을 사로잡다

16 ㅇ 아모리의 다섯 왕은 도망하여 막게다의 굴에 숨어 있었다. 17 누군가가 여호수아에게 그 다섯 왕이 막게다의 굴에 숨어 있다고 알려왔다. 18 여호수아가 명령을 내렸다. "큰 돌을 굴려 그 굴 어귀를 막고, 그 곁에 사람을 두어서 지켜라. 19 너희는 지체

태양과 달이 멈췄다는 건(13절) 그냥 '용비어천가' 식의 과장이겠죠? 글쓴이가 근거로 내세우는 '야살의 책'은 어떤 문서입니까? 오늘 우리는 태양이 지구를 도는 게 아니라 지구가 태양 둘레를 돌고 있다는 것을 알고 있습니다. 그러나 이러한 과학 상식은 고대인들이 전혀 알 수 없는 지식이었습니다. 아마도 여호수아가 다섯 나라 동맹군과 싸울 때 하나님의 놀라운 도우심을 경험했을 것이며, 승리의 기세를 몰아 적군을 무찌르고 섬멸하기에 충분한 시간을 얻었다는 경험이 이 전투에서 중요한 역할을 했을 것입니다. 그것을 고대인은 '태양이 멈춘 것'으로 표현했을 것입니다. 이러한 내용이 적힌 책으로 야살의 책이 언급되는데, 고대에 존재하는 문서이되 오늘날에는 전혀 전해지지 않는 책입니다(시중에 야살의 책이라며 판매되기도 하지만, 성경에 나오는 책과는 거리가 먼, 위조 작품입니다).

말고 적을 추격하여 그 후군을 치고, 그들이 성으로 들어가는 것을 막아라. 주 너희 하나님이 그들을 너희 손에 넘겨주셨다."

20 ○ 여호수아와 이스라엘 자손이 그들을 아주 크게 무찔러 거의 전멸시켰다. 적 가운데서 살아남은 몇몇은 요새화된 자기들의 성으로 들어갔다. 21 여호수아의 모든 군대는 막게다 진에 있는 여호수아에게 무사히 돌아왔다.

○ 그 땅에서는 어느 누구도 감히 혀를 놀려 이스라엘 자손을 헐뜯지 못하였다.

22 ○ 그때에 여호수아가 명령을 내렸다. "굴 입구를 열어라. 저 다섯 왕을 굴에서 끌어내어, 내 앞으로 데려오너라." 23 그들은 명령대로 그 다섯 왕을 굴에서 끌어내어, 여호수아에게로 끌고 왔다. 그 다섯 왕은 예루살렘 왕과 헤브론 왕과 야르뭇 왕과 라기스 왕과 에글론 왕이다. 24 그들이 이 다섯 왕을 여호수아에게 끌고 오자, 여호수아가 모든 이스라엘 사람을 불러 모으고, 그와 함께 전투에 나갔던 지휘관들에게 명령하였다. "가까이 와서, 너희 발로 이 왕들의 목을 밟아라." 그러자 그들은 가까이

여호수아는 왜 적국의 임금들을 죽이지 않고 가둬놨을까요?(18절) 단번에 처형했더라면 아군의 사기가 더 크게 오르지 않았을까요? 그럴 수도 있겠습니다. 다만 여기에서는 일단 적들의 지도자를 장악했으니, 지휘 체계가 없어져버린 상대방을 전멸하는 데 우선순위를 뒀다고 할 수 있습니다. 여호수아의 정복 전쟁은 단순히 승리하는 것이 아닌 상대방을 모두 섬멸하는 데 중요한 목적이 있다는 점에서, 적장이 없어져 지리멸렬해진 적을 모두 제거하는 일을 가장 중요하게 여겼다고 볼 수 있습니다. 여호수아는 그렇게 모두를 완전히 제거한 후에 마지막으로 적장을 끌어내 처형했습니다. 이와 같은 전쟁 방식은 오늘 우리가 이해하기에는 쉽지 않지만, 여호수아기 자체가 가나안 땅에 하나님 백성 공동체의 건설이라는 신앙적 목적을 전달하기 위한 책이라는 사실을 유의할 필요가 있습니다.

나아가서, 발로 왕들의 목을 밟았다. 25 여호수아가 지휘관들에게 말하였다. "두려워하지 말고 놀라지 마시오. 굳세고 용감하시오. 주님께서 당신들이 대항하여 싸우는 모든 원수에게 다 이와 같이 하실 것이오." 26 그런 다음에 여호수아는 그들을 쳐죽여서 나무 다섯 그루에 매달아서, 저녁때까지 나무 위에 그대로 달아두었다. 27 해가 질 무렵에 여호수아가 지시하니, 사람들은 나무에서 그들을 끌어내려 그들이 숨어 있던 그 굴에 던지고, 굴 어귀를 큰 돌로 막았다. 그곳은 오늘날까지 그대로 있다. 28 ○ 그날에 여호수아가 막게다 성읍을 점령하고, 칼로 성읍과 그 왕을 무찌르고, 그 성 안에 있는 모든 사람을 전멸시켜서 희생제물로 바쳤으며, 산 사람이라고는 하나도 남기지 않았다. 그는 여리고 성의 왕에게 한 것과 꼭 같이 막게다 성의 왕을 무찔렀다. 29 ○ 여호수아는 자기를 따르는 모든 이스라엘 사람과 더불어 막게다에서 립나로 건너가서, 립나와 싸웠다. 30 주님께서 립나도 그 왕과 함께 이스라엘의 손에 넘겨주셨기 때문에, 여호수아가 칼로 그 성과 그 성 안에 있는 모든 사람을 무찔러서, 그 안에 산 사람이라고는 하나도 남기지 않았다. 여호수아

'목을 밟는'(24절) 행동에는 어떤 의미가 담겨 있습니까? 여호수아의 의도는 무엇입니까? '목'은 그야말로 사람의 생명을 상징하는 부위라고 할 수 있습니다. 그래서 우리말 성경에서 "등을 돌리고 도망가다"라고 표현된 부분이 히브리어 성경에서는 "목의 뒷부분을 보이며 도망가다"라고 표현되기도 합니다(삼하 22:41). 그렇게 엎드린 사람의 목을 마치 땅처럼 밟고 지나가는 모습으로 묘사한 것 역시 완전한 굴복, 완전한 항복을 표현합니다(사 51:23). 여호수아가 지휘관들에게 다섯 왕의 목을 밟게 한 것 또한 이스라엘이 이 다섯 나라를 완전히 굴복시켰음을 가리킬 것입니다. 이러한 행동을 통해 상대가 연합하고 세력을 모았다 할지라도 전혀 위축되지 말고 앞으로도 더욱 담대히 하나님을 의지해 진격할 것을 새긴다고 볼 수 있습니다.

는 여리고 성의 왕에게 한 것과 같이 립나의 왕도 무찔렀다.

31 ㅇ 또 여호수아는 자기를 따르는 모든 이스라엘 사람과 더불어 립나에서 라기스로 건너가서, 진을 치고 전투를 벌였다. 32 주님께서 라기스를 이스라엘 사람의 손에 넘겨주셨기 때문에, 그 이튿날 이스라엘은 그 성을 점령하였고, 립나에서 한 것과 꼭 같이, 칼로 성과 그 안에 있는 모든 사람을 무찔렀다. 33 그때에 게셀 왕 호람이 라기스를 도우려고 올라왔다. 여호수아는 그 왕과 그 백성을, 살아남은 사람이 한 사람도 없을 때까지 무찔렀다.

34 ㅇ 여호수아는 자기를 따르는 모든 이스라엘 사람과 더불어 라기스에서 에글론으로 건너가서, 진을 치고 전투를 벌였다. 35 그들은 그날 그 성을 점령하고, 칼로 그 성과 그 안에 있는 모든 사람을 무찌르고, 라기스에서 한 것과 꼭 같이, 그들을 전멸시켜서 희생제물로 바쳤다.

36 ㅇ 여호수아는 자기를 따르는 모든 이스라엘 사람과 더불어 에글론에서 헤브론으로 쳐올라가서, 그들과 맞서서 전투를 벌였다. 37 그들이 그 성을 점령하고, 에글론에서와 꼭 같이,

"희생제물로 바쳤다"(35절)는 표현이 마음에 걸립니다. 하나님은 인간을 제물로 받기를 즐기는 신입니까? 그러한 표현이 현대를 살아가는 우리의 눈에는 걸립니다. 그러나 여호수아기를 비롯한 구약성경의 책들은 지금으로부터 수천 년 전 사람들을 위해 쓴 책입니다. 고대의 사람을 대상으로 고대에 상식적인 표현 방식을 사용해 성경은 서술되어 있습니다. 이스라엘은 이집트를 탈출한 노예 집단이었으나, 가나안에 자리 잡은 강대한 민족들 앞에서 조금도 굴하지 않고 하나님을 의지해 새로운 역사를 만들어가고 있습니다. '희생제물'과 같은 표현은 이스라엘이 완전히 적을 무찌르되, 이방 민족을 이용해 잇속을 차리는 것이 아니라 하나님 명령대로 섬멸했음을 나타냅니다.

그 왕과 온 성과 그 안에 사는 모든 사람을 한 사람도 살려두지 않고 칼로 무찔렀다. 그들은 그 성과 그 성 안에 사는 모든 사람을 전멸시켜서 희생제물로 바쳤다.

38 ○ 여호수아는 자기를 따르는 모든 이스라엘 사람과 더불어 드빌로 돌아와서, 전투를 벌였다. 39 그는 그 성과 왕과 그의 모든 성읍들을 점령하고, 칼로 쳐서, 그 안에 사는 모든 사람을 전멸시켜서 희생제물로 바쳤으며, 한 사람도 살려두지 않았다. 그는 헤브론과 립나와 그 왕에게 한 것과 꼭 같이 드빌과 그 왕을 무찔렀다.

40 ○ 이와 같이 여호수아는 온 땅 곧 산간지방과 네겝 지방과 평지와 경사지와 그들의 모든 왕을 무찔러 한 사람도 살려두지 않았으며, 이스라엘의 주 하나님의 명을 따라, 살아서 숨 쉬는 것은 모두 전멸시켜서 희생제물로 바쳤다. 41 또한 여호수아는 가데스바네아에서 가사까지, 그리고 온 고센 땅뿐만 아니라 기브온에 이르기까지 모두 무찔렀다. 42 주 이스라엘 하나님이 이스라엘의 편이 되어 싸우셨기 때문에, 여호수아는 단번에 이

출애굽기 12장 37절을 보면 이집트를 탈출한 히브리인은 장정만 60만 명에 이르렀습니다. 이만한 병력으로 거둔 승리를 '하나님의 도움' 덕으로 돌리는 건 지나친 엄살이 아닐까요? 이집트를 떠난 이스라엘의 숫자에 대해서는 출애굽기 12장과 14장 해설을 참고할 수 있습니다. 장정의 숫자는 이집트에서 노예로 시달리며 갓 태어난 남자아이를 다 죽이라는 바로 왕의 무지막지한 학살까지 당했던 이스라엘 백성을 하나님께서 지키고 보호하셨음을 보여주는 표현입니다. 이스라엘은 아이 성을 치다가 도리어 패배를 경험하기도 했습니다. 이러한 내용들은 승리가 결코 사람의 숫자에 달려 있지 않고 하나님의 능력에 달려 있음을 말합니다. 아무리 핍박과 박해가 심해도 하나님께서 이스라엘을 지키셔서 그들이 멸종되지 않고 더 불어난다는 것, 그리고 약하고 보잘것없는 세력이라 해도 하나님께서 함께하시면 강한 성을 함락하고 승리할 수 있다는 것, 이것이 여호수아기가 증언하는 핵심입니다.

모든 왕과 그 땅을 손에 넣었다. 43 여호수아는 자기를 따르는 모든 이스라엘 사람과 더불어 길갈에 있는 진으로 돌아왔다.

{ 제11장 }

가나안 북방을 정복하다

1 하솔 왕 야빈이 이 소식을 듣고, 마돈 왕 요밥과 시므론의 왕과 악삽의 왕과, 2 북방 산간지방과 긴네롯 남쪽 아라바와 평지와 서쪽으로 도르의 높은 지역에 사는 왕들과, 3 동서쪽의 가나안 사람과 아모리 사람과 헷 사람과 브리스 사람과 산간지방의 여부스 사람과 미스바 땅의 헤르몬산 밑에 사는 히위 사람의 왕들에게 전갈을 보냈다. 4 이 왕들이 자기들의 군대를 모두 출동시켰는데, 그 군인의 수효가 마치 바닷가의 모래와 같이 많고, 말과 병거도 셀 수 없이 많았다. 5 이 왕들이 모

이번에는 가나안 북방 왕들이 연합군을 형성합니다(1-5절). 이는 남쪽이 완전히 이스라엘 차지가 되었음을 뜻하나요? 그렇습니다. 여호수아 군대의 가나안 정복은 여리고와 아이를 중심으로 한 중부 지방 전투, 예루살렘 왕을 중심으로 연합한 남부 지방 연합군과의 전투, 그리고 하솔 왕을 중심으로 연합한 북부 지방 연합군과의 전투, 이렇게 세 차례의 군사 작전을 중심으로 진행됩니다. 그렇다고 해당 지역을 전부 장악한 것은 아닙니다. 여전히 정복하지 않은 지역도 많이 남아 있지만, 여호수아기는 해당 지역에 대한 전쟁이 끝난 것으로 표현합니다. 전부를 차지했기에 전쟁이 끝났다고 표현하는 것이 아니라, 하나님의 약속을 따라 이미 일부를 차지했다면 나머지는 시간문제라고 여겼기에 전쟁이 끝난 것으로 선언합니다. 여호수아기 곳곳에서 이와 같은 믿음의 선언을 볼 수 있습니다.

두 만날 장소를 정하고, 이스라엘과 싸우려고 나와서, 메롬 물가에 함께 진을 쳤다.

6 ○ 그때에 주님께서 여호수아에게 말씀하셨다. "그들 앞에서 두려워하지 말아라. 내일 이맘때에 내가 그들을 이스라엘 앞에서 다 죽이겠다. 너는 그들의 말 뒷발의 힘줄을 끊고, 그들의 병거를 불태워라." 7 여호수아는 자기를 따르는 모든 군인과 더불어 갑작스럽게 메롬 물가로 들이닥쳐서, 그들을 덮쳤다. 8 주님께서 그들을 이스라엘의 손에 넘겨주셨기 때문에, 이스라엘은 그들을 무찌르고, 큰 시돈과 미스르봇마임과, 동쪽으로 미스바 골짜기까지 추격하고, 살아남은 사람이 한 사람도 없을 때까지 그들을 쳐서 죽였다. 9 여호수아는 주님께서 자기에게 명하신 대로 하여, 그들의 말 뒷발의 힘줄을 끊고 그들의 병거를 불살랐다.

10 ○ 그때에 여호수아는 돌아서서 하솔을 점령하고, 그 왕을 칼로 쳤다. 그때만 하여도 하솔은, 이들 왕국들 가운데에서 가장 강한 나라였다. 11 그 하솔 성 안에 있는 모든 사람을, 전멸시켜서 바치는 희생제물로 삼아 칼로 쳤고, 호흡이 있는 사람

적에게서 빼앗은 말과 병거를 활용하지 않고 폐기하게 한(6절) 까닭은 무엇입니까? 아마도 이스라엘은 하솔과 같은 나라의 군사 기술이나 병거 부대를 이용하는 것에 익숙하지 않았을 수 있습니다. 훗날 다윗의 시대에도 소바 왕과의 전투에서 승리한 후 꼭 필요한 만큼을 제외한 나머지 병거의 말은 그 힘줄을 끊었습니다(삼하 8:4). 당장 이스라엘이 활용할 수 있는 것이 아니라면 상대에게 다시 쓰일 가능성이 있는 전투력을 없애버리는 방편이 나은 선택이었을 것입니다. 상대가 자랑하던 군사력의 핵심을 더 이상 사용 불가능하게 만든다는 점에서, 상대방에 대한 완전한 승리를 보여주는 상징적인 행동이라 볼 수도 있습니다. 좀 더 근본적으로는 이스라엘의 힘은 군사력에 있지 않음을 명확히 증언하는 처리로 볼 수 있습니다.

은 하나도 남겨두지 않았으며, 그 성은 불 질렀다.

12 ○ 여호수아는 이 모든 왕의 도성을 점령하고, 그 왕들을 모두 잡아 칼로 쳐서, 주님의 종 모세의 명령을 따라 그들을 전멸시켜서 희생제물로 바쳤다. 13 그러나 이스라엘 사람들은, 여호수아가 불태운 하솔을 제외하고는, 언덕 위에 세운 성들을 하나도 불태우지 않았다. 14 이 성들에서 탈취한 노략물과 가축은 이스라엘 자손이 모두 차지하였고, 사람들만 칼로 쳐서 모두 죽이고, 숨 쉬는 사람은 한 사람도 남겨두지 않았다. 15 모세는 주님께서 자기에게 명하신 대로 여호수아에게 명하였고, 여호수아는 그대로 실행하여, 주님께서 모세에게 명하신 것 가운데서 실행하지 않고 남겨둔 것은 하나도 없었다.

여호수아가 정복한 지역

16 ○ 이렇게 여호수아는 이 모든 땅 곧 산간지방과 네겝 지방과 모든 고센 땅과 평지와 아라바와 이스라엘의 산간지방과 평지를 다 점령하였다. 17 그리고 세일로 올라가서, 할락산에서부터 헤르몬산 아래 레바논 계곡에 있는 바알갓까지, 모든

여호수아는 왜 다른 성들은 남겨두고 하솔 성만 완전히 불태워버린 걸까요?(13절) 엄밀하게 따지면 모든 이스라엘이 이 지역의 성읍을 하나도 불태우지 않았고, 오직 여호수아만 하솔 성을 불살랐습니다. 여리고와 아이의 전투에서 성을 불살랐다는 사실을 고려하면(6:24; 8:28), 하솔을 비롯한 나머지 성읍도 불살랐어야 할 텐데, 백성들은 그렇게 하지 않았습니다. 그 점에서 여호수아와 백성들의 행동이 대조된다고 볼 수 있습니다. 하나님의 명령을 따르지 않는다면 정복 전쟁은 자칫 탐욕을 채우는 전쟁이 되기 쉬운데, 이스라엘의 행동은 그러한 여지를 보여준다고 할 수 있습니다.

왕을 사로잡아서 쳐 죽였다. 18 여호수아는 여러 날 동안 이 모든 왕과 싸웠다. 19 기브온 주민인 히위 사람 말고는 이스라엘 자손과 화친한 성읍 주민이 하나도 없었다. 나머지 성읍은 이스라엘이 싸워서 모두 점령하였다. 20 여호수아가 이들 원주민을 조금도 불쌍하게 여기지 않고 전멸시켜서 희생제물로 바친 까닭은, 주님께서 그 원주민들이 고집을 부리게 하시고, 이스라엘에 대항하여 싸우다가 망하도록 하셨기 때문이다. 그래서 여호수아는, 주님께서 모세에게 명령하신 대로, 그들을 전멸시킨 것이다.

21 ○ 그때에 여호수아가 가서, 산간지방과 헤브론과 드빌과 아납과 유다의 온 산간지방과 이스라엘의 온 산간지방에서 아낙 사람을 무찌르고, 그 성읍들을 전멸시켜서 희생제물로 바쳤다. 22 이스라엘 자손의 땅에서는, 오직 가사와 가드와 아스돗을 제외하고는, 아낙 사람으로서 살아남은 사람이 하나도 없었다.

23 ○ 여호수아는, 주님께서 모세에게 말씀하신 대로, 모든 땅을 점령하고, 그것을 이스라엘 지파의 구분을 따라 유산으로

엄밀히 보자면 이스라엘 백성은 가나안 민족들의 땅을 빼앗은 게 아닌가요? 이런 침략이 어떻게 정당화될 수 있습니까? 여호수아와 이스라엘의 정복 전쟁은 단지 한 민족이 다른 민족들을 몰아내고 땅을 차지하는 전쟁이 아닙니다. 하나님의 율법에 따라 이루어지는 새로운 공동체, 새로운 세상의 건설에 초점이 있습니다. 가나안 지역의 나라는 모두 왕을 중심으로 한 왕정 국가였던 반면, 열두 지파가 연합한 이스라엘은 모두가 동등하면서 서로 협력하는 새로운 틀을 지닌 공동체라는 점에서 서로 대조됩니다. 13장 이후에서 보듯 땅을 고르게 분배한 이스라엘과 소수가 토지를 독점한 가나안 역시 서로 대조적입니다. 그런데 앞서 본 것처럼 이렇게 하나님의 율법에 따르지 않는 일이 벌어진다면, 더 이상 이스라엘이 존재할 이유가 사라질 것입니다. 결국 훗날 율법을 떠난 이스라엘은 멸망하고 맙니다.

주었다.

○ 그래서 그 땅에서는 전쟁이 그치고, 사람들은 평화를 누리게 되었다.

{ 제12장 }

모세가 정복한 왕들

1 이스라엘 자손이 요단강 동쪽 해 돋는 쪽 곧 아르논 골짜기에서부터 헤르몬산까지, 동쪽 온 아라바를 무찌르고 점령하였는데, 그 땅의 왕들은 다음과 같다. 2 하나는 헤스본에 사는 아모리 사람의 왕 시혼이다. 그는 아르논 골짜기 끝에 있는 아로엘에서 골짜기 중간과 길르앗의 반쪽과 더 나아가서 암몬 자손의 경계인 얍복강까지를 다스렸다. 3 그는 또한 아라바 동쪽 방면의 긴네롯 바다까지와 아라바의 바다, 곧 동쪽 방면의 사해, 벳여시못으로 통하는 길까지와 남쪽으로는 비

정복당한 가나안 왕들의 명단을 이렇게 자세히 기록한 이유는 무엇입니까? 이걸 궁금해하는 독자가 몇이나 되겠습니까? 11장 후반부에서 여호수아기는 이제 전쟁이 일단락되었다고 전합니다. 그리고 12장에서는 이스라엘이 거둔 승리와 차지한 땅을 열거합니다. 요단강 동편에서의 승리는 모세의 지휘 아래 거둔 승리이며, 요단강 서편에서의 승리는 여호수아와 함께 거둔 승리입니다. 모세는 요단강 동편의 땅을 르우벤 지파와 갓 지파, 므낫세 절반 지파에게 분배했습니다(6절). 그리고 이제 여호수아는 모세를 따라 요단강 서편에 차지한 땅을 분배할 것입니다. 여기에 언급된 31명의 왕과 지명이 오늘 우리에게는 완전히 낯설 뿐이지만, 고대 이스라엘에게는 하나님께서 함께하셔서 거둔 승리를 보여주는 감동적인 목록이었을 것입니다.

스가산 기슭까지 다스렸다.

4 ○ 또 하나는 바산 왕인 옥이다. 그는 르바 족 가운데서 살아 남아, 아스다롯과 에드레이에서 살고 있었다. 5 그는 헤르몬산과 살르가와 온 바산과 그술 사람과 마아가 사람과 길르앗의 반쪽과, 그리고 더 나아가서 헤스본 왕 시혼이 다스리는 땅의 경계선까지 다스렸다.

6 ○ 이 두 왕은 바로 주님의 종 모세와 이스라엘 자손이 무찌른 사람들이다. 주님의 종 모세가 그 땅을 르우벤 지파와 갓 지파와 므낫세 반쪽 지파에게 주어서 소유로 삼도록 하였다.

여호수아가 정복한 왕들

7 ○ 여호수아와 이스라엘 자손이 요단강 동쪽에 있는 서쪽 레바논 골짜기의 바알갓에서부터 세일로 올라가는 곳인 할락산까지, 그 땅의 왕을 모두 무찔렀다. 여호수아가 이스라엘의 지파들에게 그 지파의 구분을 따라 그 땅을 나누어주어서 가지게 하였다. 8 그 땅은 산간지방과 평지와 아라바와 경사지와 광야로서, 헷 사람과 아모리 사람과 가나안 사람과 브리스

가나안 땅에도 바다가 있었습니까? 3절에서 이야기하는 긴네롯 바다와 아라바의 바다는 어디를 가리킵니까? 긴네롯은 달리 긴네렛이라 소리 내기도 하는데, 갈릴리 호수를 가리킵니다. 현대의 과학 상식을 가진 우리에게는 바다와 호수가 엄연히 다르지만, 고대 이스라엘 사람들은 호수를 바다라 부르는 일이 흔했고 신약 시대에도 갈릴리 호수는 바다로 불렸습니다. 신약성경에 나오는 게네사렛 호수라는 이름 역시 긴네렛을 헬라어로 옮겨 발음한 것입니다. 아라바 바다는 오늘날의 사해를 가리킵니다. 이 역시 호수지만, 고대인들은 바다라고 불렀습니다.

사람과 히위 사람과 여부스 사람이 사는 남쪽에 있다. 9 그들이 무찌른 왕들은 다음과 같다. 여리고 왕이 하나, 베델 근처의 아이 왕이 하나, 10 예루살렘 왕이 하나, 헤브론 왕이 하나, 11 야르뭇 왕이 하나, 라기스 왕이 하나, 12 에글론 왕이 하나, 게셀 왕이 하나, 13 드빌 왕이 하나, 게델 왕이 하나, 14 호르마 왕이 하나, 아랏 왕이 하나, 15 립나 왕이 하나, 아둘람 왕이 하나, 16 막게다 왕이 하나, 베델 왕이 하나, 17 답부아 왕이 하나, 헤벨 왕이 하나, 18 아벡 왕이 하나, 랏사론 왕이 하나, 19 마돈 왕이 하나, 하솔 왕이 하나, 20 시므론므론 왕이 하나, 악삽 왕이 하나, 21 다아낙 왕이 하나, 므깃도 왕이 하나, 22 게데스 왕이 하나, 갈멜의 욕느암 왕이 하나, 23 도르 언덕의 도르 왕이 하나, 길갈의 고임 왕이 하나, 24 디르사 왕이 하나이다. 이 왕들은 모두 서른한 명이다.

{ 제13장 }

정복하지 못한 지역

1 여호수아가 늙고 나이가 많아졌다. 주님께서 그에게 말씀하셨다. "너는 늙었고 나이가 많은데, 정복하여야 할 땅은 아직도 많이 남아 있다. 2 남아 있는 땅은 이러하다. 블레셋 사람과 그술 사람의 모든 지역과, 3 이집트의 동쪽에 있는 시홀 시내로부터 북쪽 에그론 경계까지에 이르는 가나안 땅과, 가사와 아스돗과 아스글론과 가드와 에그론 등 블레셋의 다섯 왕의 땅과, 아위 사람의 땅과, 4 남쪽으로 가나안의 모든 땅과, 시돈의 므아라로부터 아모리 사람의 변경 아벡까지, 5 또 그발 사람의 땅과, 동쪽의 레바논 땅 전체와 헤르몬산 남쪽 바알갓에서 하맛에 이르는 곳까지이다. 6 그리고 레바논에서부터 미스르봇마임에 이르는 산간지방에 사는 모든 사람 곧 시돈 사람을, 내가 이스라엘 자손 앞에서 모두 쫓아낼 터이니, 너는 오직 내가 너에게 지시한 대로, 그 땅을 이스라엘 자손에게 유산

아직 정복해야 할 땅이 남아 있는 상태에서 점령지를 나눠주라고 명령하는(7절) 까닭은 무엇입니까? 11장의 마지막 23절은 "그 땅에 전쟁이 그쳤다"고 선언합니다. 여전히 정복하지 않은 땅이 많이 남아 있음을 생각하면, 이와 같은 선언은 상징적인 선언임을 짐작할 수 있습니다. 땅을 완전히 샅샅이 다 차지해서 끝난 것이 아니라, 하나님의 약속을 따라 마침내 가나안 지역에서 땅을 차지하기 시작했다는 점에서 그러한 선언이 이루어졌습니다. 그래서 이런 선언은 모든 땅을 얻게 될 미래를 믿음으로 바라보는 선언이기도 합니다. 마찬가지로 여호수아는 아직 다 차지하지 못한 땅까지도 포함해 땅을 분배합니다. 이 역시 믿음으로 하는 행위입니다. 지금 다 가져서 나누는 것이 아니라 장차 하나님께서 주실 것을 믿으며 나눕니다.

으로 나누어주어라. 7 너는 이제 이 땅을 아홉 지파와 므낫세의 반쪽 지파에게 유산으로 나누어주어라."

요단강 동쪽 지역의 분할

8 ○ 므낫세 반쪽 지파와 함께 르우벤 사람과 갓 사람은 모세가 요단강 동쪽에서 그들에게 준 유산을 이미 받았다. 주님의 종 모세가 그들에게 준 유산은 이러하다. 9 그들은 아르논 골짜기의 끝에 있는 아로엘에서부터, 그 골짜기 가운데 있는 성읍과 메드바에서 디본까지에 이르는 모든 평원지대와, 10 헤스본에서 다스린 아모리 사람의 왕 시혼의 모든 성읍 곧 암몬 자손의 경계까지와, 11 길르앗과 그술 사람과 마아갓 사람의 경계와, 헤르몬의 온 산간지방과 살르가까지에 이르는 바산의 모든 지역, 12 곧 르바의 마지막 남은 족속으로서, 아스다롯과 에드레이에서 다스린 바산 왕 옥의 온 나라를 차지하였다. 모세가 이미 그들을 정복하고 그들의 땅을 차지하였지만, 13 이스라엘 자손이 그술 사람과 마아갓 사람은 쫓아내지 않았기 때문에, 그술과 마아갓 사람들이 오늘날까지 이스라엘 자손

모세가 정복한 요단강 동쪽 땅의 넓이를 개략적으로나마 알고 싶습니다. 얼마나 넓기에 두 지파와 절반 지파에게(8절) 나눠줄 수 있었을까요? 갈릴리 호수 위쪽부터 므낫세 반쪽 지파, 그 아래에 갓 지파가 차지했고, 그리고 그 남쪽으로는 르우벤 지파가 자리했습니다. 성경에 기록된 지명을 오늘날에는 정확하게 확인할 수 없기 때문에 전체의 크기 또한 명확하게 말하기는 어렵습니다. 현대 이스라엘의 크기는 대략 한반도 전체의 1/10 정도이며, 강원도의 면적과 비슷합니다. 지도에 그려진 모습으로 추정해보자면, 요단강 동쪽은 전체에서 대략 4/7 정도의 크기였다고 말할 수 있습니다.

가운데 섞여서 살고 있다.

14 ○ 모세는 레위 지파에게만 유산을 주지 않았는데, 그것은 하나님께서 그에게 말씀하신 대로, 주 이스라엘의 하나님께 불살라서 드리는 제물이 그들의 유산이기 때문이다.

르우벤 지파의 땅

15 ○ 다음은 모세가 르우벤 자손 지파에게 각 가문을 따라 나누어준 땅이다. 16 그들의 지역은, 아르논 골짜기의 끝에 있는 아로엘에서부터, 그 골짜기 가운데에 있는 성읍과 메드바에 있는 모든 평원지대와, 17 헤스본과 그 평원지대에 있는 모든 성읍, 곧 디본과 바못바알과 벳바알므온과 18 야하스와 그데못과 메바앗과 19 기랴다임과 십마와 골짜기의 언덕에 있는 세렛사할과 20 벳브올과 비스가 기슭과 벳여시못과 21 평지의 모든 성읍과 헤스본에서 다스리던 아모리 사람의 왕 시혼이 다스리던 모든 왕국이다. 모세는 시혼에게 한 대로 에위와 레겜과 수르와 훌과 레바를 모두 무찔렀다. 그들은 미디안

그술과 마아갓 사람을 쫓아내지 않은 이유는 무엇입니까?(13절) 하나님의 명령은 전멸시키라는 게 아니었던가요? 여호수아기와 이어지는 사사기는 이스라엘이 쫓아내지 않았거나 쫓아내지 못했던 가나안 족속들을 여러 곳에서 언급합니다(수 16:10; 17:12-13; 삿 1:19, 21, 27-36). 대개 가나안 민족에 비해 이스라엘이 가진 힘이 미약해서 못 쫓아내기도 했고(삿 1:19), 기브온 거민의 경우 그들의 속임수로 평화조약을 맺은 탓에(수 9:3-27) 쫓아내지 못했습니다. 여리고를 이겼듯이 믿음으로 나아가는 전투지만, 가나안의 세력 앞에 이스라엘은 두려움에 사로잡혀 이 전투를 제대로 해내지 못했습니다. 결국 그들 가운데 남아 있는 이방 민족은 두고두고 이스라엘에게 하나님을 떠나 우상을 따르게 하는 계기가 되었습니다.

의 우두머리로서, 그 땅에 살면서 시혼의 밑에서 통치하던 자들이다. 22 이스라엘 자손이 그들을 살육할 때에, 브올의 아들인 점쟁이 발람도 다른 여러 사람과 함께 칼에 맞아서 죽었다. 23 르우벤 자손의 서쪽 경계선은 요단강이다. 르우벤 자손이 그 가문을 따라 유산으로 받은 성읍과 마을은 위와 같다.

갓 지파의 땅

24 ○ 다음은 모세가 갓 지파 곧 갓 자손에게 그 가문을 따라 나누어준 땅이다. 25 그들이 차지한 지역은 야스엘과 길르앗의 모든 성읍과 랍바 앞의 아로엘까지 이르는 암몬 자손의 땅 반쪽과 26 헤스본에서 라맛미스바와 브도님까지와 마하나임에서 드빌 경계선까지인데, 27 요단강 계곡에 있는 벳하람과 벳니므라와 숙곳과 사본 곧 헤스본 왕 시혼의 나라의 남은 땅도 그들의 것이 되었다. 갓 지파의 서쪽 경계는 요단강인데, 북쪽으로는 긴네렛 바다까지 이른다. 28 이것이 갓 자손이 그 가문을 따라 유산으로 받은 성읍과 마을들이다.

'브올의 아들인 점쟁이 발람'(22절)은 누구이기에 여기에 따로 적혀 있습니까? 발람은 민수기 22-24장에 등장하는 인물로, 다가오는 이스라엘을 저주하기 위해 모압 왕이 큰돈을 주겠다며 불러온 사람입니다. 그와 더불어 이스라엘 백성이 이방 신을 섬기는 여자들과 어울렸던 일 역시 '발람의 꾀'를 따른 것으로 전해집니다(민 25장; 31:16). 이런 일들로 인해 신약성경에도 이스라엘을 괴롭히고 우상의 제물을 먹게 하며 음란한 일을 하게 한 자로 발람을 언급하며(계 2:14), 불의의 돈을 사랑한 자로도 언급합니다(벧후 2:15; 유 1:11). 모세가 이끄는 이스라엘 군대는 아모리 왕 시혼을 무찌르면서 발람도 죽였습니다. 그리고 이를 여호수아기에서 다시 언급하면서, 악에 대한 하나님의 심판을 확인해줍니다.

동쪽 므낫세 지파의 땅

29 ○ 모세가 므낫세의 반쪽 지파에게 몫으로 주어서, 므낫세 자손의 반쪽 지파가 가문을 따라 받은 땅은 다음과 같다. 30 그들이 차지한 지역은 마하나임에서부터 바산의 온 땅 곧 바산 왕 옥의 왕국 전체와, 바산에 있는 야일의 주거지 전체인 예순 성읍과, 31 길르앗의 반쪽과, 바산 왕 옥의 왕국에 있는 두 성읍인 아스다롯과 에드레이이다. 이 성읍들은 므낫세의 아들 마길의 자손 곧 마길 자손의 반쪽이 가문을 따라 받은 것이다.

32 ○ 이상이 모세가 여리고 동쪽 곧 요단강 동쪽의 모압 평지에서 두 지파와 반쪽 지파에게 유산으로 나누어준 땅이다. 33 그러나 레위 지파에게는 모세가 유산을 주지 않았다. 하나님이 그들에게 말씀하신 대로, 주 이스라엘의 하나님이 바로 그들의 유산이기 때문이다.

레위 지파에게 땅을 주지 않은(33절) 의도를 이해할 수 없습니다. 레위인들은 평생 하나님만 바라보며 가난하게 살라는 뜻인가요? 레위 지파에게 땅을 주지 않는 대신, 나머지 지파는 좀 더 많은 땅을 받았습니다. 그리고 그 나머지 지파는 자신들이 거둔 소출이나 가축 가운데 1/10을 레위 지파를 위해 성전에 바쳤습니다(민 18:21-24). 또 각 지파들은 레위 지파 사람들이 집을 짓고 살 수 있도록 몇몇 장소를 제공했습니다(수 21:1-42). 그냥 열두 지파 모두에게 각자의 땅을 나눠주면 될 것을, 한 지파는 빼고 나머지 지파에게 좀 더 많이 나눠주고 나머지는 그렇게 받은 것에서 십일조를 떼어 다시 그 땅 없는 지파에게 돌려주는 이 번거로워 보이는 방식을 통해 이스라엘은 서로 결속되고 연결되어 있음을 배웠습니다. 레위 지파와 이스라엘은 땅으로 살아가는 민족이면서 동시에 서로를 통해 살아가는 이들입니다.

{ 제14장 }

요단강 서쪽 지역의 분할

1 이스라엘 자손이 가나안 땅에서 받은 유산을, 제사장 엘르아살과 눈의 아들 여호수아와 이스라엘 자손의 각 지파 우두머리들이 다음과 같이 분배하였다. 2 주님께서 모세에게 명령하신 대로, 그들은 제비를 뽑아서 아홉 지파와 둘로 나뉜 한 지파의 반쪽에게 땅을 유산으로 나누어주었다. 3 모세가 이미 요단강 동쪽에서, 두 지파와 둘로 나뉜 한 지파의 반쪽에게 땅을 유산으로 주었으나, 레위 지파에게는 분깃을 주지 않았다. 4 요셉 지파는 므낫세와 에브라임 두 지파로 갈리었다. 레위 지파에게는 거주할 여러 성읍과, 그들의 가축과 가축을 기를 목장 외에는 분깃을 주지 않았다. 5 이스라엘 자손은, 주님께서 모세에게 명하신 대로, 그 땅을 나누었다.

히브리인들은 이렇게 지파에 따라 배정받은 땅 안에서만 살 수 있었습니까? 여호수아기는 그렇게 그려내고 있습니다. 열두 지파는 모두 제비를 뽑아 유산으로 받은 땅에서 각각 살아갑니다. 아무리 가난해지더라도 지파가 소유한 땅이 있기에 가난에서 다시 회복될 길이 있었습니다. 열두 지파는 서로 동등하며 그들을 다스리는 왕 같은 권력자는 존재하지 않았고, 열두 지파가 모두 하나님을 예배하며 이웃으로 살아갑니다. 그래서 제각기 유산 혹은 분깃을 물려받은 열두 지파는 이스라엘이 그리고 꿈꾸는 이상이기도 합니다. 토지가 소수에게 집중되고 가난이 대물림되기 일쑤인 오늘날의 현실과 비교할 때, 땅을 받은 열두 지파라는 그림은 여전히 새로운 상상력의 원천이 됩니다.

갈렙이 헤브론을 차지하다

6 ○ 유다 자손이 길갈에 있는 여호수아에게 다가왔을 때에, 그니스 사람 여분네의 아들 갈렙이 여호수아에게 말하였다. "당신은 주님께서 나와 당신에 대하여 가데스바네아에서 하나님의 사람 모세에게 하신 말씀을 알고 계십니다. 7 내가 마흔 살이 되었을 때에, 주님의 종 모세가 가데스바네아에서 나를 보내어, 그 땅을 정탐하게 하였습니다. 나는 돌아와서, 내가 확신하는 바를 그에게 보고하였습니다. 8 나와 함께 올라갔던 나의 형제들은 백성을 낙심시켰지만, 나는 주 나의 하나님을 충성스럽게 따랐습니다. 9 그래서 모세는 그날 '네가 주 나의 하나님께 충성하였으므로, 너의 발로 밟은 땅이 영원히 너와 네 자손의 유산이 될 것이다' 하고 맹세하였습니다. 10 이제 보십시오, 주님께서 모세에게 이 일을 말씀하신 때로부터 이스라엘 백성이 광야에서 생활하며 마흔다섯 해를 지내는 동안, 주님께서는 약속하신 대로 나를 살아남게 하셨습니다. 보

'눈의 아들 여호수아'(1절)이나 '여분네의 아들 갈렙'(6절) 같은 명칭이 생소합니다. 아무개의 아들임을 밝히는 까닭은 무엇입니까? 기본적으로 이스라엘 사람의 이름은 '아무개의 아들 누구'로 구성됩니다. '아들'을 뜻하는 히브리어가 '벤'이어서, 여호수아의 경우 '여호수아 벤 눈'이 그의 공식 이름이고, 갈렙의 이름은 '갈렙 벤 여분네'입니다. 아버지의 이름은 우리로 치면 일종의 성과 같은 역할인 셈입니다. 이름과 함께 성을 밝히는 까닭은 이 사람이 홀로 존재하는 사람이 아니라 어떤 가족에 속해 있는지 밝히는 방편이었을 것입니다. 이를 통해 한 개인이 고립되어 있지 않고, 이스라엘 열두 지파에 속해 있고 연결되어 있음을 보여줍니다. 처음에는 이와 같은 족보가 덜 중요했겠지만, 훗날 바빌론 포로 시절을 겪으면서 자신이 어디에 속했는가를 밝히는 족보가 더욱 중요해집니다.

십시오, 이제 나는 여든다섯 살이 되었습니다. 11 모세가 나를 정탐꾼으로 보낼 때와 같이, 나는 오늘도 여전히 건강하며, 그때와 마찬가지로 지금도 힘이 넘쳐서, 전쟁하러 나가는 데나 출입하는 데에 아무런 불편이 없습니다. 12 이제 주님께서 그날 약속하신 이 산간지방을 나에게 주십시오. 그때에 당신이 들은 대로, 과연 거기에는 아낙 사람이 있고, 그 성읍은 크고 견고합니다. 그러나 주님께서 나와 함께하시기만 한다면, 주님께서 말씀하신 대로, 나는 그들을 쫓아낼 수 있습니다."

13 ○ 여호수아가 여분네의 아들 갈렙을 축복하고, 헤브론을 유산으로 그에게 주었다. 14 그래서 헤브론은 그니스 사람 여분네의 아들 갈렙의 유산이 되어 오늘날까지 이른다. 그것은 그가 주 이스라엘의 하나님을 충성스럽게 따랐기 때문이다. 15 헤브론의 옛 이름은 기럇아르바였는데, 아르바는 아낙 사람 가운데서 가장 위대한 인물이었다.

○ 드디어 그 땅에 평화가 깃들었다.

갈렙은 '아낙 사람'(12절)을 쉽지 않은 상대로 묘사합니다. 이들은 어떤 종족입니까? 까마득한 시절에 고대 이스라엘 사람들에게 하나님의 천사와 사람의 결합으로 태어난 특별한 영웅 같은 존재로 네피림이라는 이들이 알려져 있습니다(창 6:4). 아낙 사람은 이 네피림의 후손이라고 알려진 이들로, 힘이 세고 키가 커서(신 2:10, 21; 9:2) 그들과 비교하면 일반인은 메뚜기 같아 보일 정도였다고 합니다(민 13:33). 여호수아기 앞부분에서는 여호수아의 이스라엘이 헤브론을 점령하고 아낙 자손을 쫓아낸 것으로 서술되지만(수 11:21), 14장의 구체적인 설명에 따르면 그 과업은 85세의 갈렙이 보여준 굳건하고 담대한 믿음으로 이루어진 일입니다.

제15장

유다 지파의 땅

1 유다 자손 지파에게 가문을 따라 제비를 뽑아서 나누어준 땅
은 다음과 같다. 유다 지파가 차지한 땅은 남쪽으로는 에돔의
경계선과 만나는 지역 곧 남쪽 맨 끝에 있는 신 광야에까지 이
른다. 2 남쪽의 가로 경계선은 사해의 남쪽 끝 곧 남쪽으로 난
하구에서부터 3 아그랍빔 비탈 남쪽을 지나 신에 이르고, 가데
스바네아 남쪽으로 내려가서 헤스론을 지나 앗달로 올라가 갈
가로 뻗어가다가, 4 거기에서 아스몬에 이르고, 이집트 국경지
대의 강을 따라가다가 지중해에 이르러서 그 경계가 끝난다.
이것이 유다의 남쪽 경계선이다.

5 ○ 동쪽 경계선은 요단강 하구, 사해 북단부터 남단까지이
다. 북쪽 경계선은 요단강이 끝나는 곳, 요단강의 하구와 사
해 바다가 만나는 곳에서 시작하여 6 벳호글라로 뻗고, 벳아라
바의 북쪽을 지나, 르우벤의 아들 보한의 돌이 있는 곳에 이른
다. 7 그리고 그 경계선은 다시 아골 골짜기에서 드빌을 지나

'르우벤의 아들 보한의 돌'(6절)은 무엇입니까? 히브리인이라면 누구나 다 아는 돌인
가요? 보한의 돌은 오직 여호수아기 15장 6절과 18장 17절에만 나옵니다. 유다 지
파와 베냐민 지파의 경계선을 보한의 돌로 표현했다는 점에서, 여호수아기가 기록
될 당시의 사람들에게는 잘 알려져 있던 지명이었을 것이라 생각됩니다. 그 외에는
성경에서 전혀 언급되지 않아서 지금의 우리는 보한의 돌에 대해 왜 이러한 이름이
생겼는지 설명할 길이 없습니다. 그러나 이와 같은 매우 구체적인 언급은 당시 이
내용을 듣거나 읽는 이들에게는 그림같이 생생한 지리 정보였을 것이라 추측할 수
있습니다.

북쪽으로 올라가, 강의 남쪽에 있는 아둠밈 비탈 맞은쪽의 길
갈에 이르고, 거기에서 다시 엔세메스 물을 지나서 엔 로겔에
이른다. 8 그 경계선은 다시 힌놈의 아들 골짜기로 올라가서,
여부스 곧 예루살렘의 남쪽 비탈에 이르고, 또 힌놈의 골짜기
앞 서쪽 산꼭대기에 이르는데, 이곳은 르바임 골짜기의 북쪽
끝이다. 9 그 경계선은 다시 산꼭대기로부터 넵도아 샘물까지
이르러 에브론산 성읍들에 미치고, 또 바알라 곧 기럇여아림
에 이른다. 10 그 경계선은 다시 바알라에서 서쪽으로 돌아서
세일산에 이르고, 여아림산 곧 그살론 북쪽 비탈에 미쳐, 벳세
메스로 내려가서 딤나에 이르고, 11 그 경계선은 다시 에그론

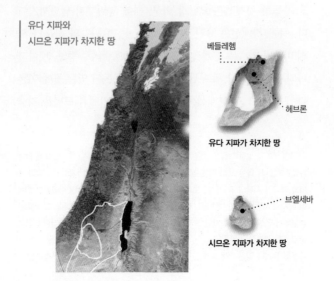

유다 지파와
시므온 지파가 차지한 땅

베들레헴

헤브론

유다 지파가 차지한 땅

브엘세바

시므온 지파가 차지한 땅

북쪽 비탈로 나아가 식그론에 이르고, 바알라산을 지나 얍느엘에 미쳐, 그 끝이 바다에 이른다. 12 서쪽 경계선은 지중해와 그 연안이다.

ㅇ 이것이 유다 지파에 속한 여러 가문이 나누어 받은 땅의 사방 경계선이다.

갈렙이 헤브론과 드빌을 정복하다(삿 1:11-15)

13 ㅇ 주님께서 여호수아에게 명하신 대로, 여호수아가 여분네의 아들 갈렙에게 유다 자손의 분깃 가운데서, 아르바에 가지고 있던 성읍 헤브론을 주었는데, 아르바라는 사람은 아낙 사람의 조상이다. 14 갈렙은 거기에서 아낙의 세 아들 곧 아낙이 낳은 세새와 아히만과 달매를 쫓아내었다. 15 거기에서 그들은 드빌 주민을 치러 올라갔다. 드빌은 일찍이 기럇세벨이라고 불리던 곳이다. 16 그때에 갈렙이, 기럇세벨을 쳐서 점령하는 사람은 그의 딸 악사와 결혼시키겠다고 말하였다. 17 갈렙의 형제 그나스의 아들인 옷니엘이 그곳을 점령하였으므로,

유다 지파가 뽑은 제비(1-12절)는 어떠했습니까? 전반적으로 좋은 몫이었습니까? 제비뽑기로 땅을 얻는다는 점에서 어느 땅이 더 좋고 어느 땅이 덜 좋고를 판단할 수는 없습니다. 제비를 뽑는다는 것은 유다 지파에게 가장 어울리고 적합한 땅을 하나님께서 주신 것으로 믿겠다는 신앙이 반영되어 있습니다. 땅이 좋아서가 아니라, 하나님께서 허락하신 땅이기에 복되다는 것이 여호수아기 땅 분배 이야기의 핵심입니다. 유다 지파의 동서남북 경계가 1-12절에 표현되었고, 20-62절에는 그 경계 내에 있는 유다 지파의 성읍 목록이 제시됩니다. 오늘 우리에게는 거리가 먼 내용이지만, 이집트의 종이었던 고대 이스라엘에게는 이와 같은 땅이 주어졌다는 것이 말할 수 없는 기쁨이었을 겁니다.

갈렙은 그를 자기의 딸 악사와 결혼시켰다. 18 결혼을 하고
나서, 악사는 자기의 남편 옷니엘에게 아버지에게서 밭을 얻
어내라고 재촉하였다. 악사가 나귀에서 내리자, 갈렙이 딸에
게 물었다. "뭐 더 필요한 것이 있느냐?" 19 악사가 대답하였
다. "저의 부탁을 하나 들어주시기 바랍니다. 아버지께서 저에
게 이 메마른 땅을 주셨으니, 샘 몇 개만이라도 주시기 바랍니
다." 그는 딸에게 윗샘과 아랫샘을 주었다.

유다의 성읍들

20 ㅇ 이 땅이 유다 자손의 지파에 속한 여러 가문이 나누어
받은 유산이다. 21 유다 자손 지파가 차지한 성읍들 가운데서
에돔 경계선 가까이 가장 남쪽에 있는 성읍들은, 갑스엘과 에
델과 야굴과 22 기나와 디모나와 아다다와 23 게데스와 하솔
과 잇난과 24 십과 델렘과 브알롯과 25 하솔하닷다와 그리욧
헤스론, 곧 하솔과 26 아맘과 세마와 몰라다와 27 하살갓다
와 헤스몬과 벳벨렛과 28 하살수알과 브엘세바와 비스요댜

갈렙은 전쟁에서 공을 세운 이에게 딸을 주겠다고 약속합니다(16절). 이런 식의 결혼
은 히브리인들 사이에 흔한 일이었나요? 여호수아 시대에서 세월이 흐른 후 이스
라엘의 왕이 된 사울은 블레셋의 골리앗을 죽이는 이에게 딸을 주겠다고 약속합니
다(삼상 17:25). 이런 방식의 결혼은 고대 문화 어느 지역에서나 발견되는 흔한 소재
라 할 수 있습니다. 모두가 두려워할 때 용감한 한 사람이 등장해서 적이나 무서운
괴물을 무찌르는 이야기는 〈잠자는 숲속의 공주〉 같은 동화에서도 볼 수 있습니다.
본문에서는 아낙 자손과 같은 강력한 상대가 존재하는 성을 정복하는 과정에 이러
한 소재를 사용했습니다. 이를 통해 하나님께서 그 백성의 길을 인도하시는 것, 그
리고 그 과정에서 사람들이 믿음으로 용기 있게 응답하는 것을 전합니다.

와 29 바알라와 이임과 에셈과 30 엘돌랏과 그실과 호르마와 31 시글락과 맛만나와 산산나와 32 르바옷과 실힘과 아인과 림몬, 이렇게 모두 스물아홉 성읍과 그 주변 마을들이다. 33 ○ 유다 지파가 차지한 평지의 성읍들은, 에스다올과 소라와 아스나와 34 사노아와 엔간님과 답부아와 에남과 35 야르뭇과 아둘람과 소고와 아세가와 36 사아라임과 아디다임과 그데라와 그데로다임, 이렇게 열네 성읍과 그 주변 마을들이다. 37 스난과 하다사와 믹달갓과 38 딜르안과 미스바와 욕드엘과 39 라기스와 보스갓과 에글론과 40 갑본과 라맘과 기들리스와 41 그데롯과 벳다곤과 나아마와 막게다, 이렇게 열여섯 성읍과 그 주변 마을들도 있었다. 42 립나와 에델과 아산과 43 입다와 아스나와 느십과 44 그일라와 악십과 마레사, 이렇게 아홉 성읍과 그 주변 마을들도 있었다. 45 에그론과 그 변두리 촌락과 주변 부락들, 46 에그론에서 바다까지, 아스돗에 인접한 모든 성읍과 주변 마을들도 있었다. 47 아스돗과 그 변두리 촌락과 주변 마을들도 있었다. 또 이집트 국경지대의 강과 지중해와 그 해안 일대에 있는 가사와 그 변두리 촌락과 주변 마을들도 있었다. 48 유다 지파가 차지한 산간지방의 성

63절에서는 예루살렘 성이 이스라엘의 수중에 온전히 들어오지 않았다고 말하는 반면, 12장 10절은 여호수아가 예루살렘 왕을 무찔렀다고 말합니다. 어느 편이 사실입니까? 12장 10절에서 예루살렘 왕을 무찔렀다는 진술은 예루살렘 왕을 중심으로 한 연합군이 이스라엘에 맞섰던 10장에서의 전쟁을 가리킵니다. 여호수아는 이 가나안 연합군을 무찌르고 그 다섯 왕을 동굴에서 끌어내 모두 죽였습니다. 그러나 10장에 예루살렘을 정복했다는 내용은 없습니다. 여호수아기에 이어지는 사사기 1장에서 예루살렘 정복에 관해 언급하지만, 최종적으로 이스라엘이 예루살렘을 완전히 정복하고 그곳에 살던 여부스 사람을 쫓아낸 것은 다윗 왕 때입니다(삼하 5:6-10).

읍들은, 사밀과 얏딜과 소고와 49 단나와 기럇산나 곧 드빌과 50 아납과 에스드모와 아님과 51 고센과 홀론과 길로, 이렇게 열한 성읍과 그 주변 마을들이다. 52 이 밖에도 아랍과 두마와 에산과 53 야님과 벳답부아와 아베가와 54 훔다와 기럇아르바 곧 헤브론과 시올, 이렇게 아홉 성읍과 그 주변 마을들이 있었다. 55 그리고 마온과 갈멜과 십과 윳다와 56 이스르엘과 욕드암과 사노아와 57 가인과 기브아와 딤나, 이렇게 열 성읍과 그 주변 마을들이 있었다. 58 그리고 할훌과 벳술과 그돌과 59 마아랏과 벳아놋과 엘드곤, 이렇게 여섯 성읍과 그 주변 마을들도 있었다. 60 기럇바알 곧 기럇여아림과 랍바, 이 두 성읍과 그 주변 마을들도 있었다. 61 유다 지파가 차지한 사막 지대의 성읍들은, 벳아라바와 밋딘과 스가가와 62 닙산과 소금 성읍과 엔게디, 이렇게 여섯 성읍과 그 주변 마을들이다.

63 ○ 그러나 유다 자손이 예루살렘 성에 살던 여부스 사람을 쫓아내지 못하였으므로, 여부스 사람과 유다 자손이 오늘날까지 예루살렘 성에 함께 살고 있다.

{ 제16장 }

에브라임과 서쪽 므낫세 반쪽 지파의 땅

1 요셉 자손이 제비를 뽑아 나누어 받은 땅의 남쪽 경계는, 여리고의 요단강에서부터 여리고의 샘 동편에 이르고, 여리고에서부터 베델 산간지방으로 올라가는 광야에 이른다. 2 그리고 베델에서부터 루스로 나아가서, 아렉 사람의 경계선을 지나 아다롯에 이른다. 3 서쪽으로는 야블렛 사람의 경계선으로 내려가서, 아래쪽 벳호론 경계선을 지나 게셀에 이르고, 그 끝은 지중해에 미친다.

4 ○ 요셉의 자손 곧 므낫세와 에브라임이 이 지역을 유산으로 받았다.

에브라임 지파의 땅

5 ○ 에브라임 자손에 속한 여러 가문이 받은 땅의 경계선은

므낫세 지파와 에브라임 지파는 둘 다 요셉의 자손입니다. '요셉 자손'이 제비를 뽑았다면(1절), 두 지파가 공동으로 한 개의 제비를 뽑았다는 뜻인가요? 땅이 주어진 후 요셉 자손이 "왜 우리에게, 한 번만 제비를 뽑아서 한몫만 유산으로 가지게 하십니까?"(17:14)라고 항의하는 것을 볼 때, 이들은 제비를 한 번만 뽑은 것을 알 수 있습니다. 그들이 제비를 뽑아 얻은 땅의 경계가 16장 1~4절에 언급되었고, 16장 5절부터 17장 13절에서는 그렇게 주어진 땅을 에브라임 지파와 므낫세 절반 지파가 각각 나누었다고 알려줍니다. 요셉 자손의 불평을 통해 그들이 세력에 비해 상대적으로 작은 땅을 받았다는 것을 짐작할 수 있는데, 이것으로 볼 때 제비뽑기는 열두 지파 전체를 공평하고 대등한 위치에 둔 절차임을 알 수 있습니다.

다음과 같다. 그들이 받은 유산의 경계선은 동쪽으로 아다롯 앗달에서 위쪽 벳호론에 이르고, 6 또 그 경계선은 서쪽으로 나아가 북쪽 믹므다에 이르고, 동쪽으로 돌아서 다아낫실로에 이르고, 그곳을 지나 야노아 동쪽을 지난다. 7 야노아에서부터 는 아다롯과 나아라로 내려가다가, 여리고에 미쳐서는 요단강 으로 나아가고, 8 또 답부아에서부터 서쪽으로 가서, 가나 개 울을 따라 바다에 이르러 그 끝이 된다. 이것이 에브라임 자손 의 지파에 속한 여러 가문이 받은 유산이다. 9 므낫세 자손의 유산 가운데는 에브라임 자손 몫으로 구별된 성읍들과 그 주 변의 마을들도 있었다. 10 그러나 그들이 게셀에 사는 가나안 사람을 쫓아내지 않았으므로, 가나안 사람들이 오늘날까지 에 브라임 지파와 함께 살며 종노릇을 하고 있다.

| 에브라임 지파가
차지한 땅

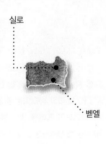

실로

벧엘

{ 제17장 }

서쪽 므낫세 반쪽 지파의 땅

1 요단강 서쪽 땅 일부는 요셉의 맏아들인 므낫세 지파가 제비를 뽑아서 나누어 가졌다. 길르앗의 아버지 마길은 므낫세의 맏아들이며 전쟁 영웅이었으므로, 요단강 동쪽에 있는 길르앗과 바산을 이미 자기의 몫으로 차지하였다. 2 요단강 서쪽 땅은 므낫세의 남은 자손 가운데서 아비에셀과 헬렉과 아스리엘과 세겜과 헤벨과 스미다와 같은 이들의 가문이 차지하였다. 이들은 요셉의 아들 므낫세의 남자 자손으로서, 가문을 이룬 이들이다. 3 므낫세 자손 가운데 슬로브핫이라는 사람이 있었다. 므낫세의 아들 마길은 길르앗을 낳았고, 길르앗의 아들 헤벨은 슬로브핫을 낳았는데, 슬로브핫은 딸만 낳았으며, 아들이 없었다. 그 딸들의 이름은 말라와 노아와 호글라와 밀가와 디르사이다. 4 그들이 제사장 엘르아살과 눈의 아들 여호수아와 지도자들 앞에 나아와서 말하였다. "주님께서 모세에게, 우

당시 히브리 여성들에게는 상속권이 없었습니까? 슬로브핫의 딸들 이후로는 여성도 상속을 받게 되었습니까? 히브리 여성만이 아니라 고대 세계의 여성들은 대체로 상속권이 없었습니다. 갈렙의 딸 악사도 결혼할 때 지참금 형식으로 땅과 샘을 받았을 뿐입니다(15:18–19). 고대 이스라엘은 '아브라함과 이삭, 야곱의 땅'과 같은 표현에서처럼 땅을 상속하면 그 땅과 함께 조상의 이름이 이어진다고 믿었습니다. 그런데 슬로브핫이 죽은 후 그 땅이 친척들에게 이어지면 그의 이름은 사라져버리기 때문에 슬로브핫의 딸들은 여성에게도 상속권을 줄 것을 요구했고, 하나님의 뜻을 물은 모세가 이를 수용했습니다(민 27:1–11). 마침내 가나안 땅에 들어와 땅 분배가 이루어지면서 슬로브핫의 딸들도 므낫세 지파의 하나로 땅을 상속받았습니다. 이 사건 이후 여성에 대한 상속이 규례로 확정되었습니다(민 27:8).

리 남자 친족이 유산을 받을 때에, 우리도 그 가운데 끼워주라고 명령하셨습니다." 그래서 여호수아는 주님의 명대로, 그들의 아버지의 남자 친족들이 유산을 받을 때에 그들을 그 가운데 끼워주었다. 5 그래서 요단강 동쪽의 길르앗과 바산 땅 밖에도, 므낫세에게 열 몫이 더 돌아갔다. 6 므낫세 지파의 딸들이 아들들 가운데 끼어 유산을 받았기 때문이다. 길르앗 땅은 므낫세의 남은 자손들의 몫이 되었다.

7 ○ 므낫세의 경계선은, 아셀에서부터 세겜의 동쪽에 있는 믹므닷에 이르고, 남쪽으로 가서 엔답부아 주민이 살고 있는 땅에까지 미친다. 8 답부아 주변의 땅은 므낫세의 소유이나, 경계선에 있는 답부아 성읍은 에브라임 자손의 소유이다. 9 또 그 경계선은 가나 개울로 내려간다. 그 개울 남쪽으로 성읍들이 있는데, 이것들은 므낫세의 지역 가운데 있지만, 에브라임에 딸린

므낫세 지파 절반이
요단강 서쪽에서 차지한 땅

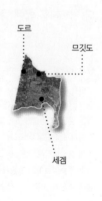

도르

므깃도

세겜

것이다. 므낫세의 경계선은 그 개울의 북쪽으로부터 시작하여 지중해에 이르러 끝난다. 10 그 남쪽은 에브라임의 소유이고, 북쪽은 므낫세의 소유인데, 지중해가 그들의 서쪽 경계이다. 그 땅이 북서쪽으로는 아셀에 맞닿고, 북동쪽으로는 잇사갈에 맞닿았다. 11 벳산과 그 변두리 마을, 이블르암과 그 변두리 마을, 해안에 있는 도르의 주민과 그 변두리 마을, 엔돌의 주민과 그 변두리 마을, 다아낙 주민과 그 변두리 마을, 므깃도의 주민과 그 변두리 마을은(셋째는 나벳인데), 잇사갈과 아셀의 지역 안에 있는 므낫세의 소유이다. 12 므낫세 자손이 이 성읍들의 주민을 쫓아내지 못하였으므로, 가나안 사람들은 그 땅에서 살기로 마음을 굳혔다. 13 이스라엘 자손이 강성해진 다음에 가나안 사람에게 노동을 시켰으나, 그들을 다 쫓아내지는 않았다.

에브라임과 므낫세 지파가 땅을 더 요구함

14 ○ 요셉 자손이 여호수아에게 말하였다. "주님께서 지금까

주변을 전부 점령한 히브리인들이 11–12절에 기록된 마을에서는 가나안 사람들을 쫓아내지 못한 이유가 무엇입니까? 13절에 따르면 이스라엘이 강성해진 후에는 그들에게 노동을 시켰습니다. 아마도 정착 초기에는 가나안 사람보다 힘이 미약했기에 쫓아내지 못했던 것으로 보입니다. 갈렙이 헤브론을 정복한 사례에서 본 것처럼 하나님을 신뢰하며 싸워야 하는 일이었지만, 므낫세 지파를 비롯한 이스라엘은 그렇게 하지 않았고, 힘이 강해진 후에도 자신들의 이익을 위해 가나안 사람들을 노역에 동원했습니다. 여호수아기 본문은 이스라엘이 초기 정착 시기부터 하나님 말씀을 온전하게 따르지 않았음을 보여줍니다. 자신의 능력이 아니라 하나님의 능력을 신뢰하는 것, 그리고 그저 땅을 차지하는 것이 아니라 새로운 세상을 이루는 것이 중요했지만, 이스라엘은 출발부터 이런저런 문제를 보여줍니다.

지 우리에게 복을 주셔서 우리가 큰 무리가 되었는데, 어른께서는 왜 우리에게, 한 번만 제비를 뽑아서 한몫만 유산으로 가지게 하십니까?"

15 ○ 여호수아가 그들에게 말하였다. "당신들이 큰 무리이어서 에브라임 산간지방이 당신들에게 작다면, 거기에서 브리스 사람과 르바임 사람의 땅인 삼림지대로 올라가서 그곳을 개간하시오."

16 ○ 요셉 자손이 말하였다. "그 산간지방은 우리에게 넉넉하지 못하고, 그 골짜기 땅 곧 벳산과 그 변두리 마을과 이스르엘 골짜기에 사는 가나안 사람들에게는 다 철 병거가 있습니다."

17 ○ 여호수아가 다시 요셉 족속인 에브라임 지파와 서쪽 므낫세 지파에게 말하였다. "당신들은 큰 무리요, 큰 세력도 가졌으니, 한몫만 가질 일이 아닙니다. 18 산간지방도 당신들의 것이 될 것이오. 산간지방이라 하더라도, 그곳을 개간하여 이 끝에서 저 끝까지 차지하시오. 가나안 사람들이 철 병거를 가져서 강하다 하더라도, 당신들은 그들을 쫓아낼 수 있소."

'이스라엘 자손이 강성해진 다음'(13절)이란 구체적으로 어느 시기를 가리킵니까? 이 시기를 확실히 단정해서 말할 수는 없지만, 대략 다윗과 솔로몬 시대를 가리킨다고 볼 수 있습니다. 다윗부터 솔로몬에 이르는 시기에 이스라엘은 명실상부하게 가나안 땅 전역을 장악했으며, 행정구역을 가다듬고 곳곳에 필요한 성을 세웠습니다. 여호수아기에서 다루는 시기는 초기 정착 시절이지만, 여호수아기가 지금과 같은 형태의 글로 기록된 것은 적어도 다윗 시대 이후임을 이와 같은 진술에서도 확인할 수 있습니다. 그래서 이러한 책은 사건의 배경보다 훨씬 훗날에 초기 정착 시기를 되돌아보며 이 책을 쓰는 시기의 청중과 독자를 향해 어떻게 오늘을 살아갈지 가르치고 교훈을 주기 위해 만들었다고 할 수 있습니다.

{ 제18장 }

나머지 땅 분할

1 이스라엘 자손이 그 땅을 정복한 뒤의 일이다. 이스라엘 자손 온 회중이 실로에 모여서, 거기에 회막을 세웠다. 2 그러나 이스라엘 자손 가운데 유산을 아직도 받지 못한 지파가 일곱이나 남아 있었다. 3 그래서 여호수아가 이스라엘 자손에게 이렇게 말하였다. "당신들은 어느 때까지 주 당신들 조상의 하나님이 당신들에게 주신 땅을 차지하러 가기를 미루겠소? 4 당신들은 각 지파에서 세 사람씩을 선출하시오. 내가 그들을 그리로 보내겠소. 그들이 가서 그 땅을 두루 다닌 뒤에, 자기 지파가 유산으로 받을 땅의 모양을 그려서 내게로 가져오도록 하겠소. 5 그 땅은 일곱 몫으로 나눌 것이오. 유다는 남쪽의 자기 영토에 머물고, 요셉 족속은 북쪽의 자기 영토에 머물도록 하시오. 6 당신들은 그 땅을 일곱 몫으로 나누어서 지도를 그리고, 그것을 여기 나에게로 가져오시오. 그러면 내가 여기 주 우리 하나님 앞에서 제비를 뽑아서, 당신들의 몫을 결정하겠

땅을 분할하다 말고 갑자기 실로에 한데 모여 회막을 세운(1절) 까닭은 무엇입니까? 처음 땅의 분배는 정복 전쟁의 근거지였던 길갈에서 이루어졌습니다(14:5). 이후 전쟁을 치르고 실제로 영토를 확보하면서 하나님의 언약궤를 둘 장소로 실로가 선택되었던 것 같습니다. 그리고 사무엘 시대까지 실로에 회막이 있었습니다. 유다 지파와 요셉 지파의 영토는 길갈에서, 나머지 지파들의 땅은 실로 회막에서 분배됩니다. 회막에서 땅 분배를 위한 제비뽑기가 이루어진다는 점은 이러한 분배와 할당이 하나님께로부터 비롯된 일임을 상징합니다. 아울러 이미 땅을 분배받은 지파도 여전히 함께 모여 있다는 점에서, 각 지파의 일을 모두의 일로 여겼음을 볼 수 있습니다.

소. 7 그러나 당신들 가운데서 레위 사람은 받을 몫이 없소. 주님의 제사장이라는 직분이 곧 그들의 유산이기 때문이오. 또한 갓과 르우벤과 므낫세 반쪽 지파는, 주님의 종 모세가 요단 강 건너 동쪽에서 그들에게 준 유산을 이미 받았소."

8 ○ 그 땅의 모양을 그리러 가는 사람들이 떠나려 할 때에, 여호수아가 그들에게 지시하였다. "가서 그 땅을 두루 다녀보고, 그 지도를 그려서 내게로 돌아오시오. 내가 여기 실로에서 주님 앞에서 제비를 뽑아서 당신들의 몫을 결정하겠소." 9 그 사람들이 가서 그 땅을 두루 다니며 성읍의 명단을 작성하여, 책에 일곱 몫으로 그려서, 실로의 진에 있는 여호수아에게 돌아왔다. 10 실로에서 여호수아는 주님 앞에서 제비를 뽑고, 거기에서 그는 이스라엘 자손의 각 지파에게 그 땅을 나누어주었다.

베냐민 지파의 땅

11 ○ 첫 번째로 베냐민 자손 지파의 각 가문의 몫을 결정할 제비를 뽑았다. 제비로 뽑은 땅의 경계선은 유다 자손과 요셉 자

이스라엘 백성은 땅 분할 같은 중대사를 제비뽑기로 결정했습니다. 오늘날에도 이런 방법으로 하나님의 뜻을 물을 수 있습니까? 제비뽑기는 고대에 종종 볼 수 있는 선택 방식입니다. 근본적으로 사람의 지혜나 이익을 따르지 않고 온전히 하나님의 인도하심에 맡기겠다는 뜻이 제비뽑기 관행에 담긴 신앙적인 의미입니다. 거기에는 제비뽑기로 발생한 결과 또한 전적으로 하나님의 뜻임을 믿고 감사함과 기쁨으로 받아들이겠다는 결단도 반영되어 있습니다. 아울러 제비뽑기는 이스라엘 열두 지파를 모두 동등하게 하나님 앞에 서게 한다는 의미도 있습니다. 그러나 제비뽑기는 어디까지나 고대의 관행이며, 오늘날에는 이러한 방식으로 모두의 지지를 얻기는 어렵습니다. 이 제도 안에 담긴 의미에 주의를 기울이며, 우리는 그것을 어떻게 오늘의 방식으로 표현할 수 있을지 고민하는 것이 좋겠지요.

손의 중간이었다. 12 그들의 북쪽 경계선은 요단강에서부터 여리고 북쪽 비탈로 올라가서, 서쪽 산간지방을 지나 벳아웬 광야에 이르고, 13 또 그 경계선은 거기에서부터 루스로 나아가서, 루스 남쪽 비탈에 이르는데, 루스는 베델이라고도 부른다. 그 경계선은 다시 아다롯앗달로 내려가서, 벳호론 남쪽 산간지방으로 지난다. 14 그 경계선은 또 남쪽으로 벳호론 맞은쪽 산에서부터 서쪽을 따라 남쪽으로 돌아서, 유다 자손의 성읍인 기럇바알 곧 기럇여아림에 이르러 끝난다. 이것이 서쪽 경계선이다. 15 남쪽 경계선은 기럇여아림 끝에서 서쪽으로 나아가서 넵도아 샘의 수원에 이르고, 16 르바임 골짜기 북쪽에 있는 힌놈의 아들 골짜기 맞은쪽 산기슭으로 내려가고, 다시 힌놈 골짜기로 내려가서는, 여부스 남쪽 비탈을 지나서 엔

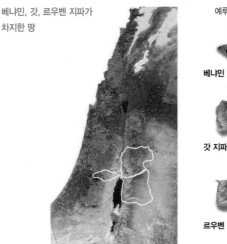

베냐민, 갓, 르우벤 지파가
차지한 땅

예루살렘

··· 여리고

베냐민 지파가 차지한 땅

····· 헤스본

갓 지파가 차지한 땅

··· 메드바

르우벤 지파가 차지한 땅

로겔로 내려간다. 17 그 경계선은 다시 북쪽으로 나아가 엔세 메스에 이르고, 아둠밈 비탈 맞은편의 글릴롯으로 나간 다음에, 르우벤의 아들 보한의 돌까지 내려간다. 18 이어서 북쪽으로 아라바 맞은쪽의 비탈까지 내려가, 아라바에 이른다. 19 다시 북쪽으로 벳호글라 비탈을 지나, 요단강 남쪽 끝 곧 요단강 물을 끌어들이는 사해의 북쪽 어귀가 그 경계선의 끝이다. 이것이 남쪽 경계선이다. 20 동쪽 경계선은 요단강이다. 이것이 베냐민 자손이 그 가문을 따라 얻은 유산의 사방 경계선이다.

21 ○ 베냐민 자손의 지파가 그들의 가문을 따라 차지한 성읍은, 여리고와 벳호글라와 에멕그시스와 22 벳아라바와 스마라임과 베델과 23 아윔과 바라와 오브라와 24 그발암모니와 오브니와 게바, 이렇게 열두 성읍과 그 주변 마을들, 25 또 기브온과 라마와 브에롯과 26 미스바와 그비라와 모사와 27 레겜과 이르브엘과 다랄라와 28 셀라와 엘렙과 여부스 곧 예루살렘과 기부앗과 기럇, 이렇게 열네 성읍과 그 주변 마을들이다. 이것이 베냐민 자손이 그 가문을 따라 얻은 유산이다.

{ 제19장 }

시므온 지파의 땅

1 두 번째로 시므온 곧 시므온 자손 지파의 각 가문의 몫을 결정할 제비를 뽑았다. 그들의 유산은 유다 자손의 몫 가운데서 차지하였다. 2 다음은 그들이 차지한 유산이다. 브엘세바 곧 세바와 몰라다와 3 하살수알과 발라와 에셈과 4 엘돌랏과 브둘과 호르마와 5 시글락과 벳말가봇과 하살수사와 6 벳르바옷과 사루헨, 이렇게 열세 성읍과 그 주변 마을들, 7 또 아인과 림몬과 에델과 아산, 이렇게 네 성읍과 그 주변 마을들, 8 또 남쪽 라마 곧 바알랏브엘까지, 이 성읍들을 둘러 있는 모든 마을이 시므온 자손의 지파가 그 가문을 따라 받은 유산이다. 9 시므온 자손은 유다 자손의 몫 가운데서 그들의 유산을 받았다. 유다 자손의 몫이 필요 이상으로 크기 때문에, 시므온 자손이 그들의 몫을 유다 지파의 유산 가운데서 받은 것이다.

시므온 지파는 두 번째로 제비를 뽑았습니다(1절). 이런 순서는 어떻게 결정했습니까? 유다 지파와 인접한 베냐민과 시므온이 먼저 제비를 뽑았고, 에브라임과 므낫세 지파의 땅 위쪽에 접한 스불론과 잇사갈, 그 위쪽의 아셀과 납달리가 제비를 뽑았으며, 가장 위쪽에 위치한 단 지파가 마지막으로 뽑았습니다. 이로 보건대 유다, 에브라임, 므낫세를 기준으로 제비뽑기가 남에서 북의 방향으로 전개되었다고 할 수 있습니다. 유다와 요셉 지파가 따로 떨어졌다는 점에서, 여호수아기에는 이 두 지파가 온 이스라엘의 핵심을 이루던 왕정기가 반영되어 있다고 볼 수 있습니다. 단 지파는 원래 유다 지파와 에브라임 지파 사이에 있었지만, 이후 가장 북쪽에 자리하게 되었고, 이것이 제비뽑기 순서에도 반영되어 있다고 여겨집니다.

스불론 지파의 땅

10 ○ 세 번째로 스불론 자손의 각 가문의 몫을 결정할 제비를 뽑았다. 그들이 받은 유산의 경계선은 사릿까지 미치고, 11 거기서 서쪽으로 올라가서 마랄라에 이르고, 답베셋을 만나서 욕느암 맞은쪽 개울에 미친다. 12 그 경계선이 사릿에서부터는 동쪽으로 돌아서 해 뜨는 쪽으로 기슬롯다볼의 경계선에 이르고, 다브랏까지 나아가서 야비아로 올라간다. 13 거기에서부터 동쪽으로 가드헤벨을 지나서 엣가신에 이르고, 림몬으로 나와서 네아 쪽으로 구부러진다. 14 거기에서 경계선은 북쪽으로 돌아서 한나돈까지 가고, 입다엘 골짜기에 이르러서 그 끝이 된다. 15 또 갓닷과 나할랄과 시므론과 이달라와 베들레헴, 이렇게 열두 성읍과 그 주변 마을들이 여기에 포함된다. 16 이 성읍들과 그 주변 마을은, 스불론 자손이 그 가문을 따라 얻은 유산이다.

스불론 지파와
잇사갈 지파가 차지한 땅

엔돌

스불론 지파가 차지한 땅

이스르엘

잇사갈 지파가 차지한 땅

잇사갈 지파의 땅

17 ○ 네 번째로 잇사갈 곧 잇사갈 자손의 각 가문의 몫을 결정할 제비를 뽑았다. 18 그들이 받은 땅은 이스르엘과 그술롯과 수넴과 19 하바라임과 시온과 아나하랏과 20 랍빗과 기시온과 에베스와 21 레멧과 언간님과 엔핫다와 벳바세스이다. 22 그 경계선은 다볼과 사하수마와 벳세메스와 맞닿고, 그 경계선의 끝은 요단강이다. 모두 열여섯 성읍과 그 주변 마을들이다. 23 이것이 잇사갈 자손의 지파가 그 가문을 따라 유산으로 받은 성읍들과 그 주변 마을들이다.

아셀 지파의 땅

24 ○ 다섯 번째로 아셀 자손 지파의 각 가문의 몫을 결정할 제비를 뽑았다. 25 그들이 받은 땅은 헬갓과 할리와 베덴과 악삽과 26 알람멜렉과 아맛과 미살이며, 서쪽으로는 갈멜과 시홀림낫과 만난다. 27 거기에서 해 뜨는 쪽으로 벳다곤을 돌아서 북쪽으로 스불론과 입다엘 골짜기를 만나고, 벳에멕과 느

두로를 설명하는 '요새화된 성읍'(29절)이란 어떤 지역을 가리킵니까? '요새화된 성읍'이라는 표현은 35절에서도 볼 수 있고 10장 20절에서도 볼 수 있습니다. 두로를 그렇게 표현한 것은 사무엘기하 24장 7절에서도 볼 수 있습니다. 성으로 둘러싸여 대단히 견고한 성읍을 가리키는 표현이며, 훗날 성을 공격하는 효과적인 방법이 개발될 때까지 이와 같은 성읍은 무너뜨리기 어려웠습니다. 그러다 보니 이스라엘은 하나님을 의지하며 신뢰하기보다 이렇게 요새화된 성읍을 자신들의 안전을 위한 근거지로 삼기까지 했습니다. 그러나 이후에 등장하는 예언자들은 그런 요새가 결코 그들을 지켜주지 못할 것이라 경고하기도 했습니다(사 17:3; 애 2:5; 호 10:14).

이엘에 이르러서 왼쪽으로 가불을 지나며, 28 에브론과 르홉과 함몬과 가나를 거쳐 큰 시돈에까지 이른다. 29 또 그 경계선은 라마 쪽으로 돌아서 요새화된 성읍 두로에까지 이르고, 호사로 돌아서 악십 지방에 이르러, 지중해가 그 끝이 된다. 30 또 움마와 아벡과 르홉이라는 스물두 성읍과 그 주변 마을들이다. 31 이것이 아셀 자손의 지파가 그 가문을 따라 유산으로 받은 성읍과 그 주변 마을들이다.

납달리 지파의 땅

32 ㅇ 여섯 번째로 납달리 자손 차례가 되어, 납달리 자손의 각 가문의 몫을 결정할 제비를 뽑았다. 33 그 경계선은 헬렙과 사아난님의 상수리나무로부터 아다미네겝과 얍느엘을 지나 락굼까지이며, 그 끝은 요단강이다. 34 또 그 경계선은 서쪽으로 아스놋다볼을 돌아서 그곳에서 훅곡에 이르고, 남쪽으로는 스불론을 만나고, 서쪽으로는 아셀을 만나며, 해 돋는

시간의 경과가 궁금합니다. 요단강을 건너서 가나안을 정복하고 땅 분할을 마치기까지(51절) 어느 정도의 세월이 흘렀습니까? 본문에 연대가 표시되지 않아서 정확한 시간의 경과를 파악하기는 어렵습니다. 그리고 여호수아기와 같은 책은 연대나 사건을 정확히 전달하기보다는 말하고자 하는 내용과 메시지에 집중하기 때문에 본문을 근거로 객관적인 연대를 파악하기는 더욱 어렵습니다. 다만 거의 유일하게 정보가 주어진 갈렙의 경우를 통해 짐작해볼 수 있습니다. 갈렙은 40세에 가데스바네아에서 가나안 땅을 탐지하는 정탐꾼으로 보내졌는데(14:7), 이때가 출애굽한 지 2년이 지난 시점입니다(민 10:11; 13:1-20). 그리고 길갈을 중심으로 땅을 본격적으로 분배할 당시 그의 나이는 85세였습니다(수 14:10). 출애굽한 이스라엘 민족이 40년의 광야 생활 후 요단강을 건너므로 땅 분배가 이루어지던 시기는 대략 요단강을 건너고 7년 정도의 시간이 흐른 뒤라고 볼 수 있습니다.

요단강 쪽으로는 유다와 만난다. 35 요새화된 성읍들로는 싯딤과 세르와 함맛과 락갓과 긴네렛과 36 아다마와 라마와 하솔과 37 게데스와 에드레이와 엔하솔과 38 이론과 믹다렐과 호렘과 벳아낫과 벳세메스, 이렇게 모두 열아홉 성읍과 그 주변 마을들이다. 39 이것이 납달리 자손의 지파가 그 가문을 따라 유산으로 얻은 성읍과 그 주변 마을들이다.

단 지파의 땅

40 ○ 일곱 번째로 단 자손 지파의 각 가문의 몫을 결정할 제비를 뽑았다. 41 그들이 받은 유산의 경계선은 소라와 에스다올과 이르세메스와 42 사알랍빈과 아얄론과 이들라와 43 엘론과 딤나와 에그론과 44 엘드게와 깁브돈과 바알랏과 45 여

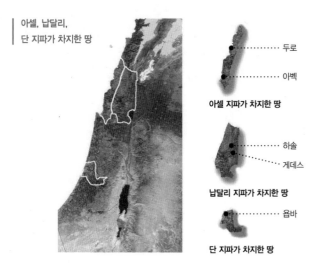

아셀, 납달리,
단 지파가 차지한 땅

두로

아벡

아셀 지파가 차지한 땅

하솔

게데스

납달리 지파가 차지한 땅

욥바

단 지파가 차지한 땅

훗과 브네브락과 가드림몬과 46 메얄곤과 락곤과 욥바 맞은쪽 지역이다. 47 그러나 단 자손은 그들의 땅을 잃었을 때에 레센까지 올라가서, 그 주민들과 싸워 칼로 쳐서 무찌르고, 그곳을 점령하였다. 그들은 거기에 살면서, 그들의 조상 단의 이름을 따라 레센을 단이라고 불렀다. 48 이것이 단 자손의 지파가 그 가문을 따라 유산으로 얻은 성읍과 그 주변 마을들이다.

땅 분할 완료

49 ○ 이스라엘 자손이 이렇게 그들의 경계선을 따라 땅 나누기를 마친 다음에, 그들은 눈의 아들 여호수아에게 자기들의 땅에서 얼마를 떼어 여호수아의 유산으로 주었다. 50 그들은 주님께서 말씀하신 대로, 여호수아가 요구한 에브라임 산간지방에 있는 성읍 딤낫세라를 그에게 주었다. 여호수아는 거기에 성읍을 세우고, 그곳에서 살았다.

51 ○ 이것이 엘르아살 제사장과 눈의 아들 여호수아와 이스라엘 자손 지파의 족장들이 실로의 회막 문 곧 주님 앞에서 제비를 뽑아서 나눈 유산이다. 이와 같이 하여 땅 나누기를 모두 마쳤다.

{ 제20장 }

도피성 제도

1 주님께서 여호수아에게 말씀하셨다. 2 "너는 이스라엘 자손에게 이렇게 일러라. '내가 모세를 시켜 너희에게 말한 도피성을 지정하여, 3 고의가 아니라 실수로 사람을 죽인 사람을 그곳으로 피하게 하여라. 그곳은 죽은 사람에 대한 복수를 하려는 사람을 피하는 곳이 될 것이다. 4 살인자는 이 성읍들 가운데 한 곳으로 가서, 그 성문 어귀에 서서, 그 성의 장로들에게 자신이 저지른 사고를 설명하여야 한다. 그러면 그들은 그를 성 안으로 받아들이고, 그가 있을 곳을 마련해주어, 함께 살도록 해야 한다. 5 죽은 사람에 대한 복수를 하려는 사람이 뒤쫓아온다 할지라도, 그 사람의 손에 살인자를 넘겨주어서는 안 된다. 그가 전부터 그의 이웃을 미워한 것이 아니고, 실수로 그를 죽였기 때문이다. 6 그 살인자는 그 성읍에 머물러 살다가, 회중 앞에 서서 재판을 받은 다음, 그 당시의 대제사장이 죽은 뒤에야 자기의 성읍 곧 자기가 도망 나왔던 성읍에 있는 자기의 집으로 돌아갈 수 있다.'"

우발적 살인범의 사면 시점을 '당시의 대제사장이 죽은 뒤'(6절)로 잡는 까닭은 무엇입니까? 사람을 죽이면 자신의 목숨으로 죗값을 치러야 합니다. 그런데 전혀 의도하지 않았는데 사람을 죽게 했을 때도 목숨으로 죗값을 치르는 것은 가혹하므로, 이런 경우를 위해 도피성이 존재합니다. 한번 도피성에 들어가면 언제까지 자신이 살던 고향과 가족을 떠나 그곳에 머물러야 할까요? 이에 대해 여호수아기 본문은 당대 대제사장이 죽을 때까지로 규정합니다. 과거나 오늘이나 사람의 수명이 하나님의 뜻에 달렸다고 생각한다는 점을 고려하면, 의도하지 않고 다른 이를 죽인 죄인의 복귀를 하나님의 손에 맡긴 것이라 이해할 수 있습니다.

7 ○ 그래서 그들은 요단강 서쪽 지역에서는 납달리 산간지방에 있는 갈릴리의 게데스와 에브라임 산간지방의 세겜과 유다 산간지방의 기럇아르바 곧 헤브론을 도피성으로 구별하여 지정하였다. 8 또 여리고 동쪽, 요단강 동쪽 지역에서는 르우벤 지파의 평지 광야에 있는 베셀과 갓 지파의 길르앗 라못과 므낫세 지파의 바산 골란을 도피성으로 구별하여 지정하였다. 9 이 성읍들이, 이스라엘의 모든 자손이나 그들 가운데 살고 있는 외국인 가운데서 누구든지 실수로 사람을 죽였을 때에, 그곳으로 피하여 회중 앞에 설 때까지, 죽은 사람에 대한 복수를 하려는 사람의 손에 죽지 않도록 하려고, 구별하여 지정한 도피성이다.

민족적인 순수성을 강조하는 이스라엘 가운데 사는 외국인은 어떤 이들입니까? 예를 들어 베들레헴 땅에 흉년이 들자 그곳에 살던 엘리멜렉과 나오미 부부는 가족을 이끌고 모압 땅으로 이주합니다(룻 1:1-2). 이처럼 자신들이 살던 땅에 극심한 흉년이나 전쟁이 일어나서 더 이상 살 수 없게 되면, 별수 없이 살던 곳을 떠나 이 재난을 피할 수 있는 다른 곳으로 옮겨야 합니다. 특히 고대 중동 지역은 강대국의 틈바구니에 있어서 전쟁이 많았고, 전쟁 통에 작은 나라가 망하기라도 하면 그들은 유민이 되어 팔레스타인 전역을 떠돌아야 했습니다. 사실 이스라엘 역시 가뭄과 흉년을 피해 이집트로 내려간 이들의 후손이기도 합니다. 그래서 이스라엘이 유념해야 할 하나님의 규례에는 그들과 함께 사는 외국인이 배려와 돌봄이 필요한 사회적 약자로 빈번하게 언급됩니다.

{ 제21장 }

레위 사람의 성읍

1 그때에 레위 지파의 족장들이 제사장 엘르아살과 눈의 아들 여호수아와 이스라엘 자손의 다른 지파 족장들에게 나아왔다. 2 그곳 가나안 땅 실로에서 레위 지파의 족장들이 그들에게 말하였다. "주님께서 모세를 시켜서, 우리가 거주할 성읍과 우리의 가축을 먹일 목장을 우리에게 주라고 명하셨습니다." 3 그래서 이스라엘 자손은 주님의 명을 따라, 그들의 유산 가운데서 다음의 성읍들과 목장을 레위 사람에게 주었다.

4 ○ 고핫 가문의 몫을 결정할 제비를 뽑았는데, 레위 사람 가운데 아론 제사장의 자손에게는 유다 지파와 시므온 지파와 베냐민 지파의 몫에서 열세 성읍이 돌아갔다. 5 고핫의 남은 자손에게는 에브라임 지파 가문과 단 지파와 므낫세의 반쪽 지파의 몫에서 열 성읍이 돌아갔다.

6 ○ 게르손 자손에게는 잇사갈 지파 가문과 아셀 지파와 납달

레위 지파에게는 나머지 지파들이 땅을 조금씩 떼어주었습니다. 그러면 이들은 회막이 있는 실로가 아니라 전국에 흩어져 살았습니까? 그렇습니다. 레위의 세 아들이 고핫, 게르손, 므라리이고, 고핫의 자손 가운데 아론이 있습니다. 아론 자손이 대대로 제사장으로 봉직하며 실로를 비롯한 중앙 성소에서 일했고, 아론 자손을 제외한 나머지 레위 지파는 '레위인'이라 불리며 이스라엘 전역에 흩어져 살았습니다. 그들은 지파에게 배분되는 땅을 얻지 못했고, 그로 인해 자주 가난에 시달리며 떠돌기도 했습니다. 광야 생활 끝자락에 레위 지파를 위해 열두 지파가 자신들에게 주어질 땅에서 일부를 떼어주도록 하나님께서 명령하셨고(민 35:1-8), 여호수아기 21장은 그 명령을 실제로 집행하는 모습을 보여줍니다.

리 지파와 바산에 있는 므낫세의 반쪽 지파의 몫에서 열세 성읍이 돌아갔다.

7 ○ 므라리 자손에게는 그 가문을 따라 르우벤 지파와 갓 지파와 스불론 지파의 몫에서 열두 성읍이 돌아갔다.

8 ○ 이스라엘 자손이 제비를 뽑아서, 주님께서 모세에게 명하신 대로, 레위 사람들에게 이러한 성읍들과 목장을 주었다.

9 ○ 유다 자손의 지파와 시므온 자손의 지파의 몫에서 다음과 같은 성읍이 아론의 자손에게 돌아갔다. 10 레위 자손 가운데서도 고핫 가문에 속한 아론 자손이 첫 번째로 제비를 뽑았는데, 11 아낙의 아버지인 아르바가 가지고 있던 기럇아르바 곧 유다 산간지방에 있는 헤브론과 그 주변 목장을 얻게 되었다. 12 그러나 성읍에 딸린 밭과 그 주변 마을은 여분네의 아들인 갈렙에게로 돌아가서, 그의 차지가 되었다.

13 ○ 유다와 시므온 지파는 제사장 아론의 자손에게, 살인자가 피할 도피성인 헤브론과 거기에 딸린 목장과, 립나와 거기에 딸린 목장과, 14 얏딜과 거기에 딸린 목장과, 에스드모아와 거기에 딸린 목장과, 15 홀론과 거기에 딸린 목장과, 드빌과

헤브론을 아론 자손이 차지하게 된 점을 납득할 수 없습니다(10~11절). 아낙 자손을 물리치고 힘겹게 얻은 성읍(14:12~14) 갈렙은 어떻게 순순히 내놓았을까요? 레위 지파에게 제공된 성은 여전히 열두 지파 각각의 기업입니다. 레위인들이 그곳에서 살면서 그들에게 있는 가축을 기를 공간을 얻었다는 것이지, 그 성읍들 전체가 레위인의 소유가 되었다는 의미는 아닙니다. 12절은 헤브론 인근의 밭과 주변 마을이 여전히 갈렙의 소유임을 명시합니다. 굳이 이러한 언급을 추가한 것은 헤브론과 갈렙의 특별한 연관성을 두드러지게 보여줍니다. 헤브론이 도피성으로 지정되었고, 그 가운데 레위인이 거하도록 일정한 공간이 주어졌지만, 여전히 헤브론은 유다 지파의 갈렙에게 주어진 기업입니다.

거기에 딸린 목장과, 16 아인과 거기에 딸린 목장과, 윳다와 거기에 딸린 목장과, 벳세메스와 거기에 딸린 목장, 이렇게 아홉 성읍을 주었다. 17 또 베냐민 지파에서는 기브온과 거기에 딸린 목장과, 게바와 거기에 딸린 목장과, 18 아나돗과 거기에 딸린 목장과, 알몬과 거기에 딸린 목장, 이렇게 네 성읍을 그들에게 주었다. 19 제사장 아론 자손에게는 모두 열세 성읍과 거기에 딸린 목장이 돌아갔다.

20 ○ 레위 사람들 가운데서 나머지 곧 고핫 자손 가문의 레위 사람은 에브라임 지파에게서 성읍을 몫으로 받았다. 21 에브라임 지파가 그들에게 준 성읍은, 살인자의 도피성인 에브라임 산간지방의 세겜과 거기에 딸린 목장과, 게셀과 거기에 딸린 목장과, 22 깁사임과 거기에 딸린 목장과, 벳호론과 거기에 딸린 목장, 이렇게 네 성읍이다. 23 단 지파에서 준 것은, 엘드게와 거기에 딸린 목장과, 깁브돈과 거기에 딸린 목장과, 24 아얄론과 거기에 딸린 목장과, 가드림몬과 거기에 딸린 목장, 이렇게 네 성읍이다. 25 므낫세 반쪽 지파에서 준 것은, 다

레위 지파에 속한 인구는 대략 어느 규모였습니까? 48개의 성읍과 거기에 딸린 목장 정도면(41절) 레위인들이 살아가기에 충분했습니까? 광야 생활을 시작하던 시기, 레위 지파에 속한 이들 중 생후 한 달이 넘은 남자의 숫자는 모두 2만 2천 명이었다고 합니다(민 3:39). 여성의 숫자까지 고려하면 대략 4만 5천 명 정도라 짐작해볼 수 있습니다. 그러나 민수기에 나와 있는 인구는 오늘 우리가 생각하는 정확한 인구 통계라고 보기는 어렵습니다. 성경의 숫자는 실제를 반영한다기보다 상징적인 의미를 지니는 경우가 많기 때문입니다. 여호수아기 본문은 당대 레위 지파가 살기에 충분한 땅이 주어졌느냐에 관심을 두지 않습니다. 기업을 받지 못한 레위 지파를 위해 열두 지파가 모두 자신들의 기업 가운데 일부를 떼어줘서 레위 지파가 모든 이스라엘과 함께 살아갈 수 있도록 했다는 사실을 강조합니다.

아낙과 거기에 딸린 목장과, 가드림몬과 거기에 딸린 목장, 이렇게 두 성읍이다. 26 고핫 자손의 나머지 가문에게는, 모두 열 성읍과 거기에 딸린 목장이 돌아갔다.

27 ○ 레위 지파 가문에 속한 게르손 자손에게는, 동쪽 므낫세의 반쪽 지파에서 살인자의 도피성인 바산의 골란과 거기에 딸린 목장과, 브에스드라와 거기에 딸린 목장, 이렇게 두 성읍을 주었다. 28 잇사갈 지파에서는 기시온과 거기에 딸린 목장과, 다브랏과 거기에 딸린 목장과, 29 야르못과 거기에 딸린 목장과, 언간님과 거기에 딸린 목장, 이렇게 네 성읍을 게르손 자손에게 주었다. 30 아셀 지파에서는 미살과 거기에 딸린 목장과, 압돈과 거기에 딸린 목장과, 31 헬갓과 거기에 딸린 목장과, 르홉과 거기에 딸린 목장, 이렇게 네 성읍을 게르손 자손에게 주었다. 32 납달리 지파에서는 살인자의 도피성인 갈릴리의 게데스와 거기에 딸린 목장과, 함못돌과 거기에 딸린 목장과, 가르단과 거기에 딸린 목장, 이렇게 세 성읍을 게르손 자손에게 주었다. 33 이와 같이 게르손 사람은 그 가문을 따라 모두 열세 성읍과 그 목장을 얻었다.

34 ○ 레위 사람 가운데서 나머지 므라리 자손의 가문에게는,

레위 지파에게 떼어준 성읍에 어김없이 목장이 딸려 있는(42절) 까닭은 무엇입니까? 우리나라도 불과 몇 백 년 전만 해도 집집마다 소와 같은 가축이 있었습니다. 지금으로부터 수천 년 전인 구약 시대 이스라엘은 더욱 그러했을 것입니다. 하나님께 제사드릴 때 소나 양, 염소, 비둘기 등을 제물로 바쳤던 것을 생각하면, 대부분의 평범한 이스라엘 가정에는 여러 가축이 있었으리라 짐작할 수 있습니다. 레위인들이 살아갈 수 있도록 공간을 제공한다면, 당연히 이렇게 가축을 풀어놓아 기를 수 있는 목초지를 함께 제공하는 것은 필수라고 할 수 있습니다. 생색만 내는 것이 아니라 제대로 함께 살 수 있도록 조처했다고 볼 수 있습니다.

스불론 지파에서 욕느암과 거기에 딸린 목장과, 가르다와 거기에 딸린 목장과, 35 딤나와 거기에 딸린 목장과, 나할랄과 거기에 딸린 목장, 이렇게 네 성읍을 주었다. 36 르우벤 지파에서는 베셀과 거기에 딸린 목장과, 야하스와 거기에 딸린 목장과, 37 그데못과 거기에 딸린 목장과, 므바앗과 거기에 딸린 목장, 이렇게 네 성읍을 므라리 자손에게 주었다. 38 또한 갓 지파에서는 살인자의 도피성인 길르앗 라못과 거기에 딸린 목장과, 마하나임과 거기에 딸린 목장과, 39 헤스본과 거기에 딸린 목장과, 야스엘과 거기에 딸린 목장, 이렇게 모두 네 성읍을 므라리 자손에게 주었다. 40 이것이 레위 가문의 나머지 곧

| 도피성

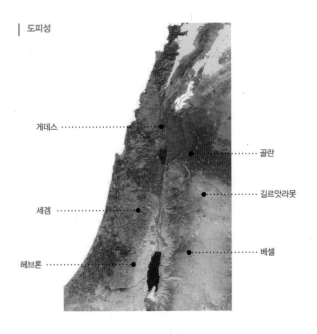

게데스 ············

골란 ········

길르앗라못 ········

세겜 ············

베셀 ········

헤브론 ········

므라리 자손이 그 가문을 따라 받은 성읍으로서, 모두 열두 성읍이 그들의 몫이 되었다.

41 ○ 이스라엘 자손이 차지한 유산의 땅 가운데서, 레위 사람이 얻은 것은 모두 마흔여덟 개의 성읍과 거기에 딸린 목장이었다. 42 성읍마다 예외 없이 거기에 딸린 목장이 있었다.

이스라엘이 약속된 땅을 차지하다

43 ○ 이와 같이 주님께서 이스라엘 백성의 조상에게 주시겠다고 맹세하신 모든 땅을 이스라엘 백성에게 주셨으므로, 그들은 그 땅을 차지하여 거기에 자리 잡고 살았다. 44 주님께서는 그들의 조상에게 맹세하신 대로, 사방에 평화를 주셨다. 또한 주님께서는 그들의 모든 원수를 그들의 손에 넘기셨으므로, 그들의 원수 가운데서 어느 누구도 그들에게 대항하지 못하였다. 45 주님께서 이스라엘 사람에게 약속하신 모든 선한 말씀이, 하나도 어긋남이 없이 그대로 다 이루어졌다.

{ 제22장 }

여호수아가 동쪽 지파들을 돌려보내다

1 그때에 여호수아가 르우벤 사람과 갓 사람과 므낫세의 반쪽 지파 사람들을 불러놓고, 2 그들에게 일렀다. "당신들은 주님의 종 모세가 당신들에게 명령한 것을 모두 지켰고, 또 나에게 순종하여, 내가 명령한 모든 것을 다 지켰습니다. 3 당신들은 오늘까지 이렇게 오랫동안 당신들의 겨레를 저버리지 않고, 주 당신들의 하나님이 명하신 것을 성심껏 다 지켰습니다. 4 이제는 주 당신들의 하나님이 약속하신 대로 당신들 겨레에게 안식을 주셨으니, 당신들은 이제 주님의 종 모세가 요단강 동쪽에서 당신들에게 준, 당신들 소유의 땅 당신들의 거처로 돌아가십시오. 5 당신들은 오직 주님의 종 모세가 당신들에게 명령한 계명과 율법을 열심히 좇아서 지키십시오. 주 당신들의 하나님을 사랑하고, 언제나 주님께서 지시하시는

여호수아의 당부(5절)가 비현실적입니다. 차라리 정복, 개척, 단결을 위한 방법을 알려주는 게 더 합리적이지 않았을까요? 여호수아기 첫머리 안내글과 해설 곳곳에서도 밝혔듯이, 이 책은 이스라엘의 초기 정착 과정을 사실적으로 전달하기 위해 쓴 책이 아닙니다. 여호수아 시대로부터 한참 지난 후대에, 초기 역사를 되돌아보며 이스라엘이 어떻게 살아가야 하는지를 가르치고 권면하기 위해 기록된 책입니다. 그래서 전쟁을 시작하는 여호수아에게 하나님께서 유일하게 당부하신 것은 하나님의 율법을 다 지켜 행하라는 것이었고, 여리고 성을 무찌르기 위해 할 일은 언약궤를 들고 일곱 번 행진하는 것이었습니다. 이제 요단강 동편에 주어진 땅으로 떠나는 이들을 향해 오직 주님의 율법을 따르고 주님을 섬기라 권면하는 것도 이러한 맥락에서 자연스럽습니다.

길로 가며, 주님의 명령을 지키며, 주님을 가까이 하고, 당신들의 온 마음과 온 정성을 다하여 주님을 섬기십시오." 6 여호수아가 그들을 축복하여 보내니, 그들이 자기들의 장막으로 돌아갔다. 7 동쪽의 므낫세 반쪽 지파에게는 이미 모세가 요단강 동쪽에서 바산에 있는 땅을 주었고, 그 나머지 서쪽의 므낫세 반쪽 지파에게는, 여호수아가 다른 지파들에게 준 것과 같이, 요단강 서쪽에서 땅을 주었다. 여호수아는 그들을 그들의 거처로 보내며 축복하였다. 8 "당신들은, 많은 재산과 아주 많은 가축과 금과 은과 동과 철과 아주 많은 의복을 가지고, 당신들의 거처로 돌아가십시오. 당신들의 원수들에게서 빼앗은 전리품을 다른 지파들과 더불어서 나누어 가지십시오."

9 ○ 르우벤 자손과 갓 자손과 요단강 동쪽에 정착한 므낫세의 반쪽 지파가 그들의 소유지로 돌아갔다. 그들은 가나안 땅의 실로에서 이스라엘 자손을 떠나서, 주님께서 모세에게 내리신 명대로, 그들이 얻어 소유하게 된 땅 곧 길르앗 땅으로 돌아갔다.

아무리 노엽기로서니 여태 함께 싸운 동족들에 맞서 전쟁을 일으키려 하는(12절) 건 지나치지 않은가요? 히브리인들은 원래 이리 과격합니까? 이스라엘은 자신들이 지닌 세력이나 능력, 군사력이나 경제력을 붙잡는 집단이 아니라, 오직 그들을 이집트 종살이에서 불러내신 주 하나님을 믿고 신뢰하는 공동체입니다. 이스라엘의 모든 힘은 주 하나님을 굳게 신뢰하며 그 명령을 따라 사는 데서 나옵니다. 그렇기에 제아무리 약하고 제아무리 부족한 존재라 해도 하나님을 힘입어 이집트를 떠나 새로운 곳으로 옮기고 더 강한 나라와 싸워 이길 수 있었던 것입니다. 특히 여호수아기 전체는 초기 정착기를 하나님의 명령을 따라 순종했던 시절로 묘사합니다. 이를 고려할 때, 다른 지파가 하나님께 제사하는 단이 아닌 다른 제단을 세웠다는 사실 자체가 나머지 지파에게는 큰 충격이었을 것입니다. 그만큼 이들이 하나님의 명령에 민감하게 주의하고 있음을 알 수 있습니다.

요단강 가에 제단을 쌓다

10 ○ 그들이 가나안 땅의 요단강 가까이에 있는 그릴롯에 이르렀다. 르우벤 자손과 갓 자손과 동쪽의 므낫세 반쪽 지파가 요단강 서쪽 지역의 강가에 단을 쌓았는데, 그 단은 보기에 아주 큰 단이었다. 11 이스라엘 자손이 이 소식을 듣고 말하였다. "르우벤 자손과 갓 자손과 동쪽의 므낫세 반쪽 지파가 우리들이 있는 요단강 서쪽 지역의 강 가까운 그릴롯에 단을 쌓았다." 12 이스라엘 자손이 이 말을 듣고, 온 회중이 동쪽 지파들에게 대항하여 싸우려고 실로에 모였다.

13 ○ 이스라엘 자손은, 엘르아살의 아들인 비느하스 제사장을, 길르앗 땅에 있는 르우벤 자손과 갓 자손과 동쪽의 므낫세 반쪽 지파에게 보냈다. 14 요단강 서쪽에 자리 잡은 이스라엘 각 지파에서 한 사람씩 열 명의 대표가 비느하스와 함께 갔다. 그들은 각기 이스라엘의 천천만만 백성의 가문을 대표하는 사람들이었다. 15 그들이 길르앗 땅으로 가서 르우벤 자손과 갓 자손과 동쪽의 므낫세 반쪽 지파에게 말하였다. 16 "주님의 온

'우리가 브올에서 지은 범죄'(17절)는 무얼 가리키는 말입니까? 그 내용은 민수기 25장에서 다루고 있습니다. 광야 방랑 시절에 이스라엘은 싯딤이라는 곳에 이르렀고, 그곳에서 모압 여자들과 어울리기 시작했습니다. 급기야는 그 여자들이 자신들의 신에게 제사할 때 그들과 어울렸던 이스라엘 사람들 역시 그 제사에 참여했습니다. 이로 인해 하나님의 큰 진노가 이스라엘에게 임했고, 제사장 비느하스가 앞장서서 이 일을 바로잡았습니다. 아마도 그때 요단 동편 지파에게 엄중히 항의하러 가는 일행을 비느하스가 이끌었을 것입니다. 이스라엘을 이끄신 분은 주 하나님이신데 그분의 백성 이스라엘이 하나님이 아닌 다른 신들에게 제사한다는 것은 이스라엘의 존재 자체를 부정하는 행위라 할 수 있습니다.

회중이 하는 말이오. 당신들이 어찌하여 이스라엘의 하나님께 이런 악한 일을 하였소? 어찌하여 당신들이 오늘날 주님을 떠나서, 제멋대로 단을 쌓아 주님을 거역하였소? 17 우리가 브올에서 지은 범죄 때문에 주님의 회중에 재앙이 내렸고, 우리는 아직도 그 죄를 다 씻지 못하고 있소. 그것으로도 부족하단 말이오? 18 당신들은 오늘에 와서 주님을 따르지 않고 등을 돌렸소. 오늘 당신들이 주님을 거역하였으니, 내일은 주님께서 온 이스라엘의 회중에게 진노하실 것이오. 19 만일 당신들의 소유지가 깨끗하지 못하거든, 주님의 성막이 있는 주님의 소유지로 건너와서, 우리의 소유를 나누어 가지시오. 주 우리 하나님의 단 외에 당신들이 함부로 단을 쌓음으로써, 주님을 거역하거나 우리를 거역하지 마시오. 20 세라의 아들 아간이, 주님께 전멸시켜 바칠 물건에 대하여 큰 죄를 지어서, 이스라엘의 온 회중 위에 진노가 내리지 않았소? 그의 죄 때문에 죽은 사람이 어디 그 한 사람뿐이오?"

21 ㅇ 르우벤 자손과 갓 자손과 동쪽의 므낫세 반쪽 지파가 이스라엘의 천천만만 백성의 가문 대표들에게 대답하였다.

'소유지가 깨끗하지 못하거든'(19절)은 무슨 뜻입니까? 더러운 땅이 따로 있습니까? 이 절에서 요단강 동편 땅과 서편 땅이 대조됩니다. 서편 땅을 가리켜 '주님의 성막이 있는 주님의 소유지'로 표현하는데, 서편 땅인 실로에 성막이 있기 때문에 이렇게 불렀을 것입니다. 대부분의 이스라엘이 요단강 서편에 거했고 성막 또한 이 땅에 있기에, 아마도 이스라엘 가운데 어떤 이들은 요단 동편 땅을 '깨끗하지 못하다' 여겼을 수도 있습니다. '깨끗하다'는 표현은 제사와 연관해 쓰이는 전문적인 용어로, 요단강을 사이에 두고 성막과 떨어져 있기에 동편 땅은 주 하나님께 구별된 땅이 아니라 여겼을 수 있습니다. 그러나 동편 땅 역시 하나님께서 이스라엘에게 허락하신 것이기에 당연히 깨끗한 땅이며 하나님의 소유지입니다.

22 "주 하나님은 전능하십니다! 주 하나님은 전능하십니다! 우리가 왜 그렇게 하였는지, 주님은 아십니다. 같은 이스라엘 겨레인 여러분도 알아주시기를 바랍니다. 우리가 한 이 일이 주님을 반역하거나, 주님을 거역하는 일이었다면, 주님께서 우리를 이렇게 살려두지 않으셨을 것입니다. 23 우리는 주님을 따르지 않고 등을 돌리려고 이 단을 쌓은 것이 아닙니다. 또 드리는 이 단을 번제와 곡식제사와 화목제사를 드리는 제단으로 사용하지는 않을 것입니다. 우리가 만일 이 단을 제단으로 쓸 목적으로 쌓았다면 주님께서 벌써 우리를 벌하셨을 것입니다. 24 그러나 사실은 그렇지 않습니다. 우리가 여기에 단을 쌓은 것은, 훗날 당신들의 자손이 우리의 자손에게 '너희가 주 이스라엘의 하나님과 무슨 상관이 있느냐? 25 너희 르우벤 자손과 갓 자손아! 주님께서 우리와 너희 사이에 요단강을 경계선으로 삼으셨으니, 너희는 주님에게서 받을 몫이 없다' 하고 말하면서, 당신들의 자손이 우리의 자손을 막아서, 주님을 경외하지 못하게 할까 염려가 되어서, 26 우리가 이 단을 쌓은 것입니다. 이것은

오직 한군데서만 제사를 드리게 한 까닭이 궁금합니다. 이동이 자유롭지 않았던 당시에는 지역마다 알아서 하나님을 섬기는 편이 낫지 않았을까요? 현재 본문에서는 요단 동편 지파가 요단강 앞에 지은 단 때문에 전쟁 직전 상황까지 벌어진 사건을 다루고 있는데, 이것 자체가 후대의 이스라엘이 우상숭배 문제 때문에 얼마나 고심했는가를 여실히 보여줍니다. 훗날 이스라엘은 결국 하나님이 아닌 다른 우상에 절하고 숭배하다가 멸망하고 맙니다. 한군데에서만 제사드리는 결정은 실제로는 매우 번거롭고 불편한 정책이었을 것입니다. 그러나 이 결정이 말하고자 하는 중심 내용은 오직 주 하나님 한 분께만 제사해야 한다는 것입니다. 여러 제단을 허용할 경우 이방 종교와 제사가 파고들어 와서 하나님 한 분만을 섬기는 신앙이 오염될 여지가 있기에 이처럼 한곳에서만 제사드리라는 정책이 생겨났습니다.

번제물을 드리거나 다른 어떤 제물을 드리려고 쌓은 것이 아닙니다. 27 오히려 이 단은, 우리와 당신들 사이에, 그리고 우리의 자손 사이에, 우리의 믿음을 증명하려고 세운 것입니다. 우리도 번제물과 다른 제물과 화목제물을 가지고 주님을 진정으로 섬기는 사람들이라는 것을 증명하려는 것입니다. 그래서 먼 훗날에, 당신들의 자손이 우리의 자손에게 '너희는 주님에게서 받을 몫이 없다'고 말하지 못하게 하려는 것입니다. 28 우리가 말한 대로, 훗날 당신들의 자손이 우리에게나 우리 자손에게 그같이 말한다면 '보아라, 이것은 우리 조상이 만든 주님의 제단의 모형일 뿐이다. 이것은 우리가 여기에서 번제물을 드리거나, 다른 제물을 드리려고 만든 것이 아니다. 이것은 다만 우리와 당신들 사이의 관계를 증명하려는 것일 뿐이다' 하고 대답할 수 있을 것입니다. 29 우리는, 번제나 곡식제사를 아무데서나 함부로 드리는 일이나, 다른 제물을 바칠 불법적인 단을 만듦으로써 주님을 거역하거나 배반하는 일은, 결코 하지 않을 것입니다. 우리는 주 우리 하나님의 성막 앞에 있는 그 합법적인

요단강 동쪽 지파들은 훗날 "너희는 주님에게서 받을 몫이 없다"(27절)는 말을 들을까 두려워합니다. 이 말에는 어떤 의미가 담겨 있습니까? 서편에 있던 열 지파, 그리고 동편에 있던 두 지파와 절반 지파는 요단강을 사이에 두고 지형적으로 분리되었습니다. 그런데 서편에 대부분의 지파와 주님의 성막이 있었기에, 아마도 서편이 더 중심지였을 것입니다. 처음에야 아무 문제가 없지만, 시간이 지나면서 처음의 뜨거움과 열정은 사그라들기 마련이고, 자칫 동쪽과 서쪽은 서로 완전히 분리돼버릴 수도 있습니다. 다수가 위치한 서편 지파들이 동편 지파를 향해 "너희는 주님께 받을 몫이 없다"라고 말한다는 것은 "너희는 주 하나님의 백성이 아니다"라고 선언한다는 의미입니다. 사실 이것은 남북으로 갈라진 오늘 우리 현실에서는 더 잘 이해될 수 있습니다. 분단 50년이 넘어가면서 북한이 한민족이라는 사실 자체를 진지하게 생각하지 않는 국민들이 많고, 굳이 통일할 필요가 없다는 이들도 있으니까요.

단 외에는 어떤 제단도 쌓지 않을 것입니다."

30 ○ 제사장 비느하스와 회중의 대표자들 곧 그와 함께 간 이스라엘의 천천만만 백성의 가문 대표들이, 르우벤 자손과 갓 자손과 동쪽의 므낫세 자손의 그 말을 듣고 기뻐하였다. 31 제사장 엘르아살의 아들인 비느하스가 르우벤 자손과 갓 자손과 동쪽의 므낫세 자손에게 말하였다. "당신들이 이번 일로 주님께 반역한 것이 아니기 때문에, 우리는 오늘 주님께서 우리 가운데 계심을 알았소. 이제 당신들은 이스라엘 자손을 주님의 손에서 건져내었소."

32 ○ 제사장 엘르아살의 아들인 비느하스와 백성의 대표들이 길르앗 땅에 있는 르우벤 자손과 갓 자손을 만나본 다음에, 가나안 땅으로 돌아와서, 이스라엘 자손에게 그대로 보고하였다. 33 이스라엘 자손은 그 보고를 듣고 기뻐하면서, 이스라엘 자손의 하나님을 찬송하였다. 그래서 '르우벤 자손과 갓 자손이 거주하는 땅으로 쳐올라가서 그들을 멸하자' 하는 말을 다시는 하지 않았다.

34 ○ 르우벤 자손과 갓 자손은 이 단을 일컬어 '주님께서 하나님이심을 우리 모두에게 증명함'이라고 하였다.

요단강 동쪽 백성에는 르우벤과 갓, 므낫세 지파가 포함되지만 므낫세 지파는 곧잘 생략됩니다(32-34절). 의도적인 누락인가요? 22장에서 이 세 지파가 나란히 언급되는 것이 아홉 번이고, 르우벤과 갓 지파만 언급된 것은 네 번입니다. 특히 그 가운데 세 번은 마지막 32-34절에 나타납니다. 므낫세 지파의 경우 절반은 동편에서 절반은 서편에서 땅을 얻어서 요단 동쪽 지파로 여기기는 어렵습니다. 처음 요단강 동편에 자리 잡겠다는 요청 역시 르우벤 지파와 갓 지파가 중심이 되어 진행했습니다(민 32:1-32). 따라서 르우벤과 갓 지파만 따로 언급하는 장면을 통해 고대 이스라엘 사람들이 이 두 지파가 요단 동편 지파를 대표한다고 여겼으리라 짐작할 수 있습니다.

{ 제23장 }

여호수아의 고별사

1 주님께서 주변의 모든 원수를 멸하시어 이스라엘에게 안식을 주신 뒤에, 오랜 세월이 흘러서 여호수아도 나이가 많이 들었고 늙었다. 2 여호수아는 온 이스라엘 곧 장로들과 우두머리들과 재판장들과 관리들을 불러서, 그들에게 말하였다. "나는 나이가 많이 들었고, 이렇게 늙었습니다. 3 당신들은 주 당신들의 하나님이 당신들의 편이 되시어 이 모든 이방 나라에게 어떻게 하셨는지, 그 모든 일을 잘 보셨습니다. 과연 주 당신들의 하나님은 당신들의 편이 되시어 싸우셨습니다. 4 보십시오. 요단강으로부터 해 지는 지중해까지, 아직 남아 있는 모든 나라와 이미 정복한 모든 나라를, 나는 당신들의 각 지파에게 유산으로 나누어주었습니다. 5 주 당신들의 하나님이 친히 당신들 앞에서 그들까지 마저 쫓아내실 것입니다. 주님께서 당신들이 보는 앞에서 그들을 몰아내실 터인데, 그때에 당신들은

이웃 나라들은 어떤 신을 섬기고 있었습니까? 구약성경의 열왕기상 11장 33절에서는 솔로몬 시대 시돈 사람은 아스다롯 여신을, 모압은 그모스를, 암몬은 밀곰을 섬겼다고 나옵니다. 또 사사기에서는 가나안의 가장 대표적인 종교로 바알 신앙을 거론합니다. 바알은 폭풍의 신으로, 구름을 몰고 오고 비를 내리는 신이자 풍요의 신으로 받들어졌습니다. 고대 세계는 다른 종교에 대해 배타적이지 않았고, 각 지역마다 그 지역 나름의 신이 있다 여겼습니다. 그래서 한 신을 섬기다가도 다른 장소에 가면 그 지역 신에게 예배하기도 했습니다. 반면 구약성경은 주 하나님은 어느 곳 어느 시대에나 이스라엘의 하나님이라 증언합니다. 이집트에서 노예일 때도 하나님은 그들의 신이며, 가나안 땅에 들어온 다음에도 주 하나님은 그들의 하나님입니다.

주 하나님이 약속하신 그 땅을 소유하게 될 것입니다. 6 그러므로 모세의 율법책에 기록된 모든 것을 아주 담대하게 지키고 행하십시오. 그것을 벗어나 좌로나 우로나 치우치지 마십시오. 7 당신들과 이웃한, 남아 있는 이 나라들과 사귀지 말며, 그 신들의 이름을 부르거나 그 이름으로 맹세하지도 마십시오. 그것을 섬기거나 경배하지도 마십시오. 8 오직 당신들은 지금까지 해온 대로, 주 당신들의 하나님만 가까이하십시오. 9 주님께서 당신들 앞에서 크고 강한 나라들을 몰아내셨으므로, 지금까지 당신들을 당할 사람이 없었던 것입니다. 10 주 당신들의 하나님이 약속하신 대로 당신들의 편을 들어서 몸소 싸우셨기 때문에, 당신들 가운데서 한 사람이 원수 천 명을 추격할 수 있었던 것입니다. 11 그러므로 삼가 조심하여 주 당신들의 하나님을 사랑하십시오. 12 만일 당신들이 이것을 어기고, 당신들 가운데 살아남아 있는 이 이방 민족들을 가까이하거나, 그들과 혼인 관계를 맺으며 사귀면, 13 주 당신들의 하나님이 당신들 앞에서 다시는 이 민족들을 몰아내지 아니하실 것이라는 사실을

평화를 유지하기 위해서는 서로 가까이 지내야 하는 게 상식 아닌가요? 12–13절처럼 이렇게 한사코 이웃 나라와 가까이 지내지 못하게 하는 이유를 모르겠습니다. 이방 민족과 가까이 하지 말아야 하는 가장 근본적인 이유는 주 하나님을 믿는 신앙을 지키기 위한 것입니다. 이스라엘 가운데 함께 살아가는 외국인에 대한 언급이 구약성경에 계속 등장하는 것을 볼 때도, 무조건 모든 이방 민족을 몰아내는 것이 관건이 아니라 주 하나님에 대한 신앙을 지키고 간직하는 것에 초점이 있음을 확인할 수 있습니다. 종교 혹은 신앙이라는 것이 그저 마음의 평안을 주고 삶에 복을 가져다주는 것 정도라면 굳이 그럴 필요가 없겠지요. 그러나 구약성경은 이집트에서 종살이하던 이스라엘을 건지신 하나님을 믿는 신앙은 단순한 종교가 아니라 어떻게 살아가야 하는지 삶 전체와 연관된 가르침이라 증언합니다. 그렇기에 풍요나 평안을 좇아 다른 신에게 절하는 것을 절대 용납하지 않습니다.

분명히 아십시오. 그들이 당신들에게 올무와 덫이 되고, 잔등에 채찍이 되며, 눈에 가시가 되어, 끝내 당신들은 주 당신들의 하나님이 주신 이 좋은 땅에서 멸망하게 될 것입니다.

14 ○ 나는 이제 온 세상 사람이 가는 길로 갈 때가 되었습니다. 당신들은 주 하나님이 약속하신 모든 선한 말씀 가운데서 이루어지지 않은 것이 하나도 없음을, 당신들 모두의 마음과 모두의 양심 속에 분명히 알고 있습니다. 그 가운데서 한 말씀도 어김이 없이 다 이루어졌습니다. 15 주 하나님이 약속하신 모든 선한 말씀을 여러분에게 그대로 이루셨지만, 그 반대로 주님께서는 모든 해로운 일도 여러분에게 미치게 하여, 주 하나님이 당신들에게 주신 이 좋은 땅에서 여러분을 없애버리실 수도 있음을 명심하십시오. 16 그러므로 여러분이, 주 하나님이 여러분에게 지키라고 명하신 언약을 어기고, 가서 다른 신을 섬기고 경배하면, 주님의 진노가 여러분에게 내려, 당신들은 그가 주신 좋은 땅에서 곧 망하게 될 것입니다."

{ 제24장 }

여호수아가 세겜에 모인 백성에게 당부함

1 여호수아가 이스라엘의 모든 지파를 세겜에 모이게 하였다. 그가 이스라엘의 장로들과 그 우두머리들과 재판관들과 공직자들을 불러내니, 그들이 하나님 앞에 나와서 섰다. 2 그때에 여호수아가 온 백성에게 말하였다. "주 이스라엘의 하나님이 이렇게 말씀하셨습니다.

○ '옛날에 아브라함과 나홀의 아비 데라를 비롯한 너희 조상은 유프라테스강 건너에 살면서 다른 신들을 섬겼다. 3 그러나 내가 너희 조상 아브라함을 강 건너에서 이끌어내어, 그를 가나안 온 땅에 두루 다니게 하였으며, 자손을 많이 보게 하였다. 내가 그에게 이삭을 주었고, 4 이삭에게는 야곱과 에서를 주었다. 그리고 에서에게는 세일산을 주어 차지하게 하였다. 야곱과 그의 아들들이 이집트로 내려갔지만, 5 내가 모세와 아

여호수아는 왜 온 백성이 모일 장소로 세겜(1절)을 지정했을까요? 세겜은 여호수아기에서 정복하거나 점령했다는 언급이 전혀 나오지 않는 도시라는 점에서, 24장에서의 세겜 언급은 매우 특이합니다. 여리고와 아이 성 전투를 끝낸 이스라엘은 모세의 명령을 따라 에발산에 제단을 쌓고 여호와께 제사를 드렸으며, 그리심산과 에발산에 지파들이 나누어 서서 율법에 기록된 축복과 저주를 선포했습니다(8:30–35). 그리심산과 에발산은 세겜을 둘러싼 두 산입니다. 그리고 세겜은 에브라임 산지에 있는 도피성으로 지정되었습니다(20:7). 언제 세겜이 이스라엘의 수중에 들어왔는지 알 수 없지만, 이 두 번의 언급을 볼 때 세겜은 일찍부터 이스라엘 신앙에서 특별한 의미를 지닌 장소로 여겨졌다고 할 수 있습니다. 그래서 여호수아의 마지막 임무인 하나님과 언약을 맺는 의식을 거행할 장소로 세겜이 선택되었다고 볼 수 있습니다.

론을 보내서, 이집트에 재앙을 내려 그들을 치고, 너희를 그곳에서 이끌어내었다. 내가 그들에게 어떻게 하였는지는, 너희가 이미 잘 알고 있다. 6 이집트에서 구출된 너희의 조상이 홍해에 다다랐을 때에, 이집트 사람들이 병거와 마병을 거느리고 홍해까지 너희 조상을 추격하였다. 7 너희의 조상이 살려달라고 나 주에게 부르짖을 때에, 내가 너희들과 이집트 사람들 사이에 흑암이 생기게 하고, 바닷물을 이끌어와서 그들을 덮었다. 너희는 내가 이집트에서 한 일을 너희 눈으로 직접 보았다. 너희가 광야에서 오랫동안 지낸 뒤에, 8 나는 너희를 요단강 동쪽에 살고 있는 아모리 사람들의 땅으로 들어가게 하였다. 그때에 그들이 너희에게 대항하여 싸웠으나, 내가 그들을 너희 손에 넘겨주었으므로, 너희가 그 땅을 차지하였다. 나는 그들을 너희가 보는 앞에서 멸망시켰다. 9 그때에 모압의 십볼의 아들 발락 왕이 일어나서, 이스라엘에 대항하여 싸웠다. 발락은 사람을 보내어 브올의 아들 발람을 불러다가, 너희를 저주하려 하였다. 10 그러나 내가 발람의 말을 들어주지 않았으

아브라함에게는 이스마엘이라는 또 다른 아들이 있었음에도 불구하고, 오직 이삭만 언급하는(3절) 이유는 무엇입니까? 창세기를 비롯한 성경은 하나님과 그 백성에 대한 이야기를 풀어갑니다. 그래서 모든 인류를 전부 다루기보다는 하나님께서 부르신 백성과 그분이 명하신 율법을 따라 살아가는 백성에 초점을 두고 서술합니다. 아브라함에게는 이스마엘뿐 아니라 더 많은 아들이 있었지만(창 25:1-6), 하나님의 부르심을 따른 자손은 이삭 한 사람입니다. 이삭만 중요하다는 이야기가 아니라, 아브라함의 후손을 통해 천하 만민에게 복을 주시겠다는 하나님의 그 약속의 자손이 이삭이기에 이삭에 초점을 맞춰 서술한 것입니다. 그래서 아브라함의 자손 이야기는 단순한 자손 번식 이야기가 아니라, 하나님의 약속과 명령을 따라 살아가는 하나님 백성의 이야기입니다.

므로, 발람이 오히려 너희를 축복하였고, 나는 너희를 발락의 손에서 구출해주었다. 11 너희가 요단강을 건너서 여리고에 이르렀을 때에, 여리고 사람과 아모리 사람과 브리스 사람과 가나안 사람과 헷 사람과 기르가스 사람과 히위 사람과 여부스 사람이 너희를 대항하여 싸웠으므로, 내가 그들을 너희 손에 넘겨주었다. 12 내가 너희보다 앞서 말벌을 보내어, 아모리 사람의 두 왕을 너희 앞에서 쫓아냈다. 이 두 왕을 몰아낸 것은 너희의 칼이나 활이 아니다. 13 너희가 일구지 아니한 땅과 너희가 세우지 아니한 성읍을 내가 너희에게 주어서, 너희가 그 안에서 살고 있다. 너희는 너희가 심지도 아니한 포도밭과 올리브밭에서 열매를 따 먹고 있는 것이다.'

14 ㅇ 이렇게 말씀하셨으니, 당신들은 이제 주님을 경외하면서, 그를 성실하고 진실하게 섬기십시오. 그리고 여러분은 여러분의 조상이 강 저쪽의 메소포타미아와 이집트에서 섬기던 신들을 버리고, 오직 주님만 섬기십시오. 15 주님을 섬기고 싶지 않거든, 조상들이 강 저쪽의 메소포타미아에서 섬기던 신들이든지, 아니면 당신들이 살고 있는 땅 아모리 사람들의 신

하나님은 말벌을 보내서 아모리 사람의 두 왕을 몰아냈다고 말합니다(12절). 이걸 곧이곧대로 믿어야 할까요? 아니면 은유적인 표현인가요? 하나님께서 말벌을 보내셔서 이스라엘을 가로막는 이들을 내쫓으실 것이라는 말씀은 성경에 몇 번 등장합니다(출 23:28; 신 7:20; 수 24:12). 여기서 말벌은 이스라엘의 칼과 활에 대응됩니다. 칼과 활이 이스라엘 스스로의 힘과 군사력을 상징한다면, 하나님께서 보내신 말벌은 하나님께서 친히 행하심을 상징합니다. 이스라엘의 승리는 군사력의 승리가 아니라 하나님께서 그들과 함께하시며 친히 행하신 결과입니다. 신앙심만 있으면 만사형통하다는 말이 아니라, 이를 통해 아무리 약한 이라도 하나님 안에서 참된 삶을 살 수 있음을 강조하는 것입니다.

들이든지, 당신들이 어떤 신들을 섬길 것인지를 오늘 선택하십시오. 나와 나의 집안은 주님을 섬길 것입니다."

16 ㅇ 백성들이 대답하였다. "주님을 저버리고 다른 신들을 섬기는 일은 우리가 절대로 하지 않겠습니다. 17 주 우리 하나님이 친히 우리와 우리 조상을 이집트 땅 종 되었던 집에서 이끌어내시고, 우리가 보는 앞에서 그 큰 기적을 일으키셨습니다. 또 우리가 이리로 오는 동안에 줄곧 우리를 지켜주셨고, 우리가 여러 민족들 사이를 뚫고 지나오는 동안에 줄곧 우리를 지켜주셨습니다. 18 그리고 주님께서는 이 모든 민족을, 이 땅에 사는 아모리 사람까지도, 우리 앞에서 쫓아내셨습니다. 그러므로 우리는 주님을 섬기겠습니다. 오직 그분만이 우리의 하나님이십니다."

19 ㅇ 그러나 여호수아는 백성들에게 이렇게 말하였다. "당신들은 주님을 섬기지 못할 것입니다. 그분은 거룩하신 하나님이시며, 질투하시는 하나님이시기 때문에, 당신들의 허물과 죄를 용서하지 않을 것입니다. 20 만일 당신들이 주님을 저버

"당신들은 주님을 섬기지 못할 것"(19절)이라는 여호수아의 말이 다소 황당합니다. 주님을 섬기겠다고 다짐하는 백성들에게 이처럼 비관적인 말을 하는 속내는 무언가요? 그만큼 강조하고 백성의 다짐을 끌어내기 위한 표현이라고 볼 수 있습니다. 하나님을 믿는다는 것은 그저 하나의 종교를 선택하는 것이 아닙니다. 상황에 따라 이 신도 섬겼다가 저 신도 섬겼다가 할 수 없습니다. 주 하나님께서는 그저 제사 제물만 잔뜩 정성껏 갖다 바치면 만족하는 탐욕스러운 신이 아닙니다. 욕심을 따라 이 신을 섬겼다가 저 신을 섬겼다가 해도 상관없이 그저 제물만 원하시는 분이 아니기에, 하나님께서는 자신을 떠난 백성을 책망하고 심판하실 것입니다. 여호수아는 고별 설교라 할 수 있는 시간에 이스라엘의 선택이 얼마나 크고 중대한 결정인지를 환기시키면서, 신중하고 진실하게 결단할 것을 촉구하고 있습니다.

리고 이방 신들을 섬기면, 그는 당신들에게 대항하여 돌아서서, 재앙을 내리시고, 당신들에게 좋게 대하신 뒤에라도 당신들을 멸망시키고 말 것입니다."

21 ○ 그러자 백성들이 여호수아에게 말하였다. "아닙니다. 우리는 주님만을 섬기겠습니다." 22 여호수아가 백성에게 말하였다. "당신들이 주님을 택하고 그분만을 섬기겠다고 한 말에 대한 증인은 바로 여러분 자신들입니다." 그러자 그들은 말하였다. "우리가 증인입니다." 23 여호수아가 또 말하였다. "그러면 이제 당신들 가운데 있는 이방 신들을 내버리고, 마음을 주 이스라엘의 하나님께 바치십시오." 24 백성들이 여호수아에게 말하였다. "우리가 주 우리의 하나님을 섬기며, 그분의 말씀을 따르겠습니다."

25 ○ 그날 여호수아가 세겜에서 백성들과 언약을 세우고, 그들이 지킬 율례와 법도를 만들어주었다. 26 여호수아가 이 모든 말씀을 하나님의 율법책에 기록하고, 큰 돌을 가져다가 주님의 성소 곁에 있는 상수리나무 아래에 두고, 27 모든 백성에게 말하였다. "보십시오, 이 돌이 우리에게 증거가 될 것입니다. 주님께서 우리에게 하신 모든 말씀을 이 돌이 들었기 때문입니다. 여

여호수아가 만들었다는 '율례와 법도'는(25절) 무엇인가요? 웬만한 법과 규칙들은 모세가 이미 만들지 않았나요? 본문에는 더 구체적인 언급이 없기 때문에 상세한 내용은 알 수 없습니다. 다만 이 정도로 간략히 언급했다는 점에서, 여호수아기 저자가 독자와 청중에게 모세를 통해 주어진 율례와 법도를 떠올리도록 의도했다고 볼 수 있습니다. 이 본문 전체를 통해 우리는 그러한 율례와 법도의 골자는 "모든 이방 신을 다 치워버리고 오직 주 하나님 한 분에게 모든 마음을 드리겠다"는 언약임을 짐작할 수 있습니다. 사실 모세를 통해 주어진 모든 율법 역시 그렇게 하나님 한 분을 섬기며 살아가는 삶이 무엇인지 다룬 것입니다.

러분이 여러분의 하나님을 모른다고 할 때에, 이 돌이 여러분이 하나님을 배반하지 못하게 하는 증거가 될 것입니다." 28 여호수아는 백성들을 제각기 유산으로 받은 땅으로 돌려보냈다.

여호수아와 엘르아살이 죽다

29 ○ 이 일을 마친 다음에, 주님의 종 눈의 아들 여호수아가 죽었다. 그의 나이는 백십 세였다. 30 사람들이 그를 그가 유산으로 받은 딤낫세라에 장사하였다. 그곳은 가아스산 북쪽 에브라임 산간지방에 있다.

31 ○ 이스라엘은 여호수아의 생전에 줄곧 주님을 섬겼고, 여호수아가 죽은 뒤에도 주님께서 이스라엘에게 베푸신 모든 일을 아는 장로들이 살아 있는 날 동안에는 주님을 섬겼다.

32 ○ 이스라엘 자손은 이집트에서 가져온 요셉의 유해를 세겜에 묻었다. 그곳은 야곱이 세겜의 아버지 하몰의 자손에게 금 백 냥을 주고 산 땅인데, 요셉 자손의 유산이 된 곳이다.

이스라엘 백성의 구심점 역할을 했던 여호수아와 엘르아살이 모두 죽었습니다(29-33절). 이들의 뒤를 이을 후계자는 왜 보이지 않습니까? 모세에서 여호수아로 이어지는 시대는 광야 시대와 초기 정착기에 해당합니다. 어찌 보면 이 첫 시기는 이렇게 특별한 지도자와 함께 걸어갔던 길이라 할 수 있고, 이제 여호수아 이후의 시기는 모든 이스라엘이 각각 하나님과 맺은 언약을 따라 어떻게 살아가는지를 보여주는 새로운 시대입니다. 그 내용은 이어지는 사사기와 룻기, 사무엘기상에서 볼 수 있습니다. 제사장의 경우, 엘르아살이 죽은 후 그의 자손을 통해 계속 이어질 것입니다. 이제 대단하다고 칭송받는 영웅들의 시대가 가고, 평범한 이들의 일상이 시작됩니다. 사실 모세와 여호수아 역시 위인이라기보다는 오직 하나님을 의지하며 걸어갔던 평범한 사람이라 하는 것이 맞겠습니다.

33 ○ 아론의 아들 엘르아살도 죽었다. 사람들은 그를, 그의
아들 비느하스가 유산으로 받은, 에브라임의 산간지방인 기브
아에 장사하였다.

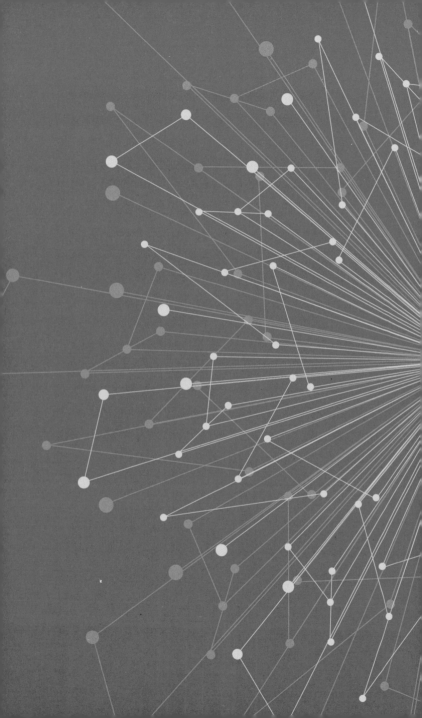

사사기

Judges

율법을 따르지 않는 삶은
얼마나 허망한가

●

사사기는 땅이라는 현실적 여건 앞에서
율법이 무색해져버린 이스라엘의 실상을 적나라하게 드러냅니다.
율법을 따르는 삶이 없는 땅 점유가
얼마나 허황한 것인지를 사사기는 잘 보여줍니다.
사사기 후반부에 반복되는 "그때에 왕이 없었다"라는 말은
근본적으로 진정한 왕이신 주 하나님께 순종하지 않고
하나님 말씀에 귀 기울이지 않는 세태를
고발하는 표현입니다.

사사기라는 이름은 '사사'라는 직책에서 유래했습니다. 가나안 초기 정착기를 이끌었던 여호수아의 사후 이스라엘에는 사사라 불리는 지도자들이 등장하는데, 이 시기는 왕정의 도입과 함께 끝납니다. 왕정과 차이가 있다면 사사는 세습되지 않는다는 점입니다.

위기가 닥쳐올 때 이스라엘은 하나님께 간절히 도움을 청하고, 하나님의 영이 임한 사사가 등장해 민족을 위기에서 건져냅니다. 사사기의 대략적인 내용은 크게 세 부분으로 나눌 수 있는데, 우선 1-2장에서는 사사 시대에 대해 개괄적으로 정리한 후 3-16장에서는 여러 사사들의 활동을 소개하고, 마지막 17-21장에서는 사사 시대의 난맥상을 보여줍니다.

끊임없이 왕을 요구하는 이스라엘의 탐욕

사사 시대에 대한 단적인 표현은 2장 11-23절에서 볼 수 있습니다. 평안한 세월 속에 백성들은 하나님의 구원을 잊어버린 채 이방 민족을 따라 우상을 섬기고, 진노하신 하나님께서는 그들을 이방의 손에 넘기십니다. 이방의 압제 아래 신음하던 이스라엘이 탄식하고 회개하며 하나님을 향해 부르짖고, 하나님께서는 사사를 세우셔서 그들을 이방의 압제로부터 건져내시고 이후 이스라엘에 평화가 찾아옵니다. 평화 - 배교 - 압제 - 부르짖음 - 사사의 등장 - 구원과 평화… 이러한 과정이 사사기의 첫머리는 이스라엘 자손이 여호와께 여쭙는 장면으로 시작하지만, 마지막에는 왕이 없는 이스라엘을 드러내며 끝을 맺습니다. 그들에게 없는 것은 인간의 왕이 아니라 왕이신 하나님입니다. 결국 이스라엘이 그 땅에서 쫓겨난다는 사실도 이 점을 확인시켜줍니다. 가나안 정복은 민족의 정착이나 승리가 아니라 하나님의 법도를 따르는 나라의 건설을 상징합니다. 율법을 따르지 않으면 나라도 없습니다.

사사기에 계속 반복됩니다.

사사기 본문에서는 잘 드러나지 않지만, 사사들은 이스라엘 전역을 다스린 것이 아니라 대체로 한두 지파와 연관해 활동했고, 당시 이스라엘의 열두 지파는 서로 대등한 지방분권적 체제였습니다. 사사 체제는 위기 때마다 하나님과 새롭게 언약을 맺을 수 있으며 주 하나님을 의지하는 것이 살 길이라는 점을 분명히 보여주는 제도지만, 이스라엘은 이러한 체제를 계속해서 불편해하며 강력한 리더십을 갖춘 이방의 왕정을 도리어 부러워합니다.

실제로 자신들을 미디안에게서 건져낸 기드온을 찾아온 백성들은 기드온과 그의 자손들이 자신들을 다스리는 왕이 되어줄 것을 요청합니다(8:22). 그러나 기드온은 "오직 주님께서 여러분을 다스리실 것입니다"(8:23)라는 말로 세습적인 왕이 돼 달라는 백성의 요구를 거절합니다. 그런 점에서 기드온의 대답은 사사기의 핵심이 하나님의 통치와 사람의 통치를 대조한다는 점을 보여줍니다. 기드온의 아들 가운데 하나인 아비멜렉이 왕정을 시도하지만 거센 저항에 부딪쳐 곧바로 붕괴되고 맙니다. 그러나 이스라엘은 이제 사사 시대를 넘어 좀 더 강고한 체제인 왕정으로 넘어갈 준비를 하고 있습니다.

율법이 무너진 세상에서 짓밟히는 약자들

사사 시대를 힘겹게 만든 또 하나의 요소는 가나안의 종교인 바알 신앙이었습니다. 가나안의 철기 문명에 바탕을 둔 강력한 무기는 세월이 지나면서 이스라엘도 습득하게 되어 문제가 없어졌지만, 바알 신앙은 곧바로 이스라엘 전체를 물들였고 큰 영향을 미쳤습니다. 자연의 변화와 결부된 바알 신앙은 넘쳐나는 제사와 그 대가로 주어지는 풍요를 골자로 했고, 이러한 종교는 이스라엘의 하나님 신앙에도 깊숙이 영향을 미쳤습니다. 이스라엘의 하나님께서는 농사나 제사 영역만이 아니라 삶의 모든 영역을 주관하시는 분이며, 이스라엘과 세계의 역사를 주관하시는 분이지만, 이스라엘은 경제적인 영역에서는 바알을 따르고 그들을 이끄시는 신으로는 하나님을 섬기는 식으로 신앙을 뒤섞어버렸습니다. 그리고 이러한 혼합주의는 이후 두고두고 이스라엘을 흔들었습니다.

초기 사사들의 활약상에는 신선하고 열정적인 신앙의 기풍이 보이지만, 뒤로 갈수록 사사 시대의 한계가 드러나며, 그 단적인 모습이 마지막에 그려진 사사 삼손이라고 할 수 있습니다. 그에 이어 사사기 후반부인 17장부터는 특정한 사사를 언급하지 않고, 사사 시대의 난맥상을 표현합니다. 17-21장은 두 가지 에피소드를 다루는데, 모두 레위인이 그 중심에 있고 단과 베냐민 지파가 연루된 '지파 이기주의'를 보여줍니다.

하나님을 기업으로 삼은 지파인 레위인이 무너지고 흐트러지는 모습은 하나님의 율법이라는 삶의 기준이 무너진 당대 모습을 잘 반영합니다. 올바른 기준이 없는 세상에서는 힘과 세력이 기준이 되고, 그 와중에 힘없는 약자의 삶은 완전히 짓밟힙니다. 이 본문에서 그렇게 짓밟히는 약자는 기업이 없는 레위인이었고, 그보다 더 약한 자는 여성이었습니다.

왕이신 하나님을 보여주는 이야기

사사기는 땅이라는 현실적 여건 앞에서 율법이 무색해져버린 이스라엘의 실상을 적나라하게 드러냅니다. 율법을 따르는 삶이 없는 땅 점유가 얼마나 허황한 것인지를 사사기는 잘 보여줍니다. 사사기 후반부에 반복되는 "그때에 왕이 없었다"라는 말은 근본적으로 진정한 왕이신 주 하나님께 순종하지

.않고 하나님 말씀에 귀 기울이지 않는 세태를 고발하는 표현입니다.

여호수아기에서 사사기, 사무엘기, 열왕기로 이어지는 성경의 이 흐름은 결코 왕정에 호의적이지 않습니다. 그들은 이미 망한 나라를 경험했습니다. 그들의 참된 왕은 여호수아가 가르치고 기드온이 가르쳤듯이, 그리고 사무엘이 일러준 것처럼, 오직 주 하나님뿐입니다. 여호수아의 땅 점유 이야기 이래 여호수아기, 사사기, 사무엘기, 열왕기로 이르는 역사의 중심에는 주 하나님의 통치와 주님에 대한 신앙, 그리고 올바른 땅 소유가 놓여 있습니다.

사사기의 첫머리는 이스라엘 자손이 여호와께 여쭙는 장면으로 시작하지만(1:1), 마지막에는 왕이 없는 이스라엘을 드러내며 끝을 맺습니다(21:25). 그들에게 없는 것은 인간의 왕이 아니라 왕이신 하나님입니다. 결국 이스라엘이 그 땅에서 쫓겨난다는 사실도 이 점을 확인시켜줍니다. 가나안 정복은 민족의 정착이나 승리가 아닌, 하나님의 법도를 따르는 나라의 건설을 상징합니다. 율법을 따르지 않으면 나라도 없습니다.

{ 제1장 }

유다와 시므온 지파가 아도니베섹을 잡다

1 여호수아가 죽은 뒤에, 이스라엘 자손이 주님께 여쭈었다. "우리 가운데 어느 지파가 먼저 올라가서 가나안 사람과 싸워야 합니까?" 2 주님께서 대답하셨다. "유다 지파가 먼저 올라가거라. 내가 그 땅을 유다 지파의 손에 넘겨주었다." 3 그때에 유다 지파 사람들이 자기들의 동기인 시므온 지파 사람들에게 제안하였다. "우리와 함께 우리 몫으로 정해진 땅으로 올라가서, 가나안 사람을 치자. 그러면 우리도 너희 몫으로 정해진 땅으로 함께 싸우러 올라가겠다." 그리하여 시므온 지파가 유다 지파와 함께 진군하였다. 4 유다 지파가 싸우러 올라갔을 때에, 주님께서 가나안 사람과 브리스 사람을 그들의 손에 넘겨주셨으므로, 그들은 베섹에서 만 명이나 무찔렀다. 5 그곳 베섹에서 그들은 아도니베섹을 만나서 그와 싸워, 가나안 사람과 브리스 사람을 무찔렀다. 6 그들은 도망치는 아도니베섹을 뒤쫓아가서 사로잡

사사란 무슨 뜻입니까? 이스라엘 민족 가운데서 어떤 역할을 하는 이들을 가리킵니까? 선비 사(士)에 스승 사(師)를 같이 쓴 '사사'라는 한자어만으로는 도무지 어떤 직책인지 감이 오지 않지만, 이렇게 옮겨진 히브리어는 '재판관'을 뜻합니다. 고대에 재판은 그 사회의 지도자가 수행하는 가장 기본적인 직무였기에, 재판관은 '통치자'나 '지도자'로 이해할 수 있습니다. 광야 시절 모세의 주된 직무는 백성들 사이를 재판하는 일이었고, 그 일이 너무 과중해서 오십부장과 백부장, 천부장 같은 직책을 세웠습니다(출 18:13-26; 신 1:9-18). 이를 생각하면 재판관이라는 의미를 지닌 사사는 모세와 그를 돕던 지도자들의 직무에서 비롯되었다고 볼 수 있습니다. 그러나 사사기에 등장하는 사사의 주된 직무는 이방 나라로부터 괴롭힘을 받는 민족을 건져내는 전쟁 지도자입니다.

아, 그의 엄지손가락과 엄지발가락을 잘라버렸다. 7 그러자 아도니베섹은 "내가 일흔 명이나 되는 왕들의 엄지손가락과 엄지발가락을 잘라내고, 나의 식탁 밑에서 부스러기를 주워서 먹게 하였더니, 하나님이, 내가 한 그대로 나에게 갚으시는구나!" 하고 탄식하였다. 그는 예루살렘으로 끌려가서 거기에서 죽었다.

유다 지파가 예루살렘과 헤브론을 치다

8 ○ 유다 자손이 예루살렘을 치고 점령하여, 그곳 주민을 칼로 죽이고, 그 성을 불태웠다. 9 그다음에 유다 자손은 산간 지방과 네겝 지방과 낮은 지대로 내려가서, 거기에 사는 가나안 사람과 싸웠다. 10 또 유다 자손은 헤브론에 사는 가나안 사람을 쳤다. 헤브론은 전에 기럇아르바라고 불리던 곳이다. 거기에서 그들은 세새와 아히만과 달매를 무찔렀다.

옷니엘이 드빌을 정복하다(수 15:13-19)

11 ○ 거기에서 그들은 드빌 주민을 치러갔다. 드빌은 일찍이

엄지 손발가락을 자르는 벌은(7절) 어떤 의미가 있습니까? 당시엔 흔한 일이었습니까? 가령 제사장이 세워질 때 숫양의 피를 그들의 오른쪽 귓불과 오른쪽 엄지손가락, 오른쪽 엄지발가락에 바르고(레 8:23), 나병 환자가 나았을 경우에는 역시 속건제 제물의 피와 기름을 같은 부위에 바릅니다(레 14:14, 17). 엄지손가락과 엄지발가락에 대한 처리는 몸의 구석구석을 언급함으로써 몸의 전부, 몸 전체를 부각시킨다고 볼 수 있습니다. 전쟁에서 이긴 쪽이 상대의 엄지손가락과 엄지발가락을 자르는 것 역시 상대에 대한 완벽하고도 완전한 승리를 상징하는 행위로 이해할 수 있으며, 이와 같은 관행은 고대에 널리 행해졌습니다.

기럇세벨이라고 불리던 곳이다. 12 그때에 갈렙이, 기럇세벨을 쳐서 점령하는 사람은, 그의 딸 악사와 결혼시키겠다고 말하였다. 13 갈렙의 아우 그나스의 아들인 옷니엘이 그곳을 점령하였으므로, 갈렙은 그를 자기의 딸 악사와 결혼시켰다. 14 결혼을 하고 나서, 악사는 자기의 남편 옷니엘에게 아버지에게서 밭을 얻으라고 재촉하였다. 악사가 나귀에서 내리자 갈렙이 딸에게 물었다. "뭐, 더 필요한 것이 있느냐?" 15 악사가 대답하였다. "제 부탁을 하나 들어주시기 바랍니다. 아버지께서 저에게 이 메마른 땅을 주셨으니, 샘 몇 개만이라도 주시기 바랍니다." 갈렙은 딸에게 윗샘과 아랫샘을 주었다.

유다와 베냐민 지파의 승리

16 ○ 모세의 장인은 겐 자손인데, 그의 자손이 유다 자손과 함께 종려나무 성읍인 여리고로부터 아랏 남쪽에 있는 유다 광야로 옮겨와서, 유다 광야 백성 가운데 자리 잡고 살았다.

11–15절은 여호수아기 15장 15–19절에도 거의 복사판처럼 나옵니다. 사사기의 저자가 베낀 건 아닐까요? 아마도 여호수아기에 있던 내용을 사사기의 저자가 거의 글자 그대로 가져온 것이라 볼 수 있습니다. 사사기 저자가 이렇게 한 의도에 대해 우리는 그저 추측할 수 있을 뿐이지, 정확한 정답이라 여겨서는 안 될 것입니다. 여호수아기 본문과 동일한 11–15절은 사사기 1장의 이 자리에 놓여서 유다 지파의 긍정적인 모습을 부각시킵니다. 똑같이 1장에 등장하는 라헬의 자손인 베냐민과 에브라임, 므낫세 지파나(1:21–29) 북쪽 지파(1:30–33)에 대한 서술에는 부정적인 평가가 놓인 반면, 유다 지파에는 그런 내용을 찾아볼 수 없습니다. 여호수아기와 달리 여기서는 갈렙보다 옷니엘이 부각되는데, 이후 사사로 등장할 옷니엘(3:7–11)을 미리 보여주는 역할입니다. 아울러 악사의 행동 역시 사사기에 등장하는 여인들의 활약상을 미리 보여주는 효과도 있습니다.

17 유다 지파 사람들이 그들의 동기인 시므온 지파 사람들과 함께, 스밧에 사는 가나안 족속에게 쳐들어가서, 그들을 무찌르고, 그곳을 전멸시켰다. 그래서 그 성읍의 이름을 호르마라고 부른다. 18 또 유다 지파 사람들은, 가사와 그 지역 일대와, 아스글론과 그 지역 일대와, 에그론과 그 지역 일대를 점령하였다. 19 주님께서 유다 지파 사람들과 함께 계셨으므로, 그들은 산간지방을 차지할 수 있었다. 그러나 낮은 지대에 살고 있는 거민들은, 철 병거로 방비하고 있었기 때문에 쫓아내지 못하였다. 20 그들은, 모세가 명령한 대로, 헤브론을 갈렙에게 주었다. 갈렙은 거기서 아낙의 세 아들을 쫓아냈다. 그러나 21 베냐민 자손이 예루살렘에 사는 여부스 사람을 쫓아내지 못하였으므로, 여부스 사람이 오늘날까지 예루살렘에서 베냐민 자손과 함께 살고 있다.

16절은 난데없이 모세의 장인과 그 후손 이야기를 합니다. 이 구절은 여기에 왜 끼어들었습니까? 이 역시 주어진 본문에서 미루어 짐작하는 수밖에 없습니다. 사사기 1장에는 '올라가다'는 동사가 여러 번 쓰이는데, 모두 하나님께서 허락하신 땅을 향해 진취적인 자세로 순종해 올라가는 맥락에서 사용됩니다(1:1, 2, 3, 4, 22). 겐 자손의 움직임에 대해서도 이 동사를 사용하는데(16절, 새번역 성경에서는 잘 드러나지 않으나 개역개정 성경에는 "유다 자손과 함께 종려나무 성읍에서 올라가서"로 표현됩니다), 겐 사람 역시 유다 지파와 더불어 진취적으로 나아간 이들로 제시한다고 볼 수 있습니다. 1-20절은 모두 유다 지파의 활약상을 다룹니다. 사사기 저자는 모세의 장인이 속한 겐 사람을 유다 지파에 포함시켜 서술합니다. 이를 통해 유다 지파와 모세가 연결됩니다. 모세가 이스라엘 민족과 그들의 역사에서 차지한 역할을 고려할 때, 이러한 연결은 유다 지파를 더욱 부각시킨다고 할 수 있습니다.

에브라임과 므낫세 지파가 베델을 치다

22 ㅇ 요셉의 집안 역시 베델을 치러 올라갔다. 주님께서 그들과 함께 계셨다. 23 요셉 가문이 베델을 정찰하였는데, 그 성읍 이름이 전에는 루스였다. 24 정찰병들이 그 성읍에서 나오는 한 사람을 붙들고 말하였다. "성읍으로 들어가는 길이 어디인지 알려주십시오. 은혜는 잊지 않겠습니다." 25 그 사람이 정찰병들에게 성읍으로 들어가는 길을 일러주니, 그들은 그리로 가서 그 성읍을 칼로 무찔렀다. 그러나 그 남자와 그의 가족은 모두 살려 보냈다. 26 그 사람이 헷 사람들의 땅으로 가서 한 성읍을 세우고, 그 이름을 루스라 하였는데, 오늘날까지도 그 이름으로 불린다.

쫓아내지 않은 가나안 사람들

27 ㅇ 므낫세 지파가 벳산과 그 주변 마을들과, 다아낙과 그 주변 마을들과, 돌과 그 주변 마을들과, 이블르암과 그 주변

1장만 하더라도 수많은 인물들이 나옵니다. 이들 가운데 누가 첫 번째 사사입니까? 1장에 여러 인물이 나오지만 이름이 언급되는 개인은 갈렙과 옷니엘을 제외하고는 없습니다. 갈렙의 경우 전쟁 상황의 위기를 이끌었다는 내용이 나오지 않고, 옷니엘 역시 드빌을 점령했다는 언급만 있을 뿐 구체적인 내용이 전혀 없습니다. 그러므로 1장에는 아직 사사가 등장하지 않았다고 볼 수 있습니다. 1장의 역할은 이제부터 이어질 사사 시대에 대한 배경을 설명하고 설정하는 것입니다. 여호수아기와는 달리, 사사기에서는 모든 이스라엘이 함께 진격하는 형태가 아니라 1장 첫머리에서 보듯 몇 개 지파가 움직이는 상황이 펼쳐질 것입니다. 2장 역시 사사가 등장하지 않고, 사사 시대 전체에 대한 개괄적인 설명을 제공합니다.

마을들과, 므깃도와 그 주변 마을들에 사는 주민을 몰아내지 못하였으므로, 가나안 사람들은 그 땅에서 살기로 마음을 굳혔다. 28 그런데 이스라엘 백성은 강성해진 다음에도 가나안 사람을 모조리 몰아내지 않고, 그들을 부역꾼으로 삼았다.

29 ○ 에브라임 지파가 게셀에 사는 가나안 사람을 몰아내지 못하였으므로, 가나안 사람이 아직도 게셀에서 그들 가운데 섞여 살고 있다.

30 ○ 스불론 지파가 기드론의 주민과 나할롤의 주민을 몰아내지 못하였으므로, 가나안 사람들이 그들 가운데 살면서 부역꾼이 되었다.

31 ○ 아셀 지파는 악고의 주민과 시돈의 주민과 알랍과 악십과 헬바와 아벡과 르홉의 주민을 몰아내지 못하였다. 32 아셀 지파가 그 땅의 주민인 가나안 사람과 섞여 산 까닭은, 그들을 쫓아내지 못하였기 때문이다.

33 ○ 납달리 지파는 벳세메스 주민과 벳아낫 주민을 몰아내지 못하고, 그 땅의 주민인 가나안 사람과 섞여 살면서, 벳세메스와 벳아낫 주민을 부역꾼으로 삼았다.

34 ○ 아모리 사람은 단 지파 자손을 힘으로 산간지방에 몰아

이방 민족을 쫓아내지 않고 섞여 살았다는 설명을 여러 차례(21, 27, 30, 31, 33절 등) 되풀이해 기록한 이유는 무엇입니까? 1장이 사사기 전체를 위한 배경 설명이라고 앞에서 설명했습니다. 가나안 땅에 정착한 이스라엘 지파마다 완전히 쫓아내지 못한 이방 민족이 있었다는 언급을 여러 차례 반복하는 것은 왜 사사 시대에 계속해서 전쟁이 벌어지는지를 설명한다고 볼 수 있습니다. 모든 적을 섬멸했다면 전쟁이 없겠지만, 그들 가운데 적이 남아 있으니 전쟁이 이어질 것입니다. 처음부터 제대로 쫓아내지 못한 까닭에 이제 그들과의 전쟁이 계속될 텐데, 이 전쟁에서 이스라엘의 각 지파들은 어떻게 대응할 것인가가 사사기가 보여주고자 하는 내용입니다.

넣어, 낮은 지대로 내려오지 못하게 하였다. 35 그리고 아모리 사람은 헤레스산과 아얄론과 사알빔에 살기로 마음을 굳혔으나, 요셉 가문이 강성하여지니, 그들은 요셉 가문의 부역꾼이 되었다.

36 ○ 아모리 사람의 경계선은 아그랍빔 비탈에 있는 바위에서부터 그 위쪽이다.

'부역꾼'으로 삼았다는 말은(28, 30, 33, 35절) 무슨 뜻입니까? 이들은 이스라엘 백성들 가운데 살면서 어떤 일을 했습니까? '부역꾼'이라 옮긴 표현이 말하고자 하는 것은 '강제 노동에 동원되는 이들'입니다. 고대로부터 근대 이전에 이르기까지 전쟁에서 승리한 쪽은 패배한 쪽을 사로잡았을 경우 끌고 가서 온갖 형태의 일을 시켰습니다. 무엇보다 이스라엘은 이집트에서 이렇게 강제 노동에 시달리는 노예였으며, 당시 그들이 해야 했던 일은 비돔과 라암셋을 건축하는 일이었습니다(출 1:11). 솔로몬 시대에도 대대적인 건설 사업을 위해 이와 같은 사람들이 동원되었는데(왕상 9:15-22), 이에 따르면 이스라엘 자손이 다 멸하지 못해 남아 있던 이방 민족의 자손들이 노예로 강제 노동에 동원되었습니다.

{ 제2장 }

보김에 나타난 주님의 천사

1 주님의 천사가 길갈에서 보김으로 올라와서 이렇게 말하였다. "나는 너희를 이집트에서 이끌어내었고, 또 너희 조상에게 맹세한 이 땅으로 너희를 들어오게 하였다. 내가 너희에게 말하기를 '나는 너희와 맺은 언약을 영원히 깨뜨리지 않을 것이니, 2 너희는 이 땅의 주민과 언약을 맺지 말고, 그들의 단을 헐어야 한다' 하였다. 그러나 너희는 나의 말에 순종하지 않았다. 너희가 어찌하여 이런 일을 하였느냐? 3 내가 다시 말하여둔다. 나는 그들을 너희 앞에서 몰아내지 않겠다. 그들은 결국 너희를 찌르는 가시가 되고, 그들의 신들은 너희에게, 우상을 숭배할 수밖에 없도록 옭아매는 올무가 될 것이다." 4 주님의 천사가 온 이스라엘 자손에게 이 말을 하였을 때에, 백성들은 큰 소리로 울었다. 5 그래서 그들이 그 장소의 이름을 보김이라 부르고, 거기에서 주님께 제사를 드렸다.

길갈에는 늘 '주님의 천사'가 머물고 있었나요?(1절) '보김'은 어느 민족의 땅이었습니까? 주님의 천사는 사사기 이전의 책에서도 종종 등장해 하나님의 뜻을 사람에게 알려 용기를 주곤 했습니다(예, 창 16:7-14; 출 3:2). 아울러 사사기에서도 주님의 천사가 등장해 중요한 사람을 세우고, 해야 할 행동과 방향을 알려줍니다(삿 5:23; 6:11-24; 13:3-21). 길갈은 여호수아 시대에 이스라엘이 진을 치고 정복 전쟁을 수행했던 장소로, 하나님께서 그 백성과 함께하셨던 곳이며, 땅을 분배하기 위해 제비를 뽑았던 곳입니다(수 5:2-10; 10:15; 14:1-6). 굳이 사사기 저자가 길갈을 언급한 까닭은 그런 과거 역사를 상기시키기 위해서라고 볼 수 있습니다. 보김이 어디인지 알 수 없지만, '우는 자들'이라는 뜻을 지닌 이름을 통해 장차 이스라엘에게 닥쳐올 어려움을 미리 보여주는 역할을 합니다.

여호수아가 죽다

6 ○ 여호수아가 모인 백성을 흩어 보낸 뒤에, 이스라엘 자손은 각각 자기가 유산으로 받은 땅으로 가서, 그 땅을 차지하였다. 7 온 백성은 여호수아가 살아 있는 동안 주님을 잘 섬겼다. 그들은 여호수아가 죽은 뒤에도, 주님께서 이스라엘에게 베푸신 큰 일을 모두 눈으로 직접 본 장로들이 살아 있는 동안에는 주님을 잘 섬겼다. 8 주님의 종인 눈의 아들 여호수아는 백열 살에 죽었다. 9 그리하여 그들은, 그가 유산으로 받은 땅의 경계선 안에 브라임 산간지방인 가아스산 북쪽 딤낫헤레스에 그를 묻었다. 10 그리고 그 세대 사람들도 모두 죽어 조상들에게로 돌아갔다. 그들이 죽은 뒤에 새로운 세대가 일어났는데, 그들은 주님을 알지 못하고, 주님께서 이스라엘을 돌보신 일도 알지 못하였다.

이스라엘이 주님을 배반하다

11 ○ 이스라엘 자손이 바알 신들을 섬기어, 주님께서 보시기

단 한 세대 만에 하나님에 대해, 또 하나님이 이스라엘을 돌본 일도 알지 못하는 시대가 됐다(10절)는 말을 납득하기 어렵습니다. 여기서 세대의 변화는 여호수아 시대의 지나감을 가리킵니다. 하나님의 도우심으로 행했던 그 놀라운 일들은 그들의 시대가 지나자 곧바로 잊혀지기 시작합니다. 사실 한 세대는커녕, 어려울 때 그토록 간절하게 도움을 구했던 사람이 조금 형편이 괜찮아지자 곧바로 이전 날의 힘겨웠던 시간을 잊어버리고 마치 자신의 힘과 재능으로 모든 일을 해내기라도 한 것처럼 오만하게 구는 모습은 우리 주변에서, 그리고 무엇보다도 우리 자신의 삶에서 매우 익숙한 그림이지 않습니까? 그런 점에서 하나님을 신뢰한다는 것은 과거를 잊지 않고 기억하는 태도와도 연관됩니다.

에 악한 행동을 일삼았으며, 12 이집트 땅에서 그들을 이끌어내신 주 조상의 하나님을 저버리고, 주위의 백성들이 섬기는 다른 신들을 따르며 경배하여, 주님을 진노하시게 하였다. 13 그들은 이렇게 주님을 저버리고 바알과 아스다롯을 섬겼다. 14 그러므로 주님께서 이스라엘 백성에게 크게 분노하셔서, 그들을 약탈자의 손에 넘겨주셨으므로, 약탈자들이 그들을 약탈하였다. 또 주님께서는 그들을 주위의 원수들에게 팔아넘기셨으므로, 그들이 다시는 원수들을 당해낼 수 없었다. 15 그들이 싸우러 나갈 때마다, 주님께서 그들에게 말씀하시고 맹세하신 대로, 주님께서 손으로 그들을 쳐서 재앙을 내리셨으므로, 그들은 무척 괴로웠다.

16 ○ 그 뒤에 주님께서는 사사들을 일으키셔서, 그들을 약탈자의 손에서 구하여주셨다. 17 그러나 그들은 사사들의 말도 듣지 않고, 오히려 음란하게 다른 신들을 섬기며 경배하였다. 그들은 자기 조상이 주님의 명령에 순종하며 걸어온 길에서 빠르게 떠나갔다. 그들은 조상처럼 살지 않았다. 18 그러나 주님께서는 그들을 돌보시려고 사사를 세우실 때마다 그 사사와

바알과 아스다롯(13절)은 어떤 신입니까? 바알은 고대 가나안 지역에서 널리 숭배되던 폭풍의 신입니다. 가나안 땅은 하늘에서 내리는 비를 제외하고는 메마른 땅인지라, 폭풍과 바람을 통해 비를 부르는 바알은 풍요의 신으로 여겨졌습니다. 아스다롯은 이슈타르 혹은 아스타르테라고도 불리는 여신으로, 역시 풍요의 신입니다. 구약성경의 신앙과는 달리 고대 세계는 대개 주신과 결합하는 여신을 함께 숭배하는 풍습이 있었고, 바알과 아스다롯 역시 그렇게 결합됩니다. 남신과 여신의 결합으로 땅에 풍요가 임한다는 점에서 이와 같은 숭배에는 종종 성적인 요소가 수반됩니다. 시절을 따라 내리는 비와 연관되고 이는 필연적으로 풍요와 연관되어 있어서, 바알과 아스다롯은 고대 이스라엘에게 가장 큰 유혹이 되었습니다.

함께 계셔서, 그 사사가 살아 있는 동안에는 그들을 원수들의 손에서 구하여주셨다. 주님께서, 원수들에게 억눌려 괴로움을 당하는 그들의 신음소리를 들으시고, 그들을 불쌍히 여기셨기 때문이다. 19 그러나 사사가 죽으면 백성은 다시 돌아서서, 그들의 조상보다 더 타락하여, 다른 신들을 따르고 섬기며, 그들에게 경배하였다. 그들은 악한 행위와 완악한 행실을 버리지 않았다. 20 그러므로 주님께서 이스라엘 백성에게 크게 노하셔서, 이렇게 말씀하셨다. "이 백성이, 내가 그들의 조상과 세운 언약을 어기고, 나에게 순종하지 않았다. 21 그러므로 나도, 여호수아가 죽은 뒤에도 남아 있는 민족들 가운데 어느 하나라도 더 이상 몰아내지 않겠다. 22 이렇게 하여서, 이스라엘 백성이 나 주가 가르쳐준 길을 그들의 조상처럼 충실하게 걸어가는지 가지 않는지를 시험하여보겠다." 23 그래서 주님께서는 다른 민족들을 얼른 몰아내지 않고, 그 땅에 남아 있게 하셨으며, 여호수아에게도 그들을 넘겨주지 않으셨던 것이다.

하나님의 용서에도 불구하고 끊임없이 배신을 일삼는 백성들을 하나님은 왜 단번에 내버리지 않고 이렇게 끝까지 붙들고 늘어지는 거죠? 11-23절은 사사 시대의 양상을 단적으로 보여줍니다. 하나님께서는 악을 행하는 백성을 벌하시지만, 고통에 빠져 부르짖는 이들의 기도를 들으시고는 사사를 보내 그들을 구원하십니다. 그러나 평화가 찾아오면 곧바로 그들은 하나님을 버리고 다시 바알을 쫓아가 죄를 짓는, 같은 과정을 반복합니다. 이것을 어찌 그들만의 모습이라고 할 수 있을까요? 오늘 우리 역시 어리석은 죄를 반복하는 이스라엘과 다르지 않습니다. 이스라엘의 줄기찬 거역, 하나님의 끈질긴 건지심과 회복, 이 내용을 통해 사사기는 이제라도 하나님께 돌이키기를 촉구합니다. 우리의 과거를 돌아보고 오늘의 우리를 반성하며 돌아서기를 촉구합니다.

{ 제3장 }

그 땅에 남아 있는 민족들

1 가나안 전쟁을 전혀 겪어본 일이 없는 모든 이스라엘 백성을 시험하시려고, 주님께서 그 땅에 남겨두신 민족들이 있다. 2 전에 전쟁을 겪어본 일이 없는 이스라엘 자손의 세대들에게, 전쟁이 무엇인지 가르쳐 알게 하여주려고 그들을 남겨두신 것이다. 3 그들은 바로 블레셋의 다섯 통치자와 가나안 사람 모두와 시돈 사람과 히위 사람이다. 히위 사람은 바알헤르몬산으로부터 저 멀리 하맛 어귀에까지 이르는 레바논산에 사는 사람들이다. 4 주님께서 이스라엘 자손을 시험하셔서, 그들이 과연 주님께서 모세를 시켜 조상들에게 내리신 명령에 순종하는지 순종하지 않는지를 알아보시려고 이런 민족들을 남겨놓으신 것이다. 5 그래서 이스라엘 자손은 가나안 사람과 헷 사람과 아모리 사람과 브리스 사람과 히위 사람과 여부스 사람과 함께 섞여 살

1절을 보면 헷갈립니다. 이방 민족을 남겨둔 건 이스라엘 백성의 잘못입니까, 아니면 하나님의 큰 그림입니까? 이스라엘은 하나님의 명령대로 이방 민족을 모두 쫓아내야 했지만, 그렇게 하지 못했습니다. 물론 전지전능하신 하나님께서는 이스라엘을 움직여 이방 민족을 다 몰아내실 수 있지만, 2장 21~23절과 3장 1~4절은 하나님께서 그들을 그냥 두셨다고 전합니다. 그 까닭은 이제 이스라엘이 이방 민족과 함께 살아가는 현실 속에서 하나님께 순종하는가, 그렇지 않은가를 시험하기 위해서입니다. 문제가 상존하는 상황에서 하나님을 신뢰하며 믿음으로 행하는지를 보시는 것입니다. 이를 통해 하나님께서는 이스라엘이 언제라도 하나님을 믿고 순종하는 쪽을 선택하기를 원하셨습니다. 이스라엘의 불순종 때문에 벌어진 상황을 순종의 기회로 삼으셨다고 할 수 있습니다.

았다. 6 그리고 이스라엘 자손은 그 여러 민족의 딸을 데려다가 자기들의 아내로 삼았고, 또 자기들의 딸을 그들의 아들에게 주었으며, 그들의 신들을 섬겼다.

사사 옷니엘

7 ㅇ 이스라엘 자손이 주 하나님을 저버리고 바알과 아세라를 섬겨, 주님께서 보시기에 악한 일을 저질렀다. 8 주님께서 이스라엘 백성에게 크게 분노하시고, 그들을 메소포타미아 왕 구산 리사다임의 손에 넘겨주셨다. 이스라엘 자손이 구산리사다임을 여덟 해 동안 섬겼다. 9 이스라엘 자손이 주님께 울부짖으니, 주님께서 그들을 구하여주시려고 이스라엘 자손 가운데서 한 구원자를 세우셨는데, 그가 곧 갈렙의 아우 그나스의 아들인 옷니엘이다. 10 주님의 영이 그에게 내리니, 옷니엘은 이스라엘의 사사가 되어 전쟁터에 싸우러 나갔다. 주님께서 메소포타미아 왕구산리사다임을 옷니엘의 손에 넘겨주셨으므로, 옷니엘은 구산리사다임을 쳐서 이길 수 있었다. 11 그 땅은 그나스의 아들 옷니엘이 죽을 때까지 사십 년 동안 전쟁이 없이 평온하였다.

7절은 여호수아가 죽고 얼마나 오랜 세월이 지난 뒤의 상황입니까? 옷니엘은 여호수아가 아직 죽기 전에 활동하던 인물 아닌가요? 여호수아나 사사기의 진술에 근거해 정확한 연대를 설정하는 것은 거의 불가능합니다. 본문은 엄밀하게 연대를 제시하기보다 과거 역사를 되돌아보면서 하나님의 은혜에도 불구하고 끊임없이 하나님을 잊고 거역한 역사를 비판적으로 검토하고 있기 때문입니다. 사사기의 내용만 보면 마치 여호수아가 세상을 떠나자마자 곧바로 이스라엘이 하나님을 잊고 바알을 섬긴 것으로 표현됩니다. 이를 통해 사사기의 저자는 이스라엘의 불순종이 얼마나 큰지, 하나님께서 베푸신 은혜와 명령을 이들이 얼마나 빨리 잊었는지 고발합니다.

사사 에훗

12 ○ 이스라엘 자손이 다시 주님께서 보시기에 악한 일을 저질렀다. 그들이 이렇게 주님께서 보시기에 악한 일을 저질렀기 때문에, 주님께서는 모압 왕 에글론을 강적이 되게 하여서 이스라엘을 대적하게 하셨다. 13 에글론은 암몬 자손과 아말렉 자손을 모아 이스라엘을 공격하고, 종려나무 성읍인 여리고를 점령하였다. 14 그래서 이스라엘 자손이 열여덟 해 동안이나 모압 왕 에글론을 섬겼다.

15 ○ 이스라엘 자손이 주님께 울부짖으니, 주님께서 그들에게 한 구원자를 세우셨는데, 그가 곧 베냐민 지파 게라의 아들인 왼손잡이 에훗이다. 이스라엘 자손은 에훗을 시켜, 모압 왕 에글론에게 조공을 보냈다. 16 그러자 에훗은 길이가 한 자쯤 되는 양쪽에 날이 선 칼을 만들어서 오른쪽 허벅지 옷 속에 차고, 17 모압 왕 에글론에게 가서 조공을 바쳤다. 에글론은 살이 많이 찐 사람이었다. 18 에훗은 조공을 바친 뒤에, 그 조공을 메고 온 사람들을 돌려보냈다. 19 그러나 에훗 자신은 길갈 근처 돌 우상들이 있는 곳에서 되돌아와, 에글론에게 "임금님, 제가

에글론은 여리고 성을 점령했습니다(13절). 그렇다면 성을 다시 세우는 이들에게 예고했던 여호수아의 무서운 저주(수 6:26)는 말뿐이었군요? 새번역 성경에는 여리고 성읍이라고 표기되었지만, 히브리어로는 '종려나무 성읍'이라고만 나옵니다. 여리고 인근이라 볼 수 있지만(예, 신 34:3; 삿 1:16; 대하 28:15), 다른 장소라고 볼 수도 있습니다. 그리고 여호수아의 저주는 여리고를 다시 건축하고 재건하려는 시도에 대한 저주인 반면, 여기에 있는 '종려나무 성읍'은 꼭 그 지역에 성이 재건되었다는 의미라기보다는 그 지역을 부르는 이름이었을 수 있습니다. 성경에는 실제로 훗날 여리고 성을 재건하려던 이가 여호수아의 저주대로 죽었다는 언급도 있습니다(왕상 16:34).

은밀히 드릴 말씀이 있습니다" 하고 아뢰었다. 왕이, 모시고 섰던 부하들에게 물러가라고 명령하자, 그들은 모두 물러갔다.

20 ○ 에훗이 왕에게 다가섰을 때에, 마침 왕은 시원한 그의 집 다락방에 홀로 앉아 있었다. 에훗이 "임금님께 전하여드릴 하나님의 말씀이 있습니다" 하니, 왕은 자리에서 일어섰다. 21 그때에 에훗은 왼손으로 오른쪽 허벅지에서 칼을 뽑아 왕의 배를 찔렀다. 22 칼자루까지도 칼날을 따라 들어가서 칼끝이 등 뒤로 나왔다. 에훗이 그 칼을 빼내지 않았으므로, 기름기가 칼에 엉겨 붙었다. 23 에훗은 현관으로 나가, 뒤에서 다락방 문을 닫고 걸어 잠갔다. 24 에훗이 나간 뒤에, 그의 부하들이 와서 다락방 문이 잠겨 있는 것을 보고, 왕이 그 시원한 다락방에서 용변을 보고 있다고 생각하였다. 25 그러나 오랫동안 기다려도 왕이 끝내 다락방 문을 열지 않으므로, 열쇠를 가져다가 문을 열고 보니, 왕이 죽은 채로 바닥에 쓰러져 있었다.

26 ○ 그들이 기다리는 동안에 에훗은 몸을 피하여, 돌 우상들이 있는 곳을 지나서 스이라로 도망쳤다. 27 그가 그곳에 이르러 에브라임 산간지방에서 소집 나팔을 불자, 이스라엘 자손이 그를 따라 산간지방에서 쳐내려갔다. 에훗이 그들을 앞장섰다.

에훗이 멀찌감치 달아날 때까지, 에글론 왕의 신하들이 다락방 문을 열어보지 않은 이유는 무엇입니까? 생리적인 용무라고 착각하기엔 너무 긴 시간 아닌가요? 에훗 이야기에는 많은 풍자와 아이러니가 포함되어 있습니다. 베냐민이라는 말은 '오른손의 아들'이라는 뜻인데, 에훗은 베냐민 지파에 속한 왼손잡이였습니다. 그가 맞서는 모압 왕 에글론은 이스라엘을 18년이나 지배한 강한 왕이며 '살이 많이 찐 사람'이었습니다. 살이 원체 많아서 그가 에훗의 칼에 찔렸을 때 기름이 엉길 정도였습니다. 그렇게 에글론이 칼에 찔리면서 내장이 그 칼에 엉겨 흘렀을 것인데, 아마도 그 냄새 때문에 에글론의 신하들은 왕이 화장실에서 큰 볼일을 본다고 여겼을 것입니다.

28 "나를 따라라! 주님께서 너희 원수 모압을 너희 손에 넘겨 주셨다." 그가 이렇게 외치자, 그들이 에훗을 따라 내려가 모압으로 가는 요단강 나루를 점령하고 한 사람도 건너가지 못하게 하였다. 29 그때에 그들이 쳐 죽인 건장하고 용맹스러운 모압 군인의 수는 모두 만 명이나 되었는데, 한 사람도 도망치지 못하였다. 30 그날 모압은 굴복하여 이스라엘의 통치를 받게 되었고, 그 뒤로 그 땅에는 팔십 년 동안 전쟁이 없이 평온하였다.

사사 삼갈

31 ○ 에훗 다음에는 아낫의 아들 삼갈이 사사가 되었다. 그는 소를 모는 막대기만으로 블레셋 사람 육백 명을 쳐 죽여 이스라엘을 구하였다.

삼갈이 '소를 모는 막대기만으로 … 육백 명을 쳐 죽이다니'(31절), 이런 허풍은 성경의 사실성을 도리어 훼손하지 않을까요? 성경은 과거 사실을 정확하게 전달하는 데 초점을 두지 않습니다. 그렇다고 없는 사실을 지어내 전하는 책도 아니지만, 일어난 사실의 어떤 특징을 강하게 부각시켜서 사태나 상황의 본질을 전하는 책입니다. 우리는 삼갈의 능력에 대해서는 아무것도 모릅니다. 소를 모는 평범한 막대기가 어떤 이들에게는 강력한 무기가 될 수도 있습니다. 가령, 사사 삼손은 당나귀의 턱뼈로 블레셋 사람을 천 명이나 죽였습니다(15:15). 삼갈의 막대기와 삼손이 들었던 당나귀 턱뼈는 아무리 작은 것이라도 크게 쓰일 수 있음을 보여줍니다. 하나님의 손에 들린다면, 우리가 아무리 부족해도 크고 놀라운 일을 경험할 수 있습니다.

{ 제4장 }

사사 드보라

1 에훗이 죽은 뒤에, 이스라엘 자손은 다시 주님께서 보시는 앞에서 악한 일을 저질렀다. 2 그래서 주님께서는 하솔을 다스리는 가나안 왕 야빈의 손에 그들을 내주셨다. 그의 군 지휘관은 이방인의 땅 하로셋에 사는 시스라였다. 3 야빈은 철 병거 구백 대를 가지고 있었으며, 이십 년 동안 이스라엘 자손을 심하게 억압하였다. 그래서 이스라엘 자손은 주님께 울부짖었다.

4 ○ 그때에 이스라엘의 사사는 랍비돗의 아내인 예언자 드보라였다. 5 그가 에브라임 산간지방인 라마와 베델 사이에 있는 '드보라의 종려나무' 아래에 앉아 있으면, 이스라엘 자손은 그에게 나아와 재판을 받곤 하였다. 6 하루는 드보라가 사람을 보내어, 납달리의 게데스에서 아비노암의 아들 바락을 불러다가, 그에게 말하였다. "주 이스라엘의 하나님이 분명히 이렇게 명하셨습니다. '너는 납달리 지파와 스불론 지파에서 만 명을

드보라는 여성이었군요(4절). 남성 중심의 문화에서 어떻게 여성이 종교적으로 큰 권위를 갖는 사사가 되어 백성을 재판할 수 있었습니까? 드보라는 유일한 여성 사사였고 동시에 예언자이기도 했습니다. 이러한 예가 그리 많지는 않지만, 드보라의 존재는 고대 이스라엘이 오직 남성 위주의 세상만은 아니었음을 명확히 보여줍니다. 백성을 재판하는 일은 모세가 수행했던 일이고 훗날 왕이 수행하는 가장 기본적인 직무라는 점에서 드보라는 고대 세계를 배경으로 한 구약성경에서도 매우 눈에 띄는 인물입니다. 가부장제와 남성 위주 문화가 기본이었던 고대에 드보라 같은 이가 세워졌음을 생각하면, 오늘날과 같은 남녀동등 시대에 사회와 교회는 더욱 여성 지도력을 존중하며 세워야 할 것입니다.

이끌고 다볼산으로 가거라. 7 야빈의 군 지휘관 시스라와 그의 철 병거와 그의 많은 군대를 기손강 가로 끌어들여 너의 손에 넘겨주겠다.'" 8 바락이 드보라에게 대답하였다. "그대가 나와 함께 가면 나도 가겠지만, 그대가 나와 함께 가지 않으면 나도 가지 않겠소." 9 그러자 드보라는 "내가 반드시 장군님과 함께 가겠습니다. 그러나 주님께서 시스라를 한 여자의 손에 내주실 것이니, 장군께서는 이번에 가는 길에서는 영광을 얻지 못할 것입니다" 하고 일어나, 바락과 함께 게데스로 갔다. 10 바락이 스불론과 납달리 지파를 게데스로 불러 모았다. 바락이 만 명의 군사를 이끌고 쳐올라갔고, 드보라도 그와 함께 떠났다.

11 ㅇ 그런데 모세의 장인 호밥의 자손 가운데 헤벨이라고 하는 겐 사람이 동족을 떠나, 게데스 부근에 있는 사아난님 상수리 나무 곁에 장막을 치고 살았다.

12 ㅇ 시스라는 아비노암의 아들 바락이 다볼산으로 올라갔다는 소식을 전하여 듣고, 13 그의 전 병력 곧 구백 대의 철 병거와 그가 거느린 온 군대를 이방인의 땅 하로셋에서 기손강 가로 불러 모았다. 14 드보라가 바락에게 말하였다. "자, 가십시

바락이 드보라에게 완강한 어조로 동행을 요구한(8절) 까닭은 무엇입니까? 전투는 건장한 남자들의 몫이잖아요. 전쟁을 이끄는 지도자에게 필요한 것은 하나님의 함께하심이며, 하나님께서는 이스라엘의 지도자들에게 언제나 함께하겠다 약속해주셨습니다(예, 수 1:5, 9). 본문에서 바락은 마치 하나님의 함께하심을 간절히 구하듯이 드보라가 동행해주기를 간절히 구합니다. 선지자 드보라가 함께한다는 것만으로도 바락은 하나님의 함께하심이라고 여겼던 것 같습니다. 그야말로 이스라엘의 운명이 한 여성의 손에 달려 있습니다. 아울러 결국 적장인 시스라를 죽이는 일 역시 야엘이라는 여성의 손으로 이루어집니다. 그래서 이 본문은 진정한 능력은 하나님의 행하심임을 명확히 보여줍니다. 하나님께서 행하시면 여자든 남자든 승리합니다.

오. 오늘이 바로 주님께서 시스라를 장군님의 손에 넘겨주신 날입니다. 주님께서 친히 그대 앞에 서서 싸우러 나가실 것입니다." 그래서 바락은 만 명의 병력을 이끌고, 다볼산에서 쳐내려 갔다. 15 주님께서 시스라와 그가 거느린 모든 철 병거와 온 군대를 바락 앞에서 칼날에 패하게 하시니, 시스라가 병거에서 내려서 뛰어 도망쳤다. 16 바락은 그 병거들과 군대를 이방인의 땅 하로셋에까지 뒤쫓았다. 시스라의 온 군대는 칼날에 쓰러져, 한 사람도 남지 않았다.

17 ○ 그러나 시스라는 뛰어서, 겐 사람 헤벨의 아내 야엘의 장막으로 도망쳤다. 하솔 왕 야빈과 겐 사람 헤벨의 가문과는 서로 가깝게 지내는 사이였기 때문이다. 18 야엘이 나아가 시스라를 맞으며 "들어오십시오. 높으신 어른! 안으로 들어오십시오. 두려워하실 것 없습니다" 하고 말하였다. 시스라가 그의 장막으로 들어오자, 야엘이 그를 이불로 덮어주었다. 19 "내가 목이 마르니, 물 좀 마시게 하여주시오" 하고 시스라가 간절히 청하자, 야엘이 우유가 든 가죽부대를 열어 마시게 하고는 다시 그를 덮어주었다. 20 시스라가 그에게 "장막 어귀에 서 있다가, 만약 누가 와서 여기에 낯선 사람이 있느냐고 묻거든, 없다고

시스라는 어째서 남자인 헤벨의 장막이 아닌, 그의 아내 야엘의 장막으로(17절) 도망쳤습니까? 이 본문에는 수수께끼 같은 표현이 참 많습니다. 모세의 장인 겐 사람에 대한 언급은 1장 16절에 있었고 거기에서 겐 사람은 유다 자손과 함께 올라가는 이들로 나오는데, 4장에서는 가나안의 왕 야빈의 세력에 동조한 사람으로 등장합니다. 이를 두고 11절에서는 헤벨이 "동족을 떠났다"고 언급합니다. 모세와 연관된 겐 사람이지만, 그 가운데 헤벨은 동족을 떠나 가나안 왕과 결탁했습니다. 시스라가 도망쳐 왔을 때 헤벨은 집에 없었고, 그의 아내 야엘이 집을 지키고 있었을 겁니다. 그로 인해 야엘의 장막이라 불렸을 것이며, 이 이름은 야엘을 부각시킵니다.

대답하여주시오" 하고 부탁하였다.

21 ○ 시스라는 지쳐서 깊이 잠이 들었다. 헤벨의 아내 야엘은 장막 말뚝을 가져와서, 망치를 손에 들고 가만히 그에게 다가가서, 말뚝을 그의 관자놀이에 박았다. 그 말뚝이 관자놀이를 꿰뚫고 땅에 박히니 그가 죽었다. 22 바로 그때에 바락이 시스라를 뒤쫓고 있었다. 야엘이 나가서 그를 맞으며, 그에게 말하였다. "어서 들어가십시오. 장군께서 찾고 계신 사람을 내가 보여 드리겠습니다." 바락이 그의 장막으로 들어가 보니, 시스라가 죽어 쓰러져 있고, 그의 관자놀이에는 말뚝이 박혀 있었다.

23 ○ 이렇게 하나님이 그날에 이스라엘 자손 앞에서 가나안 왕 야빈을 굴복시키셨다. 24 이스라엘 자손은 점점 더 강력하게 가나안 왕 야빈을 억압하였고, 마침내 가나안 왕 야빈을 멸망시켰다.

하솔 왕 야빈과 가까이 지내는 가문의 안주인인 야엘(17절)이 이스라엘 편에 서서 야빈의 군 지휘관 시스라를 살해한 이유가 궁금합니다. 성경에서는 헤벨과 야엘에 대해 더 이상 이야기하지 않기 때문에, 본문이 말하지 않는 내용은 오로지 상상하는 수밖에 없습니다. 비록 남편 헤벨이 가나안 세력과 결탁했지만 아내 야엘은 달리 생각했음이 분명했고, 그녀는 자신이 옳다 생각하는 바를 행동으로 보여줬습니다. 이 모습은 모두가 이스라엘에 맞섰던 여리고 성에서 오직 기생 라합만이 이스라엘의 하나님을 따랐던 장면을 떠올리게 합니다. 그래서 헤벨로 대표되는 남성의 오판과 야엘로 대표되는 여성의 지혜로운 판단이 대조됩니다. 아울러 홀로 가기를 주저하는 바락의 모습 역시 홀로 시스라를 상대해야 하는 상황에서도 과감하게 행동한 야엘의 모습과 현저하게 대조됩니다.

{ 제5장 }

드보라와 바락의 노래

1 그날 드보라와 아비노암의 아들 바락이 이런 노래를 불렀다. 2 이스라엘의 영도자들은 앞장서서 이끌고, 백성은 기꺼이 헌신하니, 주님을 찬양하여라. 3 너희 왕들아, 들어라. 너희 통치자들아, 귀를 기울여라. 나 곧 내가 주님을 노래하련다. 주 이스라엘의 하나님을 찬양하련다. 4 주님, 주님께서 세일에서 나오실 때에, 주님께서 에돔 땅에서 출동하실 때에, 땅은 흔들리고, 하늘은 물을 쏟아내고, 구름은 비를 쏟았습니다. 5 산들이 주님 앞에서 진동하였고, 저 시내산마저, 주 이스라엘의 하나님 앞에서 진동하였습니다. 6 아낫의 아들 삼갈 때에도, 야엘 때에도, 큰길에는 발길이 끊어지고, 길손들은 뒷길로 다녔다. 7 나 드보라가 일어나기까지, 이스라엘의 어머니인 내가 일어나기까지, 이스라엘에서는 용사가 끊어졌다. 8 그들이 새 신들을 택하였을 때에, 성문에 전쟁이 들이닥쳤는데, 사만 명이

'주님께서 세일에서 나오실 때'(4절)는 역사상 어느 특별한 시점을 가리킵니까? 세일산은 에돔에 있는 산을 가리킵니다. 이 구절에서 세일과 에돔 땅은 같은 곳을 가리키는 다른 단어로 대응되었습니다. 에돔에 있는 또 다른 지명인 바란이나 데만을 언급하면서 주 하나님께서 강림하신다는 표현도 성경에 몇 번 나옵니다(신 33:2; 삿 5:4; 합 3:3). 아울러 에돔에서부터 임하시는 하나님과 시내산으로 임하시는 하나님이 대응되기도 합니다(신 33:2; 삿 5:4-5). 에돔 지역은 이스라엘의 남서쪽에 있으므로, 에돔으로부터 오시는 하나님은 '남쪽에서부터 임하시는 하나님'을 가리킨다고 볼 수 있습니다. 바알의 거처가 북쪽 산으로 알려져 있다는 점과 비교할 때, 이와 같은 본문은 바알과는 달리 남쪽에서 오시는 주 하나님을 증언합니다.

스라엘 군인 가운데 방패와 창을 가진 사람이 보였던가? 9 나의 마음이 이스라엘의 지휘관들에게 쏠렸다. 그들은 백성 가운데서 자원하여 나선 용사들이다. 너희는 주님을 찬양하여라. 10 흰 나귀를 타고 다니는 사람들아, 양탄자를 깔고 사는 사람들아, 길을 걸어가는 행인들아, 사람들에게 전하여라. 11 물 긷는 이들 사이에서 들리는 소리, 활 쏘는 사람들의 요란한 저 소리, 거기서도 주님의 의로운 업적을 들어 말하여라. 이스라엘 용사들의 의로운 업적을 들어 말하여라. 그때에 주님의 백성이 성읍으로 들어가려고 성문께로 내려갔다. 12 일어나라, 일어나라, 드보라야. 일어나라, 일어나서 노래를 불러라. 일어나라, 바락아. 포로들을 끌고 가거라, 아비노암의 아들아. 13 그때에 살아남은 이들이 백성의 지도자들과 더불어 내려왔고, 주님께서 나를 도우시려고 용사들 가운데 내려오셨다. 14 에브라임에게서는 아말렉에 뿌리를 내린 사람들이 내려오고, 베냐민의 뒤를 이어서는 너의 백성이 내려오고, 마길에서는 지휘관들이 내려오고 스불론에서는 지휘봉 잡은 이들이 내려왔다. 15 잇사갈의 지도자들이 드보라와 합세하고, 잇사갈과 바락도 이에 합세하여, 그의 뒤를 따라 골짜기로 달려갔다. 그러나 르우벤 지

'흰 나귀를 타고 다니는 사람들'과 '양탄자를 깔고 사는 사람들'(10절)은 어떤 계층을 이르는 말입니까? 흰 나귀를 타는 자들과 양탄자 위에 앉은 자들은 모두 당시 이스라엘의 상류층을 가리키는 표현으로 볼 수 있습니다. 그다음에 언급되는 '길을 걸어가는 행인'은 앞의 두 집단과 대조되며, 가난한 사람들이라 이해할 수 있습니다. 사람들이 대로로 다니기 어려울 만큼(6절) 드보라가 크게 들고일어났고, 드보라를 통해 하나님께서 이스라엘을 회복하셨습니다. 이제 드보라는 모든 사람을 불러내 주님께서 베푸신 의로운 업적을 크게 노래하라 요청합니다. 움츠러들거나 위축되지 말고, 누구든 거리로 나와 마음을 크게 열고 하나님을 찬양하라 초대합니다.

파 가운데서는 마음에 큰 반성이 있었다. 16 어찌하여 네가 양의 우리에 앉아, 양 떼를 부르는 피리 소리나 듣고 있는가? 르우벤 지파에서는 마음에 큰 반성을 하였다. 17 어찌하여 길르앗은 요단강 건너에 자리 잡고 있고, 어찌하여 단은 배 안에 머물러 있는가? 어찌하여 아셀은 바닷가에 앉아 있는가? 또 그 부둣가에서 편히 쉬고 있는가? 18 스불론은 죽음을 무릅쓰고 생명을 아끼지 않고 싸운 백성이요, 납달리도 들판 언덕 위에서 그렇게 싸운 백성이다. 19 여러 왕들이 와서 싸움을 돋우었다. 가나안 왕들이 므깃도의 물가 다아낙에서 싸움을 돋우었으나, 그들은 탈취물이나 은을 가져가지 못하였다. 20 별들이 하늘에서 시스라와 싸웠고, 그 다니는 길에서 그와 싸웠다. 21 기손강 물이 그들을 휩쓸어갔고, 옛 강 기손의 물결이 그들을 휩쓸어갔다. 나의 영혼아! 너는 힘차게 진군하여라. 22 그때에 말발굽 소리가 요란하였다. 군마가 달리는 소리, 그 달리는 말발굽 소리가 요란하였다. 23 "메로스를 저주하여라." 주님의 천사가 말하였다. "그 안에 사는 주민들을 저주하고 저주하여라! 그들은 주님을 도우러 나오지 않았다. 주님을 돕지 않았다. 적의

15절은 "르우벤 지파 가운데서는 마음에 큰 반성이 있었다"고 노래합니다. 이들은 무얼 반성했습니까? 여기에서 '반성'이라고 번역된 단어는 '결심'이라고 옮기는 것이 좀 더 적절해 보입니다. 이어지는 16절은 르우벤 지파를 향해 "어찌하여 태평하게 양 떼를 부르는 피리 소리나 듣고 있는가"라며 책망하는 내용입니다. 그러므로 15절 후반부터 17절은 드보라가 이끈 전쟁에 참여하지 않은 지파를 비난하는 것이라 볼 수 있습니다. 르우벤 지파는 이 전쟁에 참여하지 않겠다고 '결심'했고, 이에 대해 드보라가 승리의 노래를 부르면서 르우벤 지파가 자신들의 안전만을 도모한 이들이라 규탄하는 것으로 15~16절을 이해할 수 있습니다. 자신들의 안전을 위해 전체를 돌아보지 않는 모습은 예나 지금이나 곳곳에서 발견됩니다.

용사들과 싸우러 나오지 않았다." 24 겐 사람 헤벨의 아내 야엘은 어느 여인보다 더 복을 받을 것이다. 장막에 사는 어떤 여인보다도 더 복을 받을 것이다. 25 시스라가 물을 달라고 할 때에 야엘은 우유 곧 엉긴 우유를 귀한 그릇에 담아주었다. 26 왼손에는 장막 말뚝을 쥐고, 오른손에는 대장장이의 망치를 쥐고, 시스라를 쳐서 머리를 깨부수고, 관자놀이를 꿰뚫어버렸다. 27 시스라는 그의 발 앞에 고꾸라져서 쓰러진 채 누웠다. 그의 발 앞에 고꾸라지며 쓰러졌다. 고꾸라진 바로 그 자리에서 쓰러져서 죽고 말았다. 28 시스라의 어머니가 창문으로 내다보며, 창살 틈으로 내다보며 울부짖었다. "그의 병거가 왜 이렇게 더디 오는가? 그의 병거가 왜 이처럼 늦게 오는가?" 29 그의 시녀들 가운데서 가장 지혜로운 시녀들이 대답하였겠고, 시스라의 어머니도 그 말을 따라 이렇게 혼잣말로 말하였을 것이다. 30 "그들이 어찌 약탈물을 얻지 못하였으랴? 그것을 나누지 못하였으랴? 용사마다 한두 처녀를 차지하였을 것이다. 시스라가 약탈한 것은 채색한 옷감, 곧 수놓아 채색한 옷감이거

장막 말뚝과 대장장이의 망치를 휘둘러 적장의 두개골을 부수고 관자놀이를 꿰뚫어 버렸다는(26절) 말은 사실일까요? 여성의 힘으로 그게 가능할까요? 시스라가 이끄는 군대는 이스라엘에게 완패했고, 시스라는 가까스로 혼자 걸어서 도망칠 수 있었습니다. 그로서는 동맹이라 여겼던 야엘의 장막까지 이르렀으니 아마도 겨우 허기를 면하고는 지쳐서 잠들었을 것입니다. 당시 시스라는 이미 죽은 자와 방불한 상태였고, 야엘의 행동은 그것을 확인시켜주었을 따름입니다. 아울러 이와 같은 본문은 대적의 강력한 장군이 가장 연약하다고 할 수 있는 여인의 손으로 죽임당했음을 보여주면서, 가나안 이방 민족의 강력함에 위축되지 말고 용기 있게 하나님을 신뢰하며 싸울 것을 촉구합니다. 드보라와 야엘의 활약상은 남자의 힘이나 군사력이 관건이 아니라는 것, 하나님을 신뢰하며 결단한 이들의 믿음과 용기야말로 이스라엘의 힘이라는 것을 잘 보여줍니다.

나, 약탈한 사람의 목에 걸칠 수놓은 두 벌의 옷감일 것이다.”
31 주님, 주님의 원수들은 이처럼 모두 망하고, 주님을 사랑하는 사람들은 힘차게 떠오르는 해처럼 되게 하여주십시오. 그 뒤로 그 땅에는 사십 년 동안 전쟁이 없이 평온하였다.

{ 제6장 }

사사 기드온

1 이스라엘 자손이 주님께서 보시는 앞에서 악한 일을 저질렀다. 그래서 주님께서는 일곱 해 동안 그들을 미디안의 손에 넘겨주셨다. 2 미디안 사람의 세력이 이스라엘을 억누르니, 이스라엘 자손은 미디안 사람들 때문에 산에 있는 동굴과 요새에 도피처를 마련하였다. 3 이스라엘 자손이 씨앗을 심어놓으면, 미디안 사람과 아말렉 사람과 동방 사람들이 쳐올라오는 것이었다. 4 그들은 이스라엘을 마주 보고 진을 쳐놓고는, 가사에 이르기까지 온 땅의 소산물을 망쳐놓았다. 그리고 이스라엘에

이스라엘을 괴롭힌 '미디안 사람'과 '동방 사람'(3절)은 어떤 민족을 말합니까? 오늘날에는 미디안의 정확한 위치를 알 수 없지만, 대체로 아라비아 사막을 근거지로 삼았을 것이라 추측할 수 있습니다. '동방 사람' 역시 이스라엘의 동쪽에 있는 아라비아 사막을 가리킵니다. 이와 같은 표현은 특정한 민족을 정확하게 서술한 것이 아니라, 요단강 서편에 살고 있는 이스라엘의 관점에서 동쪽으로부터 진격해온 이방 민족을 대략적으로 일컫는 표현입니다. 3절에서 '동방 사람'이라 옮겼던 히브리어를 33절에서는 '사막 부족'이라 옮겼는데, 아마도 아라비아 방향에서 왔다는 점에서 그러한 번역을 선택했을 것입니다.

먹을 것을 하나도 남기지 않았으며, 양이나 소나 나귀까지도 남기지 않았다. 5 그들은 가축 떼를 몰고 장막을 가지고 메뚜기 떼처럼 쳐들어왔는데, 사람과 낙타가 이루 셀 수 없을 만큼 많았다. 그들이 들어와서 온 땅을 황폐하게 만들었다. 6 이스라엘이 미디안 때문에 전혀 기를 펴지 못하게 되자, 마침내 이스라엘 자손이 주님께 울부짖었다.

7 ○ 이스라엘 자손이 미디안 사람들 때문에 주님께 울부짖을 때에, 8 주님께서 이스라엘 자손에게 한 예언자를 보내어 말씀하셨다. "나 주 이스라엘의 하나님이 말한다. 바로 내가 너희를 이집트에서 나오게 하였고, 종살이하던 집에서 너희를 이끌어내었다. 9 내가 너희를 이집트 사람과 또 너희를 억압하는 모든 원수의 손에서 구하여내었다. 내가 그들을 너희가 보는 앞에서 쫓아내었고 그 땅을 너희에게 주었다. 10 그러면서 나는 너희에게 말하였다. '나는 주 너희의 하나님이다. 너희가 아모리 사람의 땅에서 살고 있으나, 아모리 사람의 신들은 섬기지 말아라.' 이렇게 말하였으나, 너희는 내 말을 듣지 않았다."

11 ○ 주님의 천사가 아비에셀 사람 요아스의 땅 오브라에 있

'예언자'(8절)는 또 어떤 존재입니까? 이때는 하나님이 예언자와 사사, 두 경로로 메시지를 전달했습니까? 예언자의 가장 중요한 직무는 '대신해서 말하는 것'입니다. 백성의 어려움과 곤경을 백성을 대신해 하나님께 아뢰기도 하지만, 성경에서는 주로 하나님을 대신해서 하나님의 말씀을 백성에게 선포하는 역할로 등장합니다. 이스라엘은 미디안 사람들로 인한 곤경 때문에 주님께 울부짖었고(6-7절), 하나님께서는 예언자를 보내셨습니다. 사사는 백성들의 현실에서 생겨나는 문제를 재판하고 전쟁과 같은 상황을 이끄는 사람이라면, 예언자는 무엇 때문에 현재와 같은 참상이 생겨났는지를 설명하면서 어떻게 하나님께로 돌이켜야 하는지 알려주는 사람입니다. 사사든 예언자든 백성을 위한 하나님의 행하심을 대신하는 존재라고 할 수 있습니다.

는 상수리나무 아래에 와서 앉았다. 그때에 요아스의 아들 기드온은, 미디안 사람들에게 들키지 않으려고, 포도주 틀에서 몰래 밀 이삭을 타작하고 있었다. 12 주님의 천사가 그에게 나타나서 "힘센 장사야, 주님께서 너와 함께 계신다" 하고 말하였다. 13 그러자 기드온이 그에게 되물었다. "감히 여쭙습니다만, 주님께서 우리와 함께 계신다면, 어째서 우리가 이 모든 어려움을 겪습니까? 우리 조상이 우리에게, 주님께서 놀라운 기적을 일으키시어 우리 백성을 이집트에서 인도해내셨다고 말하였는데, 그 모든 기적들이 다 어디에 있단 말입니까? 지금은 주님께서 우리를 버리시기까지 하셔서, 우리가 미디안 사람의 손아귀에 넘어가고 말았습니다." 14 그러자 주님께서 그를 바라보시며 말씀하셨다. "너에게 있는 그 힘을 가지고 가서, 이스라엘을 미디안의 손에서 구하여라. 내가 친히 너를 보낸다." 15 기드온이 주님께 아뢰었다. "감히 여쭙습니다만, 내가 어떻게 이스라엘을 구할 수 있습니까? 보시는 바와 같이 나의 가문은 므낫세 지파 가운데서도 가장 약하고, 또 나는 아버지의 집에서도 가장 어린 사람입니다." 16 그러나 주님께서는 "내가

17절에서 기드온이 한 것처럼 하나님에게 증거를 요구해도 될까요? 하나님이 오늘날 우리에게도 증거를 보여줄까요? 구약성경의 배경인 수천 년 전의 고대에는 하나님의 뜻이 드러난 성경책 같은 것이 없었습니다. 게다가 당시 이스라엘의 현실은 참으로 혹독하고 견디기 어려우며 하나님이 계시지 않은 것 같은 시절이었습니다. 그런 상황에서도 하나님의 살아계심을 보여주고 용기 있게 우상숭배자들과 미디안에 맞설 사람이 필요했기에, 하나님께서는 기드온이 구하는 대로 그에게 증거를 여러 차례 보여주셨습니다. 겉으로는 꽤 놀라운 기적으로 보이지만, 본질은 지금의 현실을 전부로 여기지 말고 자신의 부족함과 연약함에도 불구하고 하나님의 말씀을 따라 용기 있게 일어나라는 것입니다.

반드시 너와 함께 있을 것이니, 네가 미디안 사람들을 마치 한 사람을 쳐부수듯 쳐부술 것이다" 하고 말씀하셨다. 17 기드온이 또 주님께 아뢰었다. "참으로 나를 좋게 보아주신다면, 지금 나에게 말씀하시는 분이 정말로 주님이시라는 증거를 보여 주십시오. 18 내가 예물을 꺼내와서 가져다 놓겠으니, 내가 돌아올 때까지 떠나지 마십시오." 그러자 주님께서 대답하셨다. "네가 돌아올 때까지, 내가 그대로 머물러 있겠다."

19 ○ 기드온은 즉시 가서, 염소 새끼 한 마리로 요리를 만들고, 밀가루 한 에바로 누룩을 넣지 않은 빵도 만들고, 고기는 바구니에 담고, 국물은 그릇에 담아, 상수리나무 아래로 가지고 가서 천사에게 주었다. 20 하나님의 천사가 그에게 말하였다. "그 고기와 누룩 넣지 않은 빵을 가져다가 이 바위 위에 놓고, 국물을 그 위에 부어라." 기드온이 그대로 하였더니, 21 주님의 천사가 손에 든 지팡이 끝을 내밀어, 고기와 누룩 넣지 않은 빵에 댔다. 그러자 불이 바위에서 나와서, 고기와 누룩 넣지 않은 빵을 살라버렸다. 그런 다음에 주님의 천사는 그 앞에서 사라져서 보이지 않았다. 22 기드온은 그가 주님의 천사

여태 마주했던 이가 주님의 천사임을 알아차린 기드온은(22절) 왜 떨었을까요? 오히려 기운이 샘솟아야 마땅하지 않은가요? 자신의 삶을 온전히 옳고 바른 일에 바친 이들을 만나면 우리도 모르게 옷깃을 여미며 몸가짐을 가다듬는 경우가 있지 않습니까? 여기서 주님의 천사는 하나님을 대신하는 천상의 특별한 존재입니다. 그러한 존재를 만날 때 한편으로는 큰 힘이 되지만, 그와 동시에 사람과는 차원이 전혀 다른 특별한 존재를 만나는 것이니 한계가 많은 사람으로서는 두렵고 떨릴 것입니다. 그래서 "하나님을 보면 죽는다"는 식의 생각은 그저 교리가 아니라 실제 현실입니다. 하나님의 거룩하심과 존귀하심을 연약한 인간의 육체와 정신이 견뎌내지 못하는 것입니다. 예언자 이사야 역시 하나님의 임재를 경험하고 "이제 나는 죽게 되었구나"(사 6:5)라고 저절로 고백하기에 이릅니다.

라는 것을 알고, 떨면서 말하였다. "주 하나님, 내가 주님의 천사를 대면하여 뵈었습니다." 23 그러자 주님께서 그에게 말씀하셨다. "안심하여라. 두려워하지 말아라. 너는 죽지 않는다." 24 기드온은 거기에서 주님께 제단을 쌓아 바치고는, 그 제단을 '여호와 샬롬'이라고 불렀다. (그 제단은 오늘날까지도 아비에셀 사람의 땅인 오브라에 서 있다.)

25 ○ 그날 밤에 주님께서 기드온에게 말씀하셨다. "네 아버지의 외양간에서 어린 수소 한 마리를 끌어오고, 또 일곱 해 된 수소도 한 마리를 끌어오고, 네 아버지의 바알 제단을 허물고, 그 곁에 있는 아세라 상을 찍어라. 26 그런 다음에 이 산성 꼭대기에서 규례에 따라 주 너의 하나님께 제단을 쌓고, 그 둘째 수소를 잡고, 찍어낸 아세라 목상으로 불을 살라 번제를 드려라." 27 그리하여 기드온은 종들 가운데서 열 명을 데리고, 주님께서 말씀하신 대로 하였다. 그러나 그의 아버지 집안사람들과 성읍 사람들을 두려워하여, 감히 그 일을 낮에 하지 못하고 밤에야 하였다.

28 ○ 다음 날 아침 일찍 성읍 사람들이 일어나 보니, 바알 제

증거를 보고 나서도 남의 눈이 무서워 밤에 제사를 드리다니(27절), 기드온은 '힘센 장사'(12절)가 맞습니까? 하나님께서는 기드온을 힘센 장사로 부르시지만, 기드온 스스로는 자신을 무척 연약하고 부족한 존재로 여겼음이 분명합니다(15절). 더욱이 당시 이스라엘의 모든 곳에서 바알 숭배가 횡행하고 있었습니다. 미디안의 지배 아래 있으면서 하나님을 찾기는커녕 도리어 바알에게 제사하고 구하는 것이 당연한 것처럼 여겨졌습니다. 그런 상황에서 바알 제단을 허물고 하나님께 제사하는 것이니 보통 일이 아니었겠지요. 일제강점기에 신사를 부수어버린 것이나 마찬가지 행동이었습니다. 그럼에도 기드온은 자신의 능력과 한계에 매이지 않고 하나님의 부르심을 따라 이같이 행합니다. 이제 그는 정말로 '힘센 장사'처럼 나아갑니다.

단이 헐려 있고, 곁에 서 있던 아세라 상은 찍혀 있었으며, 새로 만든 제단 위에는 둘째 수소가 번제로 타오르고 있는 것이 아닌가! 29 "누가 이런 짓을 하였느냐?" 하고 그들은 서로 물어보았다. 그들이 캐묻고 조사하다가, 요아스의 아들 기드온이 이 일을 저질렀다는 것을 알았다. 30 그래서 성읍 사람들은 요아스에게 말하였다. "당신의 아들을 끌어내시오. 그는 죽어야 마땅하오. 그가 바알의 제단을 헐고, 그 곁에 서 있던 아세라 상을 찍어버렸소."

31 ㅇ 요아스가 자기를 둘러선 모든 사람에게 이렇게 말하였다. "당신들이 바알의 편을 들어 싸우겠다는 것이오? 당신들이 바알을 구할 수 있다는 말이오? 누구든지 그의 편을 들어 싸우는 사람은 내일 아침에 죽음을 면하지 못할 것이오. 만일 바알이 신이라면, 자기의 제단을 헌 사람과 직접 싸우도록 놓아두시오." 32 그래서 그날 사람들은 기드온을 여룹바알이라고 불렀다. 그가 바알의 제단을 헐었으니, 바알이 직접 그와 싸우게 하라는 말에서 그렇게 부른 것이다.

33 ㅇ 그때에 미디안 사람과 아말렉 사람과 사막 부족이 모

"주님의 영이 기드온을 사로잡았다"(34절)는 말은 무슨 뜻입니까? 사사의 근본적인 특징은 세습이나 선출되는 직책이 아니라 오직 하나님의 영이 그 사람의 위에 임해서 세워진다는 점입니다(3:10; 11:29; 13:25). 그들의 권위는 오직 그들에게 임한 하나님의 영에서 비롯됩니다. 특히 기드온의 경우 다른 사사와 달리 "주님의 영이 그를 사로잡았다"라는 아주 강력한 표현이 사용되었습니다. 오늘과 같은 과학 시대에 이를 정확히 설명하기는 어려운데, 가령 어느 순간 갑자기 온 마음 가득 용기가 솟구치고 두렵던 현실이 하나도 두렵지 않게 되는 상태로 설명해볼 수 있습니다. 기드온이 갑자기 능력이 아주 많은 사람이 된 것이 아니라, 그와 함께하시는 하나님에 대한 신뢰로 담대하고 용기 있게 해야 할 일을 추진하게 되었다는 뜻입니다.

두 함께 모여 요단강을 건너와서, 이스르엘 평지에 진을 쳤다. 34 주님의 영이 기드온을 사로잡으니, 기드온은 나팔을 불어 아비에셀 족을 모아 자기를 따르게 하고, 35 전령들을 온 므낫세 지파에 보내어 그들도 자기를 따르게 하였으며, 아셀 지파와 스불론 지파와 납달리 지파에도 전령들을 보내니, 그들도 그와 합세하려고 올라왔다.

36 ○ 기드온이 하나님께 아뢰었다. "참으로 주님께서는 말씀하신 대로 나를 시켜서 이스라엘을 구하시려고 하십니까? 37 그러시다면, 내가 양털 한 뭉치를 타작마당에 놓아두겠습니다. 이슬이 이 양털 뭉치에만 내리고 다른 땅은 모두 말라 있으면, 주님께서 말씀하신 대로, 저를 시켜서 이스라엘을 구하시려는 것으로 알겠습니다." 38 그러자 정말 그렇게 되었다. 기드온이 다음 날 아침 일찍 일어나서 양털 뭉치를 쥐어짜 보니 양털 뭉치에 내린 이슬이 쏟아져 그릇에 물이 가득 찼다. 39 기드온이 또 하나님께 여쭈었다. "주님, 저에게 노하지 마십시오. 제가 한 번 더 말씀드리고자 합니다. 양털 뭉치로 한 번만 더 시험하여보게 하여주십시오. 이번에는 양털은 마르

기드온은 증거를 요구하고 또 요구합니다(36-40절). 이렇게 의심 많은 기드온을 포기하지 않는 하나님의 의중은 무엇입니까? 계속해서 증거를 구하는 기드온의 모습은 그가 대단하고 의지가 굳센 사람이 결코 아니었음을 보여줍니다. 겉으로는 바알 제단을 부수고 이스라엘 모든 이들을 소집하는 담대한 모습을 보이지만, 실상은 벌벌 떨며 두려워하는 인물이었을 것입니다. 하나님이 사용하시는 사람은 대단한 능력자가 아닙니다. 기드온처럼 몇 번이고 증거를 구하는, 소심하면서도 두려움 많은 사람이라도, 하나님께서는 그를 통해 캄캄한 시절에도 새로운 일을 행하실 수 있습니다. 그러므로 기드온 이야기는 이제까지 구약성경이 줄기차게 보여주듯이, 능력이 사람에게 있지 않고 하나님께 있음을 보여줍니다.

고, 사방의 모든 땅에는 이슬이 내리게 하여주십시오." 40 그
날 밤에 하나님은 그대로 하여주셨다. 양털은 말라 있었고, 사
방의 모든 땅만 이슬로 젖어 있었던 것이다.

{ 제7장 }

기드온이 미디안을 쫓아내다

1 여룹바알이라고도 하는 기드온과 그가 거느리는 모든 군대
가 일찍 일어나, 하롯이라는 샘 곁에 진을 쳤는데, 미디안의
진은 거기에서 북쪽 골짜기에 있는 모레 언덕에 있었다. 2 주
님께서 기드온에게 말씀하셨다. "네가 거느린 군대의 수가 너
무 많다. 이대로는 내가 미디안 사람들을 네가 거느린 군대의
손에 넘겨주지 않겠다. 이스라엘 백성이 나를 제쳐놓고서, 제
가 힘이 세어서 이긴 줄 알고 스스로 자랑할까 염려된다. 3 그
러니 너는 이제라도 그들에게 말하여, 두려워서 떨리는 사람

300명의 이스라엘 군(6절)이 맞서 싸울 미디안 군대의 규모는 어느 정도였습니까?
정확히 표현되지는 않지만, 미디안 군대는 메뚜기 떼처럼 수많았고 그들의 낙타 역
시 바닷가 모래알처럼 헤아릴 수 없다고 기록되어 있습니다. 8장 10절에 따르면
미디안 연합군을 이루는 세 군대 가운데 하나인 동방 사람 혹은 사막 군대의 숫자만
해도 13만 명이 넘었습니다. 이스라엘을 위해 모인 숫자는 최초에 3만 2천 명이었으
나 하나님께서는 300명만 남게 하셨습니다. 물을 먹는 자세에 따라 300명을 선택했
지만, 이것은 자세에 따라 우수하고 준비된 병사를 뽑기 위한 의도라기보다는 어느
쪽이든 적게 남는 쪽을 선택하려는 의도였을 것입니다. 하나님께서는 전쟁의 승리가
하나님의 능력에 달렸다는 것을 깨닫게 하시려고 군사의 수를 줄이셨습니다(2절).

은 누구든지, 길르앗산을 떠나서 돌아가게 하여라." 기드온이 두려워서 떠는 자를 돌아가게 하니, 그들 가운데서 이만 이천 명이 돌아가고 만 명이 남았다.

4 ○ 주님께서 또 기드온에게 말씀하셨다. "군인이 아직도 많다. 그들을 물가로 데리고 내려가거라. 내가 너를 도와 거기에서 그들을 시험하여보겠다. 내가 너에게 '이 사람이 너와 함께 나갈 사람'이라 일러주면, 너는 그 사람을 데리고 가거라. 내가 또 너에게 '이 사람은 너와 함께 나가지 못할 사람'이라 일러주면, 너는 그 사람을 데리고 가지 말아라." 5 기드온이 군대를 물가로 데리고 내려가니, 주님께서 기드온에게 이렇게 일러주셨다. "개가 핥는 것처럼 혀로 물을 핥는 사람과 무릎을 꿇고 물을 마시는 사람을 모두 구별하여 세워라." 6 손으로 물을 움켜 입에 대고 핥는 사람의 수가 삼백 명이었고, 그 밖의 백성들은 다 무릎을 꿇고 물을 마셨다. 7 주님께서 기드온에게 이르셨다. "물을 핥아 먹은 삼백 명으로 너희를 구원하겠다. 미디안 사람들을 너의 손에 넘겨주겠다. 나머지 군인은 모두 온 곳으로 돌려보내라." 8 그래서 기드온은 물을 핥아 먹은 삼백 명만 남겨두고 나머지 이스라엘 군대는 각자의 집으로 돌려보

300명의 용사가 떠나는 군인들에게서 물려받은 나팔(8절)의 쓰임새는 무엇입니까? 나팔은 기본적으로 전쟁과 같은 상황일 때 군대에서 특정한 신호를 위해 사용됩니다. 예를 들어 이스라엘은 행진할 때 나팔을 신호로 사용했습니다(민 10:1-10). 제사드릴 때도 제사장이 나팔을 불었고(민 10:8-10), 여리고 성을 함락할 때도 제사장들이 나팔을 불며 행진했습니다(수 6:4-6). 본문에서는 이스라엘이 적의 진지를 둘러싸고 한밤중에 갑자기 나팔을 불면서 횃불을 흔들자, 미디안 군대는 커다란 혼란에 빠져 혼비백산해서 누가 적인지도 모른 채 자기들끼리 칼을 휘둘렀습니다(22절). 모든 군사가 나팔을 불어 무수한 군대가 닥친 것처럼 여기도록 만든 것입니다.

냈다. 남은 삼백 명은 돌아가는 군인들에게서 식량과 나팔을 넘겨받았다. 미디안의 진은 그 아래 골짜기에 있었다.

9 ○ 그날 밤 주님께서 기드온에게 말씀하셨다. "너는 일어나서 적진으로 쳐내려가거라. 내가 그들을 너의 손에 넘겨주겠다. 10 네가 쳐내려가기가 두려우면, 너의 부하 부라와 함께 먼저 적진으로 내려가 보아라. 11 그리고 적들이 무슨 말을 하는지 들어보면, 네가 적진으로 쳐내려갈 용기를 얻을 것이다." 그는 자기의 부하 부라와 함께 적진의 끝으로 내려갔다. 12 미디안 사람과 아말렉 사람과 사막 부족들이 메뚜기 떼처럼 그 골짜기에 수없이 널려 있었으며, 그들의 낙타도 바닷가의 모래알처럼 헤아릴 수 없이 많았다.

13 ○ 기드온이 그곳에 이르렀을 때에, 마침 한 병사가 자기가 꾼 꿈 이야기를 친구에게 하고 있었다. "내가 꿈을 꾸었는데, 보리빵 한 덩어리가 미디안 진으로 굴러 들어와 장막에 이르러서 그 장막을 쳐서 뒤엎으니, 그만 막이 쓰러지고 말았다네" 하고 말하니까, 14 꿈 이야기를 들은 그 친구가 말하였다. "그

"주님 만세! 기드온 만세!"(18절)라고 외치기로 해놓고, 정작 실전에서는 "주님의 칼이다! 기드온의 칼이다!"(20절)라고 소리친 이유는 무엇입니까? 각각의 히브리어를 직역하면, 18절은 "주님을 위하여, 기드온을 위하여"가 되고, 20절은 "주님을 위한, 그리고 기드온을 위한 칼"이 됩니다. 그래서 두 표현은 실상 동일하다고 할 수 있습니다. '칼'이라는 표현이 20절에 추가된 것은 아마도 기드온이 몰래 엿들었던 미디안 사람의 환상에 나오는 '기드온의 칼'이라는 표현 때문일 것입니다(13–14절). 나팔을 불고 소리를 지른다는 점에서 여리고를 함락시킨 장면과도 비슷합니다(수 6:16, 20). 둘 다 하나님께서 주신 승리지만, 여호수아는 모든 것을 하나님께서 주신 것으로 선언하는 반면, 기드온은 자신의 이름도 같이 내세웠다는 점에서 차이가 있습니다. 어쩌면 기드온에게는 인간적인 욕망이 있었을 수도 있겠습니다.

것은 다름이 아니라, 이스라엘 사람 요아스의 아들인 기드온의 칼이 틀림없네. 하나님이 미디안과 그 모든 진을 그의 손에 넘기신다는 것일세."

15 ○ 기드온은 그 꿈 이야기와 해몽하는 말을 듣고, 주님께 경배하였다. 그리고 그는 이스라엘 진으로 돌아와서 "일어나라! 주님께서 미디안의 진을 너희 손에 넘겨주셨다!" 하고 외쳤다. 16 그는 삼백 명을 세 부대로 나누고, 각 사람에게 나팔과 빈 항아리를 손에 들려주었다. 빈 항아리 속에는 횃불을 감추었다. 17 그리고 이렇게 지시하였다. "너희는 나를 보고 있다가, 내가 하는 대로 하여라. 내가 적진의 끝으로 가서 하는 대로 따라 하여라. 18 나와 우리 부대가 함께 나팔을 불면, 너희도 적진의 사방에서 나팔을 불면서 '주님 만세! 기드온 만세!' 하고 외쳐라."

19 ○ 기드온과 그가 거느리는 군사 백 명이 적진의 끝에 다다른 것은, 미디안 군대의 보초가 교대를 막 끝낸 한밤중이었다. 그들은 나팔을 불며 손에 든 항아리를 깨뜨렸다. 20 세 부대가 모두 나팔을 불며 단지를 깨고, 왼손에는 횃불을 들고, 오른손에는 나팔을 들고 불면서 "주님의 칼이다! 기드온의 칼이다!"

에브라임 사람들은 왜 지켜만 보다 뒤늦게 전투에 참여했습니까?(23-24절) 이어지는 8장 1절에 보면 에브라임 사람들은 기드온이 자신들을 늦게 불렀다고 항의하며 그와 다툽니다. 이로 보건대 아마도 에브라임 지파와 기드온이 속한 므낫세 지파 사이에 어떤 갈등이 있었을 것이라 짐작됩니다. 에브라임 지파 사람인 드보라(4:5)의 전투 때는 에브라임이 제 역할을 수행한 것 같습니다(5:14). 그리고 드보라의 전투 때 적극적으로 참여한 지파와 그렇지 못한 지파 사이에 구분이 있었고(5:14-18), 기드온 전투 때도 그런 것을 보면(7:23-8:3), 당시 이스라엘은 잘 단결되고 연합된 공동체가 아니라 실상은 지파별로 독자적인 상태였고 지파마다 자신들의 이익을 위해 행동했다는 것을 알 수 있습니다.

하고 외쳤다. 21 그리고 그들이 저마다 제자리에 서서 적진을 포위하니, 적군은 모두 아우성치며 달아났다. 22 삼백 명이 나팔을 불 때에, 주님께서 모든 적들이 저희들끼리 칼로 치게 하셨다. 적군은 도망하여, 스레라의 벳싯다와 또 답밧에 가까운 아벨므홀라의 경계선까지 후퇴하였다.

23 ○ 납달리 지파와 아셀 지파와 온 므낫세 지파에서 모인 이스라엘 사람들이 미디안 군대를 추격하였다. 24 기드온은 에브라임 산간지방 전역에 전령들을 보내어서 말하였다. "너희는 내려와서 미디안을 쳐라. 그들을 앞질러서, 벳바라와 요단강에 이르기까지의 나루들을 점령하여라." 그러자 에브라임 사람이 모두 모여서 벳바라와 요단강에 이르기까지의 나루들을 점령하였다. 25 그들이 미디안의 두 우두머리 오렙과 스엡을 사로잡아, 오렙은 오렙 바위에서 죽이고, 스엡은 스엡 포도주 틀에서 죽이고, 계속 미디안을 추격하였다. 그들이 오렙과 스엡의 머리를 요단강 동쪽 지역에 있는 기드온에게 가져왔다.

{ 제8장 }

기드온이 죽인 미디안 왕들

1 그때에 에브라임 사람들이 기드온에게 말하였다. "장군께서는 미디안과 싸우러 나가실 때에 우리를 부르지 않으셨는데, 어떻게 우리에게 이렇게 하실 수 있습니까?" 그들이 기드온에게 거세게 항의하니, 2 그가 그들에게 말하였다. "이번에 내가 한 일이 당신들이 한 일에 비교나 되겠습니까? 에브라임이 떨어진 포도를 주은 것이 아비에셀이 추수한 것 전부보다 낫지 않습니까? 3 하나님이 미디안의 우두머리 오렙과 스엡을 당신들의 손에 넘겨주셨습니다. 그러니 내가 한 일이 어찌 당신들이 한 일에 비교나 되겠습니까?" 기드온이 이 말을 하니, 그들의 노여움이 풀렸다.

4 ○ 기드온이 그가 거느리는 군사 삼백 명과 함께 요단강을 건너, 지친 몸이지만 계속 적들을 추격하였다. 5 기드온은 숙곳에 이르렀을 때에 그곳 사람들에게 사정하였다. "나를 따르는 군인들이 지쳤으니, 그들에게 빵 덩어리를 좀 주십시오. 나

기드온이 이렇게까지 자신을 낮추면서 에브라임 사람들의 비위를 맞추는(2절) 까닭은 무엇입니까? 앞에서도 언급했지만 이와 같은 본문은 에브라임 지파가 당시에 상당히 강한 세력이었음을 보여줍니다. 사사 입다와 연관된 장면에서도 에브라임 지파의 오만한 태도를 볼 수 있습니다(12:1). 기드온은 거세게 나오는 에브라임 지파를 상대하면서 그들의 공적을 높이고 자신의 공적을 낮추는 표현으로 그들의 화를 누그러뜨렸습니다. 그래서 이 부분은 기드온의 겸손하고 신중한 외교 역량을 보여준다고 할 수 있습니다. 반면 이어지는 숙곳 사람들에 대한 그의 강경한 대처는 전형적인 강력한 왕의 모습을 보여줍니다.

는 미디안의 두 왕 세바와 살문나를 추격하고 있습니다." 6 이 말을 들은 숙곳의 지도자들은 "우리를 보고 당신의 군대에게 빵을 주라니, 세바와 살문나가 당신의 손아귀에 들기라도 하였다는 말이오?" 하고 비아냥거렸다. 7 그러자 기드온이 대답하였다. "좋소! 주님께서 세바와 살문나를 나의 손에 넘겨주신 뒤에, 내가 들가시와 찔레로 당신들의 살을 찌르고야 말겠소." 8 거기에서 기드온이 브누엘로 올라가, 그곳 사람들에게도 같은 사정을 해보았지만, 브누엘 사람들의 대답도 숙곳 사람들의 대답과 같았다. 9 그래서 그는 브누엘 사람들에게도 "내가 안전하게 성한 몸으로 돌아오는 날, 이 망대를 헐어버리고 말겠소" 하고 말하였다.

10 ㅇ 그때에 세바와 살문나는 겨우 만 오천 명의 군대를 데리고, 갈골에 진을 치고 있었다. 이들은 모두 사막 부족의 군대 가운데서 살아남은 자들인데, 이미 칼 쓰는 군인 십이만 명이 전사하였다. 11 기드온은, 장막에 사는 사람들이 다니는 길을 따라 동쪽으로 노바와 욕브하까지 올라가서, 방심하고 있

숙곳의 지도자들은 무슨 심산으로 기드온을 비아냥거렸습니까?(6절) 기드온이 대승을 거둔 사실을 몰랐던 걸까요? 숙곳 역시 당대에 나름 강한 성읍이어서 기드온의 승리를 별것 아닌 것이라 여겼을 수 있습니다. 에브라임의 모습도 그렇고 숙곳 사람의 모습 역시 당시 이스라엘이 '지파 동맹'이라는 커다란 틀은 지니고 있지만, 실제 현실에서는 지파 이기주의에서 거의 벗어나지 못했음을 보여줍니다. 사사기 본문은 이러한 내용을 판단하지 않은 채 그저 늘어놓고 있습니다. 이를 통해 이스라엘 전체를 하나로 묶어줄 왕과 같은 존재가 필요하다는 것을 독자와 청중에게 은연중에 제시한다고 볼 수 있습니다. 문제는 그 왕이 누구인가입니다. 왕을 요구하는 백성들의 말에 기드온은 "하나님께서 다스리신다"고 대답했습니다. 뛰어난 인물인 왕이 현재의 위기를 해결하는 것일까요, 아니면 참으로 하나님을 왕으로 모시며 연합하는 것이 필요한 걸까요?

던 적군을 기습하였다. 12 미디안의 두 왕 세바와 살문나가 또 도망치니, 기드온이 그들을 추격하여 세바와 살문나를 사로잡고, 온 군대를 전멸시켰다.

13 ○ 요아스의 아들 기드온이 헤레스 비탈길에서 전쟁을 마치고 오다가, 14 숙곳 사람 젊은이 한 명을 포로로 잡아서 캐물으니, 그 젊은이가 일흔일곱 명이나 되는 숙곳의 지도자들과 장로들의 명단을 적어주었다. 15 기드온은 숙곳에 이르러 그곳 사람들에게 말하였다. "여기 세바와 살문나가 있다. 너희는 나에게 '우리를 보고 당신의 지친 군대에게 빵을 주라니, 세바와 살문나가 당신의 손아귀에 들기라도 하였다는 말이오?' 하면서 나를 조롱하였다." 16 기드온은 그 성읍의 장로들을 체포한 다음에, 들가시와 찔레를 가져다가, 숙곳 사람들을 응징하였다. 17 그리고 그는 브누엘의 망대도 헐고, 그 성읍 사람들을 죽였다.

18 ○ 그런 다음에 그는 세바와 살문나에게 물었다. "너희가 다볼에서 죽인 사람들은 어떻게 생겼더냐?" 그들이 대답하였다. "그들은 당신처럼 하나하나가 왕자와 같았습니다." 19 기드온이 말하였다. "그들은 나의 어머니에게서 난 형제들이다. 주님의 살아계심을 두고 맹세하지만, 너희가 그들을 살려주기만 하

16절이 무슨 뜻인지 모르겠습니다. '들가시와 찔레'로 어떻게 사람들을 응징합니까? 말 그대로 가시와 찔레로 숙곳 장로들의 살을 찌르고 찢은 것 같습니다. 숙곳과 브누엘은 기드온을 가볍게 여기고 홀대했습니다. 이것은 므낫세 지파 가운데서도 가장 미약했다는 기드온(6:15)에 대한 경시에서 비롯되었을 것입니다. 힘이 약한 사람을 무시하는 이들의 행동은 당시 이스라엘의 실상을 단적으로 보여줍니다. 또 그들에 대한 기드온의 보복 역시 매우 가혹합니다. 기드온은 왕이 돼달라는 백성의 요구를 거절했지만, 그의 행동은 어느새 강력한 힘을 가진 전제 군주를 닮아가고 있습니다. 이를 통해 사사기는 어떤 왕이 있어야 하는 것인지 문제를 제기하고 있습니다.

였더라도 내가 너희를 죽이지는 않을 것이다." 20 기드온은 맏
아들 예델에게, 어서 그들을 죽이라고 명하였다. 그러나 그는
아직 어리고 두려워서 칼을 뽑지 못하였다. 21 그러자 세바와
살문나가 기드온에게 말하였다. "사내대장부답게 네가 직접 우
리를 쳐라." 기드온이 일어나 세바와 살문나를 쳐서 죽이고, 그
들이 타던 낙타의 목에서 초승달 모양의 장식을 떼어 가졌다.
22 ○ 그 뒤에 이스라엘 사람들이 기드온에게 말하였다. "장군
께서 우리를 미디안의 손에서 구하여주셨으니, 장군께서 우리
를 다스리시고, 대를 이어 아들과 손자가 우리를 다스리게 하
여주십시오." 23 그러나 기드온은 그들에게 말하였다. "나는
여러분을 다스리지 않을 것입니다. 나의 아들도 여러분을 다
스리지 않을 것입니다. 오직 주님께서 여러분을 다스리실 것
입니다." 24 기드온은 말을 계속하였다. "여러분에게 한 가지
청이 있습니다. 각 사람이 얻은 전리품 가운데서 귀고리 하나
씩을 나에게 주십시오." 미디안 군은 이스마엘 사람들이므로,
모두 금귀고리를 달고 있었다. 25 그들은 "기꺼이 드리겠습니
다" 하고 말하면서, 겉옷을 펴고, 저마다 전리품 가운데서 귀
고리 하나씩을 거기에 던졌다. 26 그의 요청으로 들어온 금

'초승달 모양의 장식'이라는 표현이 두 번이나 나옵니다. 미디안 족속들이 이런 장신
구를 지니고 다닌 이유는 무엇입니까? 21절에서 초승달 모양 장식은 낙타 목에 달린
장식품이지만, 26절에서는 미디안 왕들이 지닌 장식으로 언급됩니다. 이사야서 3장
18절에서는 상류층 여성들이 지닌 장신구 가운데 하나로 나옵니다. 본문에서는 기드
온이 귀고리를 요구하자 금귀고리와 함께 이 초승달 장식이 언급되었는데, 아마도
이 장식품 역시 금으로 만든 매우 값비싸고 귀한 것이었으며 부를 상징하는 물건이
었다고 볼 수 있습니다. 이스라엘 상류층 여성의 장식품이 사사기 본문에서는 미디
안 왕이 거느린 낙타의 목에도 달려 있어서 그들의 부를 짐작할 수 있습니다.

귀고리의 무게가 금 천칠백 세겔이나 되었다. 그 밖에도 초승달 모양의 장식품과 패물들, 미디안 왕들이 입었던 자주색 옷과 낙타 목에 둘렸던 사슬이 있었다. 27 기드온은 이것들을 가지고 에봇 하나를 만들어, 자기가 사는 오브라 성읍에 두었다. 그러자 온 이스라엘이 그곳에서 그것을 음란하게 섬겨서, 그것이 기드온과 그 집안에 올가미가 되었다.

28 ○ 이와 같이 하여 미디안은 이스라엘 사람에게 복종하게 되었고, 다시는 고개를 들지 못하였다. 기드온이 사는 사십 년 동안, 그 땅은 전쟁이 없이 평온하였다.

기드온이 죽다

29 ○ 요아스의 아들 여룹바알은 자기 집으로 돌아가서 살았다. 30 그런데 기드온은 아내가 많아, 친아들이 일흔 명이나 되었다. 31 또 세겜에 있는 첩과의 사이에서 아들이 하나 태어났는데, 그 아들에게는 아비멜렉이라는 이름을 지어주었다.

기드온이 금붙이를 거둬다 에봇을 만든(24–27절) 속내는 무엇입니까? 에봇이 어떻게 숭배의 대상이 될 수 있습니까? 에봇을 입었다는 것은 그가 제사장임을 나타냅니다(삼상 2:28; 22:18). 특히 제사 관련 법전에서 묘사된 에봇은 대제사장을 상징하는 의복입니다(출 28:4; 레 8:7). 이를 생각하면 기드온이 에봇을 만들어 자신의 집에 둔 행동은 자기 스스로 하나님과 연관된 권위 같은 것을 내세우는 행동이었을 수 있습니다. 또 그가 개인적으로 에봇을 만들어 집에 두는 행동은 사사기 17–18장 사건의 배경이 되기도 합니다. 기드온의 의도가 무엇이었든, 그의 행동은 이스라엘에게 하나님의 임재를 착각하게 만듭니다. 그가 주 하나님을 버린 것은 아니지만, 그가 만든 에봇으로 인해 사람들은 그 에봇에 특별한 능력이나 의미가 있는 것처럼 믿고 행동하게 되었기 때문입니다.

32 요아스의 아들 기드온은 나이가 많을 때까지 잘 살다가, 죽어서 아비에셀 사람의 땅 오브라에 있는 그의 아버지 요아스의 무덤에 묻혔다. 33 기드온이 죽으니, 이스라엘 자손이 다시 바알들을 음란하게 섬기고, 바알브릿을 자기들의 신으로 삼았다. 34 이스라엘 자손은 주위의 모든 적으로부터 자기들을 건져내신 주 하나님을 기억하지 않았다. 35 또 여룹바알이라고도 하는 기드온이 이스라엘에게 선을 베풀었지만, 아무도 그 가족에게 은혜를 갚지 않았다.

이스라엘 백성은 기드온을 지도자로 추대하려 했고 금붙이도 내놓았습니다. 어떤 점에서 "아무도 은혜를 갚지 않았다"(35절)라고 말하는지 모르겠습니다. 기드온의 은혜를 잊지 않는 것이 그를 떠받들거나 그에게 금붙이를 가져다주는 행동은 아닐 겁니다. 기드온을 왕으로 세우겠다는 그들의 노력은 기드온 한 사람과 그 집안을 떠받들고 영웅시하는 행동이며, 실상은 그들의 왕이신 하나님을 배척하는 행동입니다. 이스라엘을 건졌던 기드온 역시 말과는 달리 점점 왕처럼 행동했으며, 금붙이를 모아 에봇을 만들어 백성들로 하여금 하나님이 아닌 것을 미신처럼 떠받들게 했습니다. 9장에서는 기드온의 모든 아들들이 아비멜렉에게 죽임을 당했으나 사람들이 개의치 않고 아비멜렉을 왕으로 삼아서, 요담이라는 인물이 이를 규탄하기도 했습니다(9:6, 16, 22).

{ 제9장 }

아비멜렉

1 여룹바알의 아들 아비멜렉이 세겜에 있는 외가의 친척을 찾아가서 그들과 외조부의 온 가족에게 말하였다. 2 "세겜 성읍의 모든 사람들에게 물어보아 주십시오. 여룹바알의 아들 일흔 명이 모두 다스리는 것하고 한 사람이 다스리는 것하고 어느 것이 더 좋은지 물어보아 주십시오. 그리고 내가 여러분들과 한 혈육이라는 것을 상기시켜주십시오." 3 그의 외가 친척이 그의 부탁대로 세겜 성읍의 모든 사람에게 그가 한 말을 모두 전하니, 그들의 마음이 아비멜렉에게 기울어져서 모두 "그는 우리의 혈육이다" 하고 말하게 되었다. 4 그들이 바알브릿 신전에서 은 일흔 냥을 꺼내어 아비멜렉에게 주니, 아비멜렉이 그것으로 건달과 불량배를 고용하여 자기를 따르게 하였다. 5 그리고 그는 오브라에 있는 아버지의 집으로 가서, 자기 형제들 곧 여룹바알의 아들 일흔 명을 한 바위 위에서 죽였다. 그러나 여룹바

기드온이라는 본명이 엄연한데도, 사람들은 줄곧 여룹바알이라는 별칭을 사용합니다. 특별한 이유가 있습니까? 여룹바알은 "바알이 다툴 것이다" 혹은 "바알이 겨룰 것이다"라는 의미입니다. 기드온이 바알의 제단을 파괴하자 사람들은 신을 함부로 다룬 기드온을 처벌하려 했고, 이때 기드온의 아버지는 바알이 정말로 신이라면 그가 스스로 기드온과 다투어 처벌할 것이니, 바알이 직접 기드온과 싸우게 하라고 했습니다. 그래서 이와 같은 이름이 기드온의 별명이 되었습니다. 바알은 이후 기드온에게 아무런 해도 입힐 수 없었으니 여룹바알이라는 이름은 바알의 무력함을 보여주는 단적인 표현이라 할 수 있습니다. 바알 종교가 곳곳에 확산되던 시대에 홀로 일어나 바알의 제단을 깨뜨린 기드온을 기념하기에 적합한 이름이라 할 수 있습니다.

알의 막내아들 요담만은 숨어 있었으므로, 살아남았다. 6 세겜 성읍의 모든 사람들과 밀로의 온 집안이 세겜에 있는 돌기둥 곁의 상수리나무 아래로 가서 아비멜렉을 왕으로 삼았다.

7 ○ 사람들이 이 소식을 요담에게 전하니, 그가 그리심산 꼭대기에 올라가 서서, 큰 소리로 그들에게 외쳤다. "세겜 성읍 사람들은 내 말을 들으십시오. 그래야 하나님이 여러분의 청을 들어주실 것입니다.

8 ○ 하루는 나무들이 기름을 부어 자기들의 왕을 세우려고 길을 나섰습니다. 그들은 올리브나무에게 가서 말하였습니다. '네가 우리의 왕이 되어라.' 9 그러나 올리브나무는 그들에게 대답하였습니다. '내가 어찌 하나님과 사람을 영화롭게 하는, 이 풍성한 기름 내는 일을 그만두고 가서, 다른 나무들 위에서 날뛰겠느냐?' 10 그래서 나무들은 무화과나무에게 말하였습니다. '네가 와서 우리의 왕이 되어라.' 11 그러나 무화과나무도 그들에게 대답하였습니다. '내가 어찌 달고 맛있는 과일 맺기를 그만두고 가서, 다른 나무들 위에서 날뛰겠느냐?' 12 그

중요한 대목마다 상수리나무가 등장합니다(삿 6:11; 9:6; 수 24:26 등). 이스라엘 백성에게 이 나무는 어떤 의미가 있습니까? 상수리나무는 꽤 크고 무성한 나무입니다. 옛날에는 우리나라에서도 마을의 큰 버드나무 아래에서 제사를 드리거나 중요한 회의를 열기도 했습니다. 아브라함을 비롯한 고대 이스라엘 역시 상수리나무 아래에서 하나님을 예배하기도 하고, 그곳에 정착하기도 했습니다(창 12:6; 13:18; 14:13; 18:1; 35:4). 상수리나무가 마을과 마을의 경계가 되기도 했습니다(수 19:33; 삿 4:11). 여호수아는 상수리나무 아래에 돌을 세우고 모든 이스라엘과 더불어 하나님만 섬기겠노라 언약을 맺기도 했습니다(수 24:26). 그러나 고대 중동의 여러 민족들도 이처럼 상수리나무 아래에서 종교적인 일들을 수행했기 때문에 이 장소는 하나님 신앙과 우상숭배가 뒤엉키는 현장이 되곤 했습니다.

래서 나무들은 포도나무에게 말하였습니다. '네가 와서 우리의 왕이 되어라.' 13 그러나 포도나무도 그들에게 대답하였습니다. '내가 어찌 하나님과 사람을 즐겁게 하는 포도주 내는 일을 그만두고 가서, 다른 나무들 위에서 날뛰겠느냐?' 14 그래서 모든 나무들은 가시나무에게 말하였습니다. '네가 와서 우리의 왕이 되어라.' 15 그러자 가시나무가 나무들에게 말하였습니다. '너희가 정말로 나에게 기름을 부어, 너희의 왕으로 삼으려느냐? 그렇다면, 와서 나의 그늘 아래로 피하여 숨어라. 그렇게 하지 않으면, 이 가시덤불에서 불이 뿜어 나와서 레바논의 백향목을 살라버릴 것이다.'

16 ○ 이제 여러분이 아비멜렉을 세워 왕으로 삼았으니, 이 일이 어찌 옳고 마땅하다고 할 수 있겠습니까? 이 일이 어찌 여룹바알과 그 집안에게 고마움을 표시하는 일이라고 하겠으며, 그가 이룬 업적에 보답하는 것이라 하겠습니까? 17 나의 아버지가 여러분을 살리려고 싸웠으며, 생명을 잃을 위험을 무릅쓰고 여러분을 미디안 사람들의 손에서 구하여내지 않았습니까? 18 그런데도 이제 여러분은 나의 아버지의 집을 대적하여

이스라엘 백성이 이렇게 틈만 나면 왕을 세우려 하는 까닭은 무엇입니까? 훗날 왕을 요구하는 백성에게 하나님께서는 사무엘을 통해 "그들이 나를 버리고 다른 신들을 섬겼다"고 책망하십니다(삼상 8:7-8). 하나님을 의지해 승리하기 위해서는 오직 하나님께 구하고 그분의 법도를 따라 살아야 합니다. 즉 자신의 삶 전부를 다해 하나님과 함께 걸어가야 합니다. 그러나 그들은 이방 종교인들처럼 잔뜩 제물을 갖다 바치는 것으로 종교 생활을 하고, 일상은 강력한 국가나 왕을 세우는 것으로 대신하고자 합니다. 하나님의 도움으로 적은 수로 이기기보다는 전쟁에 대비해 늘 훈련된 군대가 있어서 전투를 대신하기를 구합니다. 그들은 하나님을 믿는 신앙과 일상생활을 분리하고 싶어 합니다. 이는 결국 하나님을 버린 것이며, 하나님 신앙을 그저 여러 종교 중의 하나로 만들어버리는 셈입니다.

일어나, 일흔 명이나 되는 그의 아들들을 한 바위 위에서 죽이고, 우리 아버지의 여종의 아들 아비멜렉을 여러분의 혈육이라고 하여서, 오늘 세겜 성읍 사람을 다스릴 왕으로 삼았습니다. 19 여러분이 오늘 여룹바알과 그 집안에게 한 일이 옳고 마땅하다면, 여러분은 아비멜렉과 더불어 기쁨을 누리고, 그도 여러분과 더불어 기쁨을 누리게 하십시오. 20 그러나 그렇지 않다면, 아비멜렉에게서 불이 뿜어 나와서 세겜 성읍 사람들과 밀로의 집안을 살라버릴 것이며, 세겜 성읍 사람들과 밀로의 집안에서도 불이 뿜어 나와서 아비멜렉을 살라버릴 것입니다."

21 ○ 요담은 도망하여 브엘로 가서 피하였다. 그는 자기의 형 아비멜렉이 두려워서, 거기에 머물러 살았다.

22 ○ 아비멜렉이 이스라엘을 세 해 동안 다스렸다. 23 그때에 하나님이 악령을 보내셔서, 아비멜렉과 세겜 성읍 사람들 사이에 미움이 생기게 하시니, 세겜 성읍 사람들이 아비멜렉을 배반하였다. 24 하나님은 아비멜렉이 여룹바알의 아들 일흔 명에게 저지른 포악한 죄과를 이렇게 갚으셨는데, 자기의 형제들을 죽인 핏값을, 아비멜렉에게, 그리고 형제들을 죽이

'악령'(23절)은 어떤 존재입니까? 하나님은 악령의 활동까지 뒤에서 조종합니까? '악령'이라고 했지만, 여기서 '악'은 서로를 갈라지게 하고 의심하게 만든다는 결과를 그렇게 표현한 것입니다. 하나님께서는 의를 내팽개치고 이익을 위해 함께 모의하는 이들의 견고해 보이는 결탁을 산산이 부서지게 하실 것입니다. 그래서 "하나님께서 악령을 보내셨다"는 건 하나님께서 "악한 영을 조종신다"는 의미가 아니라, "하나님께서 못된 모임과 연합이 서로 의심하며 흩어지도록 만드셨다"는 의미라고 볼 수 있습니다. 예수님께서 세상에 오셔서 사람들이 서로 맞서게 하셨다(마 10:35)는 내용 역시 이러한 맥락으로 이해할 수 있습니다. 하나님께서는 거짓 평화와 악당들의 단결을 반드시 심판하시며 그 모든 거짓을 드러내실 것입니다.

도록 아비멜렉을 도운 세겜 성읍 사람들에게 갚으신 것이다. 25 세겜 성읍 사람들이 아비멜렉을 괴롭히려고 산꼭대기마다 사람을 매복시키고, 그곳을 지나가는 모든 사람을 강탈하게 하자, 이 소식이 아비멜렉에게 들렸다.

26 ○ 에벳의 아들 가알이 자기 친족과 더불어 세겜으로 이사 왔는데, 세겜 성읍 사람들에게 신망을 얻었다. 27 마침 추수 때 가 되어, 세겜 성읍 사람들은 들로 나가 그들의 포도원에서 포 도를 따다가, 포도주를 만들고 잔치를 베풀었다. 그들은 신전에 들어가 먹고 마시면서, 아비멜렉을 저주하였다. 28 에벳의 아들 가알이 말하였다. "우리 세겜 성읍 사람들이 어떤 사람들입니 까? 왜 우리가 아비멜렉을 섬겨야 합니까? 도대체 아비멜렉이 누굽니까? 여룹바알의 아들입니다! 스불은 그가 임명한 자입니 다. 그런데 왜 우리가 그를 섬겨야 합니까? 여룹바알과 그의 심 복 스불은 세겜의 아버지 하몰을 섬기던 사람들입니다. 왜 우리 가 아비멜렉을 섬겨야 합니까? 29 나에게 이 백성을 통솔할 권 한을 준다면, 아비멜렉을 몰아내겠습니다. 그리고 아비멜렉에게 군대를 동원하여 나오라고 해서 싸움을 걸겠습니다."

'그들은 신전에 들어가 먹고 마시면서'(27절)라는 말이 어색합니다. 신전은 경건하 게 제사를 드리는 장소가 아닌가요? '먹고 마시는 것'은 종교의식에서 언제나 수반 되는 행위입니다. 이스라엘 역시 시내산에서 하나님과 언약을 맺을 때 먹고 마셨 습니다(출 24:9-11). 하나님께 예물을 드리러 하나님께서 택하신 곳으로 나올 때도 이스라엘은 먹고 마셨습니다(신 12:17-18; 14:23). 여기서 관건은 누구에게 제사하 며 누구를 경배하는가입니다. 세겜에 있던 신전은 엘브릿 신전이라고도 불리고(삿 9:46), 바알브릿 신전(9:4; 참고 8:33)이라고도 불립니다. 이를 볼 때 기드온이 죽 은 후 이스라엘 가운데 가나안의 바알 신앙이 광범위하게 파고들었고, 주 하나님을 믿는 신앙과 혼합되었음을 짐작할 수 있습니다.

30 ○ 그때에 그 성읍의 통치자인 스불이 에벳의 아들 가알의 말을 전하여 듣고, 화가 치밀어, 31 몰래 전령을 시켜, 아루마에 있는 아비멜렉에게 알렸다. "보십시오, 에벳의 아들 가알과 그의 친족이 세겜으로 이사 오더니, 임금님을 대적하려고 온 성읍 사람들을 충동질하고 있습니다. 32 그러니 이제 임금님께서는 밤중에 부하들과 함께 들에 매복하셨다가, 33 아침 일찍 동틀 녘에 일어나서 성읍을 기습하시는 것이 좋을 듯합니다. 가알이 그의 무리를 이끌고 나올 때를 기다렸다가, 그들을 습격하십시오."

34 ○ 아비멜렉과 그와 함께한 모든 군대가 밤에 일어나, 세겜 옆에 네 무리로 나누어 매복하였다. 35 에벳의 아들 가알이 나와서 성문 어귀에 서니, 아비멜렉과 그의 군대가 매복한 곳에서 나왔다. 36 가알이 그 군대를 보고 스불에게 말하였다. "보시오! 사람들이 산꼭대기에서 아래로 내려오고 있소!" 그러자 스불이 그에게 대꾸하였다. "산 그림자가 사람들처럼 보이는 것이겠지요." 37 다시 가알이 말하였다. "보시오! 사람들이 높은 지대에서 내려오고, 또 한 떼는 므오느님 상수리나무 쪽에서 내려오

통치자라면 보통 군대를 거느리지 않나요? 스불은 어째서 직접 가알을 치지 않고 아비멜렉의 군대를 끌어들입니까?(30~33절) 아마도 스불은 아비멜렉이 세겜에 세웠던 행정관 같은 이였을 것입니다. 에벳의 아들 가알이 세겜에 사는 사람들에게 신망을 얻었고(26절), 이러한 신망을 기반으로 아비멜렉에 반대하자고 선동한 상황인지라, 아마도 스불은 세겜 사람 다수를 상대해 맞설 수 없는 형편이었던 것 같습니다. 당시에는 왕정이 아니기 때문에 제대로 훈련된 군대가 늘 존재하지 않았습니다. 사실 왕정의 대표적인 특징 가운데 하나가 늘 존재하는 군대, 즉 상비군이라 할 수 있습니다. 아비멜렉이 왕이 되었다 하지만 그의 힘은 돈으로 사서 급조한 무리였다는 것(4절) 역시 세겜에 변변한 군사력이 존재하지 않았음을 보여줍니다.

고 있소!" 38 그제야 스불이 그에게 말하였다. "'아비멜렉이 누구이기에 우리가 그를 섬기겠는가?' 하고 큰소리치던 그 용기는 지금 어디로 갔소? 저들이 바로 당신이 업신여기던 사람들 아니오? 어서 나가서 싸워보시오!" 39 가알은 세겜 성읍 사람들을 거느리고 앞장서 나가 아비멜렉과 싸웠다. 40 그러나 그는 아비멜렉에게 쫓기어 그 앞에서 도망하였고, 많은 사상자가 성문 앞까지 널렸다. 41 아비멜렉은 아루마로 돌아가고, 스불은 가알과 그의 친족을 쫓아내어 세겜에서 살지 못하게 하였다.

42 ○ 그다음 날 아비멜렉은 세겜 사람들이 들로 나갔다는 소식을 들었다. 43 그는 자기 군대를 이끌고 나가서, 세 떼로 나누어 들에 매복하고 있다가, 그들이 성읍을 나서는 것을 보고 일제히 일어나 그들에게 달려들어 그들을 쳐 죽였다. 44 아비멜렉과 그가 이끄는 한 떼는 앞으로 쳐들어가 성문 어귀를 지키고, 다른 두 떼는 들에 있는 모든 사람을 공격하여 그들을 쳐 죽였다. 45 아비멜렉은 그날 종일 그 성읍 사람들과 싸워서 그 성읍을 점령하였다. 그는 그 성읍 안에 있는 백성을 죽이고 나서, 성읍을 헐고, 거기에 소금을 뿌렸다.

아비멜렉이 성읍을 헐고 나서 소금을 뿌린(45절) 이유는 무엇입니까? 귀신을 쫓는 의식인가요? 신명기의 한 구절에 따르면 온 땅이 소금이 되었다는 것은 더 이상 아무것도 뿌리내리지 못하고 자라지 않는 땅이 되었다는 의미이며, 주님께서 멸망시킨 소돔과 고모라처럼 되었음을 의미합니다(신 29:23). 소돔에 하늘로부터 불이 떨어졌을 때 뒤돌아본 사람이 소금 기둥이 되었다는 언급 역시 이와 통합니다(창 19:26). 하나님의 심판 때문에 황폐해진 땅을 가리켜 소금 구덩이가 되었다고 표현하는 것도 같은 맥락입니다(습 2:9). 이러한 예를 볼 때, 아비멜렉이 세겜 성을 허물고 모든 사람을 죽인 후 소금을 뿌린 것은 세겜이 영영히 황무한 곳이 되라는 의미의 일종의 저주 의식이라 볼 수 있습니다.

46 ○ 세겜 망대에 있던 성읍 지도자들이 모두 이 소식을 듣고, 엘브릿 신전에 있는 지하 동굴로 피하였다. 47 아비멜렉은, 세겜 망대에 있던 사람들이 모두 지하 동굴에 모여 있다는 소식을 들었다. 48 아비멜렉은 군대를 모두 이끌고 살몬산으로 올라갔다. 아비멜렉은 손에 도끼를 들고서, 나뭇가지들을 찍어 어깨에 메고, 그와 함께 있는 백성에게 지시하였다. "내가 하는 것을 보았으니, 너희도 빨리 그대로 하여라." 49 그래서 저마다 나뭇가지들을 찍어 가지고 아비멜렉을 따라가서, 지하 동굴 앞에 나무를 쌓아놓고, 그 지하 동굴에 있는 사람들 쪽으로 불을 질렀다. 이렇게 해서 세겜 망대에 있던 성읍 사람들도 모두 죽었는데, 죽은 남녀가 천 명쯤 되었다.

50 ○ 그 뒤에 아비멜렉은 데베스로 갔다. 그는 데베스에 진을 치고, 그곳을 점령하였다. 51 그러나 그 성읍 안에는 견고한 망대가 하나 있어서, 남녀 할 것 없이 온 성읍 사람들이 그곳으로 도망하여, 성문을 걸어 잠그고 망대 꼭대기로 올라갔다. 52 아비멜렉은 그 망대에 이르러 공격에 나섰고, 망대 문에 바짝 다가가서 불을 지르려고 하였다. 53 그러나 그때에

49절은 지하 동굴 쪽으로 불을 질렀다고 해놓고 세겜 망대에 있던 이들이 모두 죽었다는 엉뚱한 말로 마무리합니다. 동굴은 뭐고, 망대는 또 뭡니까? 세겜 망대는 세겜 성과는 떨어져 있는 인근의 다른 지역이었을 것입니다. 세겜 성이 함락되자, 세겜 망대에 있던 사람들 역시 아비멜렉의 공격을 예상했을 것입니다. 그들은 그곳에 있던 지하 동굴 같은 곳으로 피신했습니다. 동굴 속에 숨은 사람들을 제거하려고 그 앞에 불을 피우는 일은 전쟁 중에 흔히 일어나는 참혹한 일이었습니다. 결국 동굴에 숨은 이들 모두 죽고 말았습니다. 동굴 속에 숨은 이들을 가리키는 말이 '세겜 망대에 있던 이들'입니다. 세겜 망대에 있다가 동굴로 피신했던 모든 이들이 죽었다는 것을 이렇게 표현했습니다.

한 여인이 맷돌 위짝을 아비멜렉의 머리에 내리 던져, 그의 두 개골을 부숴버렸다. 54 아비멜렉은 자기의 무기를 들고 다니는 젊은 병사를 급히 불러, 그에게 지시하였다. "네 칼을 뽑아 나를 죽여라! 사람들이 나를 두고, 여인이 그를 죽였다는 말을 할까 두렵다." 그 젊은 병사가 아비멜렉을 찌르니, 그가 죽었다. 55 이스라엘 사람들은 아비멜렉이 죽은 것을 보고, 저마다 자기가 사는 곳으로 떠나갔다.

56 ○ 하나님은 아비멜렉에게 자기 형제 일흔 명을 죽여 자기 아버지에게 저지른 죄의 값을 이렇게 갚으셨고, 57 또 세겜 사람들의 죄악도 그들에게 모두 갚으셨다. 여룹바알의 아들 요담의 저주가 이렇게 그들에게 그대로 이루어졌다.

{ 제10장 }

사사 돌라

1 아비멜렉 다음에는 잇사갈 지파 사람 도도의 손자이며 부아의 아들인 돌라가 일어나 이스라엘을 구원하였는데, 그는 에브라임의 산간지방에 있는 사밀에 살고 있었다. 2 그는 이스라엘의 사사로 이십삼 년 동안 있다가, 죽어서 사밀에 묻혔다.

사사 야일

3 ○ 그 뒤에 길르앗 사람 야일이 일어나서, 이십이 년 동안 이스라엘의 사사로 있었다. 4 그에게는 아들이 서른 명이 있었는데, 그들은 서른 마리의 나귀를 타고 다녔고, 성읍도 길르앗 땅에 서른 개나 가지고 있었다. 그 성읍들은 오늘날까지도 하봇야일이라 불린다. 5 야일은 죽어서 가몬에 묻혔다.

돌라와 야일에 관한 기록은 시시하기 짝이 없습니다. 이들의 이름을 성경에 기록하면서도 행적을 낱낱이 적지 않은 까닭은 무엇입니까? 돌라에게는 "이스라엘을 구원했다"라는 사사에게 적용되는 전형적인 표현이 쓰였고, 돌라와 야일 모두 "이스라엘의 사사로 있었다"는 표현이 공통적으로 쓰였습니다. 그 앞에 있던 아비멜렉은 "내 아버지가 왕이다"라는 거창한 뜻의 이름을 지녔고 스스로 왕이 되고자 했던 반면, 돌라와 야일은 사사로서 긴 세월을 무탈하게 지냈다고 볼 수 있습니다. 특히 돌라의 경우 아비멜렉 바로 다음에 놓였다는 점에서, 요란했던 아비멜렉 시기와 특히 대조됩니다. 그가 어떤 삶을 살았는지 구체적으로 알려지지 않았지만, 돌라는 20년이 넘는 세월 동안 이스라엘의 사사로 살면서 자신에게 주어진 일을 충실히 수행했습니다. 어쩌면 이 두 사사를 기록한 본문은 아비멜렉 이후 잠깐 동안의 평범한 평화를 보여준다고 할 수 있습니다.

사사 입다

6 ○ 이스라엘 자손이 다시 주님께서 보시는 앞에서 악을 저질
렀다. 그들은 바알 신들과 아스다롯과 시리아의 신들과 시돈
의 신들과 모압의 신들과 암몬 사람의 신들과 블레셋 사람의
신들을 섬기고, 주님을 저버려, 더 이상 주님을 섬기지 않았
다. 7 그러므로 주님께서 이스라엘 백성에게 진노하시어, 그들
을 블레셋 사람과 암몬 사람의 손에 내어주시니, 8 그해에 그
들이 이스라엘 자손을 억압하고 학대하니, 요단강 동쪽 길르
앗 지방 아모리 사람의 땅에 사는 온 이스라엘 자손이 열여덟
해 동안이나 그렇게 억압을 당하였다. 9 암몬 자손이 또 유다
와 베냐민과 에브라임 지파를 치려고 요단강을 건너왔으므로,
이스라엘 백성은 고통이 막심하였다.

10 ○ 그때에야 비로소 이스라엘 자손이 주님께 부르짖었다.
"우리가 우리 하나님을 저버리고 바알을 섬기어, 주님께 죄를 지
었습니다." 11 주님께서 이스라엘 자손에게 말씀하셨다. "내가
너희를 이집트 사람과 아모리 사람과 암몬 사람과 블레셋 사람

6절을 보면 이스라엘 백성이 섬기는 신이 갈수록 다양해지는 느낌입니다. 이들은 왜
하나님보다 이런 신들에 더 쉽게 매료되었을까요? 바알 종교로 대표되는 이방 종
교는 '넘쳐나는 제사와 약속된 풍요'라는 틀로 요약할 수 있습니다. 정성 가득한 많
은 제물을 바치면 신이 예배자에게 풍요를 약속한다는 것입니다. 중요한 점은 바알
을 흡족하게 하는 정성 가득한 제물입니다. 그래서 이러한 종교는 하나님의 규례를
따르는 일상의 정의로운 삶이 그리 중요하지 않습니다. 반면 주 하나님께서는 제물
로 통제할 수 있는 신이 아니었고, 아무리 많은 제물을 갖다 바쳐도 그 삶이 합당하
지 않으면 헛된 제사라 선언하십니다. 곰곰이 따져보면, 결국 우리 또한 종교가 삶
의 전 영역을 지배하기보다는 마음의 평화나 복을 주는 일정한 기능만 수행하기를
원할 때가 많다 싶습니다. 고대 바알 종교와 그리 다르지 않은 것이지요.

에게서 구원하지 아니하였느냐? 12 시돈 사람과 아말렉 사람과 마온 사람이 너희를 압제할 때에도 너희가 나에게 부르짖었으므로, 내가 너희를 그들의 손아귀에서 구원하여주었다. 13 그런데도 너희는 나를 저버리고 다른 신들을 섬겼다. 그러므로 내가 다시는 너희를 구원하여주지 않을 것이니, 14 너희가 선택한 신들에게나 가서 부르짖어라. 너희가 괴로울 때에 그들에게 가서 구원하여달라고 해라." 15 그러자 이스라엘 자손이 주님께 말씀드렸다. "우리가 죄를 지었습니다. 주님의 뜻대로 다 하십시오. 그러나 오늘만은 우리를 구출하여주십시오." 16 그리고 그들이 자기들 가운데 있는 이방 신들을 제거하고 주님을 섬기니, 주님께서 이스라엘이 겪는 고통을 보고만 계실 수 없으셨다.

17 ㅇ 그때에 암몬 자손이 집결하여 길르앗에 진을 치니, 이스라엘 자손도 모여서 미스바에 진을 쳤다. 18 그때에 백성과 길르앗의 지도자들이 서로 이렇게 말하였다. "누가 먼저 나가서 암몬 자손과 싸우겠느냐? 그 사람이 길르앗에 사는 모든 사람의 통치자가 될 것이다."

{ 제11장 }

1 길르앗 사람 입다는 굉장한 용사였다. 그는 길르앗이 창녀에게서 낳은 아들이다. 2 길르앗의 본처도 여러 아들을 낳았는데, 그들이 자라서 입다를 쫓아내며 그에게 말하였다. "너는 우리의 어머니가 아닌 다른 여인의 아들이므로, 우리 아버지의 유산을 이어받을 수 없다." 3 그래서 입다는 자기의 이복형제들을 피하여 도망가서, 돕이라는 땅에서 살았는데, 건달패들이 입다에게 모여들어 그를 따라다녔다.

4 ○ 얼마 뒤에 암몬 자손이 이스라엘을 쳐들어왔다. 5 암몬 자손이 이스라엘을 쳐들어오자, 길르앗의 장로들이 입다를 데려오려고 돕 땅에 가서 6 그에게 말하였다. "와서 우리의 지휘관이 되어주시오. 그래야 우리가 암몬 자손을 칠 수 있겠소." 7 그러나 입다는 길르앗의 장로들에게 말하였다. "당신들이 나를 미워하여, 우리 아버지 집에서 나를 쫓아낼 때는 언제이고, 어려움을 당하고 있다고 해서 나에게 올 때는 또 언제요?" 8 그러

입다는 출신도 천하고 지닌 것도 변변찮은 하류인생이었습니다(1-3절). 하나님은 어째서 그런 인물들을 사사로 세웁니까? 입다의 어머니는 창녀였는데, 여호수아 시대 여리고 싸움과 연관된 중요한 인물인 라합 또한 창녀였습니다. 입다는 천한 출신으로 집안에서 밀려나 사회의 주변부를 맴돌며 자기를 따르는 이들을 모았던 인물인데, 이렇게 미미한 출신으로 태어나 사회 주변부를 맴돌며 따르던 이들을 규합했던 또 다른 인물로는 다윗이 있습니다. 사실 구약성경에 등장하는 신앙의 본보기 가운데 그럴싸한 집안 출신이 누가 있을까 싶기도 합니다. 하나님께서 행하시는 일을 증언한 구약성경에는 이처럼 온통 밀려난 자, 이집트의 노예였던 백성, 창녀, 창녀의 자식들의 이야기로 가득합니다. 처음부터 하나님께서는 밀려난 자의 하나님이시며, 천한 자의 하나님이셨습니다.

자 길르앗의 장로들이 입다에게 대답하였다. "바로 그렇기 때문에 우리가 당신을 찾아온 것이오. 우리와 함께 가서 암몬 자손과 싸운다면, 당신은 모든 길르앗 사람의 통치자가 될 것이오." 9 입다가 길르앗 장로들에게 물었다. "당신들이 나를 데리고 가서 암몬 자손과 싸울 때에, 주님께서 그들을 나에게 넘겨주신다면, 과연 당신들은 나를 통치자로 받들겠소?" 10 그러자 길르앗의 장로들이 입다에게 다짐하였다. "주님께서 우리 사이의 증인이십니다. 당신이 말한 그대로 우리가 할 것입니다."

11 ○ 입다가 길르앗의 장로들을 따라가니, 백성이 그를 자기들의 통치자와 지휘관으로 삼았다. 입다는 그가 나눈 모든 말을 미스바에서 주님께 말씀드렸다.

12 ○ 입다가 암몬 자손의 왕에게 사절을 보내어 말을 전하였다. "우리 사이에 무엇이 잘못되었기에, 나의 영토를 침범하십니까?" 13 암몬 자손의 왕이 입다의 사절에게 말하였다. "이스라엘이 이집트에서 올라올 때에 아르논강에서부터 얍복강과 요단강에 이르는 나의 땅을 점령하였습니다. 그러니 이제 말

11절은 입다가 장로들과 나눈 대화를 '주님께' 말씀드렸다고 합니다. 건달 우두머리의 행동으로는 아주 낯선 편인데, 도대체 왜 이러는 걸까요? 고대 이스라엘에서 하나님에 대한 신앙은 일종의 기본값이라고 볼 수 있습니다. 그런데 이런 신앙이 그 사회 분위기에 따라 바알 종교에 휩쓸리기도 하고 다른 종교와 뒤엉키기도 합니다. 그리고 당시 사회 주류에 속한 이들의 시선에는 입다 패거리가 건달패로 보였겠지만, 언제나 주류 사회의 문제를 바로잡고 근본적으로 변화시키는 것은 내부의 개혁이 아니라 주류 사회가 건달이라 치부하는 변두리 사람에 의한 변화입니다. 주류 세력이 보기에는 건달이었지만, 본문에서 묘사한 입다와 그의 무리는 주 하나님을 신뢰하며 그분의 뜻을 묻고 구하는 이들이었습니다. 오히려 이들이야말로 주 하나님에 대한 신앙을 좀 더 온전하게 간직한 이들이었다고 할 수 있습니다.

썽을 일으키지 말고 그 땅을 내놓으시기 바랍니다."

14 ○ 입다는 다시 암몬 자손의 왕에게 사절을 보냈다. 15 사절이 그에게 말을 전하였다. "나 입다는 이렇게 답변합니다. 이스라엘이 모압 땅이나 암몬 자손의 땅을 빼앗은 것이 아닙니다. 16 이스라엘이 이집트에서 나와, 광야를 지나고 홍해를 건너 가데스에 이르렀을 때에, 17 이스라엘이 에돔 왕에게 사절을 보내어 에돔 왕의 영토를 지나가게 허락하여달라고 부탁을 한 일이 있었습니다. 그러나 에돔의 왕은 이 부탁을 들어주지 않았습니다. 이스라엘은 모압 왕에게도 사절을 보내었으나, 그도 우리의 요청을 들어주려고 하지 않았습니다. 그래서 이스라엘은 가데스에 머물러 있다가, 18 광야를 지나 에돔과 모압 땅을 돌아서 모압 땅 동쪽으로 가서, 아르논강 건너에 진을 쳤으며, 모압 땅에는 들어가지 않았습니다. 아르논강이 모압 땅의 국경이기 때문이었습니다. 19 이스라엘은 또 헤스본에서 통치하던 아모리 사람의 왕 시혼에게도 사절을 보내어, 우리가 갈 곳에 이르기까지 그의 영토를 지나가게 허락하여달라고 간절히 부탁하였습니다. 20 그런데 시혼은 이스라엘이 자기

'암몬 자손의 왕'(13절)이라는 표현이 기묘합니다. 똑 부러지게 어느 나라의 왕이라고 말하지 않는 이유는 무엇입니까? 암몬은 구약에 100회 이상 언급되는데, 두 경우(삼상 11:11; 시 83:7)를 제외하고 항상 '암몬 자손'이라고 표현됩니다. 다른 이방 나라와는 달리 왜 암몬만 항상 그렇게 표현되는지는 정확히 알 수 없지만, 어찌 됐건 '암몬 자손'이라는 표현은 명확하게 암몬이라는 특정한 이방 나라를 가리킵니다. 다른 나라의 경우에는 '자손'이라는 말이 붙을 때도 있고 그렇지 않을 때도 있으나, 이스라엘에는 '자손'이라는 말이 자주 붙습니다. 현대인과는 달리, 고대 사람들은 지금 존재하는 민족이 거슬러 올라가면 결국 누군가의 후손이라는 것을 이러한 표현 방식을 통해 드러낸다고 이해할 수 있습니다.

의 영토를 지나가는 것을 허락하지 않을 뿐만 아니라, 오히려 그의 온 군대를 모아 야하스에 진을 치고 이스라엘에게 싸움을 걸어왔습니다. 21 그래서 이스라엘의 주 하나님이 시혼과 그의 온 군대를 이스라엘의 손에 넘겨주셨습니다. 이스라엘이 그들을 쳐서 이기고, 아모리 사람의 모든 땅 곧 그들이 사는 그 영토를 차지하게 되었는데, 22 이렇게 하여서 이스라엘은 아르논강에서 얍복강까지와 또 광야에서 요단강까지 이르는 아모리 사람의 온 영토를 차지하였습니다. 23 주 이스라엘의 하나님이 그의 백성 이스라엘 앞에서 이렇게 아모리 사람을 몰아내셨습니다. 그런데 이제 와서 당신이 이 땅을 차지하겠다는 것입니까? 24 당신은 당신이 섬기는 신 그모스가 당신의 몫으로 준 땅을 차지하지 않았습니까? 우리는 주 우리 하나님이 우리 앞에서 원수를 몰아내고 주신 모든 땅을 차지한 것입니다. 25 이제 당신이 모압 왕 십볼의 아들 발락보다도 뛰어나다고 생각합니까? 그가 감히 이스라엘과 다투거나 싸웠습니까? 26 이스라엘이 헤스본과 그 주변 마을들과, 아로엘과 그 주변 마을들과, 아르논강 변의 모든 성읍에 삼백 년 동안이나

입다가 그모스 신(24절)을 들먹이는 까닭은 무엇입니까? 그 신의 존재와 능력을 인정한다는 뜻인가요? 구약 시대에는 대체로 다른 민족이 섬기는 다른 종교를 부정하거나 핍박하지 않았습니다. 이스라엘에게 문제가 되는 것은 그들은 주 하나님을 섬기는 이들로 부름받았는데 하나님이 아닌 다른 것에 굽신거리거나 숭배한다는 점입니다. 그러나 주변의 다른 민족이 각각 자신들의 신을 섬기는 것을 문제시하지는 않습니다. 그 점에서 구약 신앙은 제국주의나 종교적 배타주의와는 거리가 멉니다. 다른 신은 없으며 오직 하나님 한 분뿐이라는 신앙이 생겨나는 것은 구약 시대 후반기, 이스라엘이 더 이상 나라로 존재하지 않던 시절이었습니다. 나라가 없어지자 주 하나님이 온 세상의 유일하신 하나님임을 고백하게 된 것입니다.

살았는데, 왜 당신은 그동안에 이 지역들을 되찾지 않았습니까? 27 나로서는 당신에게 잘못한 것이 전혀 없는데도 당신이 나를 해치려고 쳐들어왔으니, 심판자이신 주님께서 오늘 이스라엘 자손과 암몬 자손 사이를 판가름해주실 것입니다."

28 ○ 그러나 암몬 자손의 왕은 입다가 자기에게 전하여준 말에 전혀 귀를 기울이지 않았다.

29 ○ 주님의 영이 입다에게 내렸다. 그는 길르앗과 므낫세 지역을 돌아보고, 길르앗의 미스바로 돌아왔다가, 길르앗의 미스바에서 다시 암몬 자손이 있는 쪽으로 나아갔다. 30 그때에 입다가 주님께 서원하였다. "하나님이 암몬 자손을 내 손에 넘겨주신다면, 31 내가 암몬 자손을 이기고 무사히 돌아올 때에, 누구든지 내 집 문에서 먼저 나를 맞으러 나오는 그 사람은 주님의 것이 될 것입니다. 내가 번제물로 그를 드리겠습니다." 32 그런 다음에 입다는 암몬 자손에게 건너가서, 그들과 싸웠다. 주님께서 그들을 입다의 손에 넘겨주시니, 33 그는 아로엘에서 민닛까지 스무 성읍을 쳐부수고, 아벨그라밈까지 크게 무찔렀다. 그리하여 암몬 자손은 이스라엘 자손 앞에 항복하고 말았다.

입다는 자식을 태워 제물로 바치겠다고 맹세합니다(30~31절). 이건 율법이 금지하는 행위가 아닌가요? 정확히 말해 입다가 자식을 태워 바치겠다고 서원하지는 않았습니다. 아마도 그는 승리 후 돌아올 때 가장 먼저 보게 될 존재가 자신의 집에 있는 가축 같은 것이라 생각했을 겁니다. 이와 같은 서원은 오늘 우리에게는 무척이나 낯선 관습이지만, 고대 이스라엘에서는 빈번하게 존재했습니다. 서원은 하나님의 도우심을 구하면서 그러한 도우심을 결코 잊지 않고 감사하겠다고 약속하는 것을 나타냅니다. 그리고 이러한 서원은 승리나 도우심이 그저 자신의 노력이 아니라 하나님께로부터 오는 것임을 고백하는 행위이기도 합니다. 입다의 서원에 문제가 있다면, 그가 무엇을 가장 먼저 볼지 몰랐는데 경솔하게 말했다는 점입니다.

입다의 딸

34 ○ 입다가 미스바에 있는 자기 집으로 돌아올 때에, 소구를 치고 춤추며 그를 맞으려고 나오는 사람은 바로 그의 딸이었다. 그는 입다의 무남독녀였다. **35** 입다는 자기 딸을 보는 순간 옷을 찢으며 부르짖었다. "아이고, 이 자식아, 네가 이 아버지의 가슴을 후벼 파는구나. 나를 이렇게 괴롭히는 것이 하필이면 왜 너란 말이냐! 주님께 서원한 것이어서 돌이킬 수도 없으니, 어찌한단 말이냐!" **36** 그러자 딸이 아버지에게 말하였다. "아버지, 아버지께서 입으로 주님께 서원하셨으니, 서원하신 말씀대로 저에게 하십시오. 이미 주님께서는 아버지의 원수인 암몬 자손에게 복수하여주셨습니다." **37** 딸은 또 아버지에게 말하였다. "한 가지만 저에게 허락하여주시기 바랍니다. 두 달만 저에게 말미를 주십시오. 처녀로 죽는 이 몸, 친구들과 함께 산으로 가서 실컷 울도록 해주시기 바랍니다." **38** 입다는 딸더러 가라고 허락하고, 두 달 동안 말미를 주어 보냈

딸을 제물로 바치게 된 상황(34-35절)은 누가 봐도 정도에서 벗어난 약속인데, 뒤늦게나마 용서를 구하고 철회할 수는 없었을까요? 서원은 자신에게 불리할지라도 반드시 지켜야 합니다(신 23:21-23). 그렇기에 서원은 아주 신중해야 하며 그 의미가 무엇인지 명확히 생각해야 합니다. 이를 고려할 때 입다의 서원은 참으로 어리석고 오만한 서원이었습니다. 결국 그는 서원대로 자신의 딸을 희생시킵니다. 구약성경이 증언하는 하나님은 신앙을 위해서라면 가족을 희생시켜도 되는 분이 결코 아닙니다. 사람은 기계나 로봇으로 만들어진 것이 아니라, 생각하고 판단할 수 있는 주체로 만들어졌습니다. 그렇다면 입다의 행동은 해서는 안 되는 행동이었습니다. 사사기 본문은 이에 대해 별다른 평가 없이 그저 일어난 일을 서술하면서 독자에게 판단을 맡깁니다. 이러한 방식은 입다의 이야기를 당연한 것으로 받아들이지 말고 독자와 청중 스스로 생각하며 판단하도록 초대합니다.

다. 딸은 친구들과 더불어 산으로 올라가서, 처녀로 죽는 것을 슬퍼하며 실컷 울었다. 39 두 달 만에 딸이 아버지에게로 돌아오자, 아버지는 주님께 서원한 것을 지켰고, 그 딸은 남자를 알지 못하는 처녀의 몸으로 죽었다.

○ 이스라엘에서 한 관습이 생겼다. 40 이스라엘 여자들이 해마다 산으로 들어가서, 길르앗 사람 입다의 딸을 애도하여 나흘 동안 슬피 우는 것이다.

{ 제12장 }

입다와 에브라임 지파

1 에브라임 지파 사람이 싸울 준비를 하고 요단강을 건너 사본으로 와서, 입다에게 말하였다. "너는 왜 암몬 자손을 치러 건너갈 때에 우리를 불러 같이 가지 않았느냐? 우리가 너와 네 집을 같이 불태워버리겠다." 2 그러자 입다가 그들에게 말하였다. "나와 나의 백성이 암몬 자손과 힘겹게 싸울 때에, 내가 너희를 불렀으나, 너희는 나를 그들의 손에서 구하여주려고 하지 않았다. 3 너희가 구하러 오지 않는 것을 보고, 내가 목숨을 걸고 암몬 자손에게 쳐들어가니, 주님께서는 그들을 나의 손에 넘겨주셨다. 그런데 어찌하여 오늘 너희가 이렇게 올라와서 나를 대항하여 싸우려고 하느냐?" 4 입다는 길르앗 사람들을 모두 불러 모아, 에브라임 지파 사람들과 싸워 무찔렀다. (에브라임 사람들은 평소에 늘 길르앗 사람들을 보고 "너희 길르앗 사람은 본래 에브라임에서 도망친 자들이요, 에브라임과

1절에서 보이는 에브라임 지파의 행동을 납득할 수 없습니다. 이렇게 억지를 부리는 배경을 알고 싶습니다. 기드온 시대에도 에브라임 지파는 오만한 모습으로 그려집니다(8:1-2). 당대에 가장 강력하고 세력이 컸던 지파였기에 그들의 위세는 대단했던 것 같습니다. 기드온은 그들 앞에서 자신을 낮춰 상황을 해결한 반면(8:2-3), 입다는 오히려 그들의 부당함을 격렬하게 드러내는 것으로 대응합니다. 이는 결국 입다가 속한 길르앗의 므낫세 지파와 에브라임 지파 사이의 대대적인 전쟁으로 이어집니다. 사사 시대에는 지파 간 독자성이 확실했고 각각의 지파가 어려움을 겪을 때 함께 도우며 서로를 지탱하기도 했지만, 여기에서 보듯 지파 이기주의에 몰입해 약한 지파를 가벼이 여기며 횡포를 부리는 일도 일어났습니다.

므낫세에 속한 자들이다!" 하고 말하였다.) 5 길르앗 사람들은 에브라임 사람을 앞질러서 요단강 나루를 차지하였다. 도망치는 에브라임 사람이 강을 건너가게 해달라고 하면, 길르앗 사람들은 그에게 에브라임 사람이냐고 물었다. 그가 에브라임 사람이 아니라고 하면, 6 그에게 쉬볼렛이라는 말을 발음하게 하였다. 그러나 그가 그 말을 제대로 발음하지 못하고 시볼렛이라고 발음하면, 길르앗 사람들이 그를 붙들어 요단강 나루터에서 죽였다. 이렇게 하여 그때에 죽은 에브라임 사람의 수는 사만 이천이나 되었다.

7 ○ 길르앗 사람 입다는 여섯 해 동안 이스라엘의 사사로 있었다. 입다는 죽어서 길르앗에 있는 한 성읍에 묻혔다.

사사 입산

8 ○ 그 뒤에 베들레헴의 입산이 이스라엘의 사사가 되었다. 9 그에게는 아들 서른 명과 딸 서른 명이 있었는데, 딸들은 다른 집안으로 출가시키고, 며느리들도 다른 집안에서 서른 명을 데려왔다. 그는 일곱 해 동안 이스라엘의 사사로 있었다.

에브라임 사람들이 4절의 괄호 속 내용과 같은 말을 하는 근거는 무엇입니까? 이에 대한 구체적인 근거를 구약성경에서는 찾아볼 수 없습니다. 아마도 이러한 말은 당대 요단강 동쪽에 있던 므낫세 지파에 대한 요단강 서쪽 지파들의 통념을 반영한 것일 수 있습니다. 여호수아기에서 보듯 동쪽 지파는 서쪽 지파들이 자신들을 모른 체할까 두려워했습니다(수 22:24-25). 대다수 지파가 살았던 서쪽 지역에서 보기에 동쪽은 주변이자 변두리로 여겨졌을 것입니다. 특히 서쪽에서 세력이 컸던 에브라임 지파의 경우 동쪽 므낫세 지파의 핵심인 길르앗 사람들을 조롱하고 비웃고 업신여기느라 '도망자'로 폄하했다고 볼 수 있습니다.

10 입산은 죽어서 베들레헴에 묻혔다.

사사 엘론

11 ○ 그 뒤에 스불론 사람 엘론이 이스라엘의 사사가 되었다. 그는 십 년 동안 사사로 있으면서 이스라엘을 다스렸다. 12 스불론 사람 엘론은 죽어서 스불론 땅에 있는 아얄론에 묻혔다.

사사 압돈

13 ○ 그 뒤에 비라돈 사람 힐렐의 아들 압돈이 이스라엘의 사사가 되었다. 14 그에게는 마흔 명의 아들과 서른 명의 손자가 있었는데, 그들은 나귀 일흔 마리를 타고 다녔다. 그는 여덟 해 동안 사사로 있으면서 이스라엘을 다스렸다. 15 비라돈 사람 힐렐의 아들 압돈은 죽어서 아말렉 사람의 산간지방에 있는 에브라임의 땅 비라돈에 묻혔다.

10장 4절에 언급된 야일의 경우처럼 압돈의 아들과 손자들도 나귀를 타고 다녔습니다(14절). 이게 뭐 그리 대단한 일이라고 기록에 남긴 거죠? 사사 야일과 압돈에 관한 본문에서 이들의 자녀가 나귀를 타고 다녔다고 언급한 것은 이들이 상당한 부와 위세를 지녔음을 표현한다고 봐야 할 것입니다. 본문 자체가 더 이상 어떤 평가를 내리지 않아서 이에 대해 단정해서 말하기는 어렵습니다. 한편으로 입산과 엘론, 압돈의 시대는 평화로워서 많은 자녀를 낳고 많은 부를 획득할 수 있었던 시대라고 알리는 것이기도 합니다. 다른 한편으로는 사사들마다 많은 자녀와 부를 축적하는 것이 왕권의 그림자를 얼핏 보여주는 시대임을 알리는 것이라 볼 수도 있습니다. 어쩌면 이와 같은 두 방향의 의미를 모두 전달하는 것이 본문의 의도일 수도 있습니다. 사사 시대는 평화를 향해 나가게 될까요, 아니면 왕권과 같은 권력 중심의 사회로 나가게 될까요?

{ 제13장 }

삼손의 출생

1 이스라엘 자손이 다시, 주님께서 보시는 앞에서 악한 일을 저질렀다. 그래서 주님께서는 그들을 사십 년 동안 블레셋 사람들의 손에 넘겨주셨다.

2 O 그때에 소라 땅에 단 지파의 가족 가운데 마노아라는 사람이 있었는데, 그의 아내는 임신할 수 없어서 자식을 낳지 못하였다. 3 주님의 천사가 그 여인에게 나타나 말하였다. "보아라, 네가 지금까지는 임신할 수 없어서 아이를 낳지 못하였으나, 이제는 임신하여 아들을 낳게 될 것이다. 4 그러므로 이제부터 조심하여, 포도주나 독한 술을 마시지 말아라. 부정한 것은 어떤 것도 먹어서는 안 된다. 5 네가 임신하여 아들을 낳을 것인데, 그 아이의 머리에 면도칼을 대어서는 안 된다. 그 아이는 모태에서부터 이미 하나님께 바쳐진 나실 사람이기 때문

블레셋은 어떤 민족입니까? 이스라엘과는 언제부터 부대끼기 시작했습니까? 블레셋은 오늘날의 그리스 남쪽 에게해에 있는 크레테 섬에서 유래한 민족으로 여겨집니다(암 9:7). 그들은 철기 문명에 기반을 둔 강력한 해양 세력이었으며, 기원전 12세기 무렵부터 아프리카 북부와 동부 지중해 연안으로 진출합니다. 당시 이집트는 해양 민족의 계속된 침략과 북쪽에서 일어난 히타이트와의 전투, 그리고 내부에서 시작된 붕괴로 인해 가나안 지역에 거의 힘을 발휘할 수 없었고, 그 힘의 공백기에 블레셋이 가나안 땅 해안 지역을 장악했습니다. 특히 그들의 다섯 도시인 가사, 아스돗, 아스글론, 가드, 에그론이 유명했습니다. 사사 시대부터 왕정 초기까지 블레셋은 이스라엘의 숙적이었습니다. 블레셋의 흔적은 이 지역 전체를 가리키는 이름이 '블레셋의 땅'이라는 뜻을 지닌 팔레스타인이라는 것에서 찾아볼 수 있습니다.

이다. 바로 그가 블레셋 사람의 손에서 이스라엘을 구하는 일을 시작할 것이다."

6 ○ 여인은 곧바로 남편에게 가서 말하였다. "하나님의 사람이 나에게 오셨는데, 그분의 모습이 하나님의 천사의 모습과 같아서, 너무나 두려웠습니다. 그래서 나는 그분이 어디서 오셨는지 감히 묻지도 못하였고, 또 그분도 나에게 자기 이름을 일러주지 않았습니다. 7 그런데 그분이 내게 말하기를, 내가 임신하여 아들을 낳을 것이니, 이제부터 포도주와 독한 술을 마시지 말고, 부정한 것은 어떤 것도 먹어서는 안 된다고 말했습니다. 그 아이는 모태에서부터 죽는 날까지 하나님께 바쳐진 나실 사람으로 살아야 하기 때문이라고 했습니다."

8 ○ 이 말을 듣고 마노아가 주님께 기도드렸다. "주님, 우리에게 보내셨던 하나님의 사람을 우리에게 다시 오게 하셔서, 태어날 아이에게 어떻게 하여야 할지를 우리에게 가르치게 하여주십시오." 9 주님께서 마노아의 기도를 들어주셔서, 주님의 천사가 다시 여인에게 왔다. 그때에 그 여인은 밭에 앉아 있었는데, 남편 마노아는 아내와 함께 있지 않았다. 10 그래서

'나실 사람'(5절)은 어떤 부류의 사람들을 가리키는 말입니까? '나실 사람'은 '구별된 자'라는 의미인데, 하나님께 헌신하기 위해 자신을 구별하겠다고 서원한 사람을 가리킵니다. 이들은 일정 기간 동안 포도주를 비롯한 포도나무에서 자란 것을 먹지 않고, 머리를 자르지 않으며, 부정한 것에 닿지 않도록 유의했습니다(민 6:1-21). 평소에는 일상을 살아가지만, 특정한 기간에는 근본적으로 자신이 하나님의 사람이자 하나님께 구별된 사람임을 상기하고 표현하는 관행이 이러한 나실 사람 규정이라 할 수 있습니다. 어떤 이들은 평생을 나실 사람으로 드려지기도 했는데, 본문의 삼손이나 사무엘(삼상 1:11) 역시 그러했습니다. 나실 사람 규정은 이스라엘의 정체성과 연관된 오랜 신앙 전통이라 볼 수 있습니다.

그 여인은 급히 달려가 남편에게 말하였다. "와보세요. 저번에 나에게 오셨던 그분이 지금 나타나셨어요." 11 마노아는 일어나 곧 아내를 따라가서, 그 사람에게 이르렀다. 마노아가 그를 보고서, 저번에 자기의 처에게 말하던 그분이냐고 물었다. 그가 그렇다고 대답하자, 12 마노아는 그에게, 지난번에 한 그 말이 이루어질 때에 그 아이가 지켜야 할 규칙은 무엇이며, 또 그 아이가 할 일은 무엇이냐고 물었다. 13 주님의 천사가 마노아에게 일러주었다. 주님의 천사가 마노아의 아내에게 일러준 모든 것을 그 아이가 지켜야 하고, 14 마노아의 아내는 포도나무에서 나는 것은 어떤 것도 먹어서는 안 되고, 포도주와 독한 술을 마시지 않아야 하며, 부정한 것은 어떤 것도 먹어서는 안 되고, 주님의 천사가 마노아의 아내에게 명령한 모든 것을 마노아의 아내가 지켜야 한다고 말해주었다.

15 ○ 그러자 마노아가 주님의 천사에게, 새끼 염소를 한 마리 잡아 대접할 터이니, 잠시 기다려달라고 하였다. 16 그러나 주님의 천사는 마노아에게, 기다리라면 기다릴 수는 있으나 음

마노아는 기도했고(8절) 주님은 그 기도를 들으셨습니다(9절). 세계 인구가 수십억인데, 하나님은 정말 한 사람 한 사람의 기도를 다 들으시나요? 어머니는 수많은 소리 가운데 자기 자녀의 목소리를 바로 구분해내곤 하지 않습니까? 사랑하는 이의 목소리와 모습을 멀리서도 알아보는 것을 두고 우리는 기적이라 말하지 않습니다. 그래서 주님께 구하는 자의 기도를 하나님께서 하나하나 들으신다는 것은 초자연적인 기적을 말하는 것이 아니라, 인간을 향한 하나님의 사랑을 말합니다. 하나님께서 들으시리라 믿고 구하는 것이야말로 하나님을 향한 사람의 사랑 표현이고, 하나님께서는 그 기도를 들으심으로 그 사랑을 표현하십니다. 특히 이집트 노예나 창녀의 아들 입다처럼, 작은 자의 기도에 예민하게 귀 기울이십니다. 왜냐하면 그들은 하나님 말고는 의지할 곳이 없는 이들이기 때문입니다.

식은 먹지 않겠다고 하면서, 마노아가 번제를 준비한다면, 그 것은 마땅히 주님께 드려야 할 것이라고 말하였다. 마노아는 그가 주님의 천사라는 것을 전혀 알지 못하였다. 17 그래서 마노아가 또 주님의 천사에게, 이름만이라도 알려주면, 말한 바가 이루어질 때에 그에게 그 영광을 돌리고 싶다고 하였다. 18 그러나 주님의 천사는 어찌하여 그렇게 자기의 이름을 묻 느냐고 나무라면서 자기의 이름은 비밀이라고 하였다.

19 ○ 마노아는 새끼 염소 한 마리와 곡식예물을 가져다가, 바 위 위에서 주님께 드렸다. 주님께서는 마노아와 그의 아내가 보고 있는 데서 신기한 일을 일으키셨다. 20 제단에서 불길이 하늘로 치솟자, 주님의 천사가 제단의 불길을 타고 하늘로 올 라갔다. 마노아와 그의 아내는 이것을 보고, 얼굴을 땅에 대고 엎드렸다. 21 주님의 천사가 마노아와 그의 아내에게 다시 나 타나지 않자, 그제야 마노아는 비로소 그가 주님의 천사인 줄 알았다. 22 마노아는 아내에게 말하였다. "우리가 하나님을 보 았으니, 우리는 틀림없이 죽을 것이오." 23 그러자 그의 아내

천사가 식사도, 통성명도 한사코 거부한(16-18절) 이유는 무엇입니까? 천사는 사람 이 아니니 사람의 음식을 먹지 않습니다. 마노아의 대접이 번제라면 그 제사를 받 아야 할 마땅한 존재는 오직 주 하나님이시니 자기가 그 제사를 받아서는 안 되었 을 것입니다. 하나님의 보내심을 받은 천사는 자신의 역할과 이유를 명확하게 알 고 있습니다. 이름은 단순히 몇 개의 글자가 아니라 한 존재의 정체성이며 전부를 상징합니다. 그렇기에 상대의 이름을 안다는 것은 상대를 파악하는 것이며, 나아가 그를 주관할 수도 있는 행위입니다. 그러나 하나님의 천사의 이름, 그리고 하나님 의 이름은 비밀입니다. 이것은 하나님께서는 인간의 이해나 파악 너머의 분임을 의 미합니다. 하나님께서는 그 이름으로 인간이 조종하거나 좌우할 수 없는 분임을 이 와 같은 대화를 통해 보여줍니다.

가 그에게 말하였다. "만일 주님께서 우리를 죽이려 하셨다면 우리의 손에서 번제물과 곡식예물을 받지 않으셨을 것이며, 또 우리에게 이런 모든 일을 보이거나 이런 말씀을 하시지도 않으셨을 겁니다."

24 ○ 그 여인이 아들을 낳고서, 이름을 삼손이라고 하였다. 그 아이는 주님께서 내리시는 복을 받으면서 잘 자랐다. 25 그가 소라와 에스다올 사이에 있는 마하네단에 있을 때에, 주님의 영이 처음으로 그에게 내렸다.

'주님께서 내리시는 복'(24절)이란 무얼 가리킵니까? 큰돈이나 행운, 건강… 뭐 그런 건가요? 주님께서 주시는 복에는 당연히 건강도 있고, 필요한 돈도 있겠고, 행복한 주변 환경도 있습니다. 문제는 우리가 이것만을 추구하느라 주변을 모른 체하고 미친 듯이 달려가는 것, 그리고 하나님을 오직 이런 현세적 복을 주는 신으로만 여기는 것이지, 하나님께서 그분의 백성에게 이러한 복을 주시는 것은 문제가 아닐 겁니다. 우리를 사랑해주는 부모나 친구 역시 우리에게 이런 선물을 줄 때가 있듯이 말입니다. 그러나 하나님께서 주시는 가장 큰 복은 하나님을 알고 경외하고 신뢰하며 살아가도록 하신 것입니다. 하나님께서는 이 땅에 사람의 갓난아기로 태어나신 예수님이 자라면서 튼튼해지고 지혜롭게 하셨고(눅 2:40), 하나님과 사람에게 사랑받게 하셨습니다(눅 2:52). 하나님의 복을 받는다는 것은 이와 같은 모습으로 나타날 것입니다.

{ 제14장 }

삼손과 딤나의 처녀

1 삼손이 딤나로 내려갔다가, 딤나에 있는 어떤 블레셋 처녀를 보았다. 2 그가 돌아와서 자기 부모에게 말하였다. "내가 딤나에 내려갔다가, 블레셋 처녀를 하나 보았습니다. 장가들고 싶습니다. 주선해주십시오." 3 그러자 그의 아버지와 어머니가 그를 타일렀다. "네 친척이나 네 백성의 딸들 가운데는 여자가 없느냐? 왜 너는 할례도 받지 않는 블레셋 사람을 아내로 맞으려고 하느냐?" 그래도 삼손은 자기 아버지에게 말하였다. "꼭 그 여자를 색시로 데려와 주십시오. 그 여자는 첫눈에 내 맘에 쏙 들었습니다." 4 그의 부모는, 주님께서 블레셋 사람을 치실 계기를 삼으려고 이 일을 하시는 줄을 알지 못하였다. 그때에 블레셋 사람이 이스라엘을 지배하고 있었다.

5 ○ 삼손이 부모와 함께 딤나로 내려가서, 딤나에 있는 어떤

삼손은 부모의 반대를 무릅쓰고 블레셋 여인을 아내로 얻습니다. 어차피 제 뜻대로 할 작정이면서 굳이 결혼을 '주선해'달라고(2절) 청한 까닭은 무엇입니까? 이 부분에서 삼손과 부모의 모습을 동시에 드러내기 위해 결혼 주선이라는 역할을 통해 부모를 등장시킨다고 볼 수 있습니다. 이방 민족과의 결혼은 분명히 규탄받을 행위입니다(3:6). 본문 4절은 놀랍게도 이 과정이 주님께서 블레셋을 치려고 행하시는 것이라 설명합니다. 삼손의 행동은 분명히 부적절합니다. 그렇지만 사사기 저자는 삼손의 옳지 못한 행동에도 불구하고 하나님께서 이스라엘을 위해 블레셋을 치시는 뜻을 이루어가신다는 점을 계속해서 보여줍니다. 하나님의 구원이 삼손의 행동을 결코 정당화할 수는 없겠지만, 사람의 부족함에도 불구하고 하나님께서는 여전히 그 백성을 위해 일하신다는 것을 삼손의 이 본문을 통해 볼 수 있습니다.

포도원에 이르렀다. 그런데 갑자기 어린 사자 한 마리가 으르렁거리며 그에게 달려들었다. 6 그때에 주님의 영이 삼손에게 세차게 내리 덮쳤으므로 손에 아무것도 가진 것 없이, 그 사자를 염소 새끼 찢듯이 찢어 죽였다. 그러나 그는 이 일을 부모에게 말하지 않았다.

7 ○ 그는 그 여자에게로 내려가, 그와 이야기를 나누었다. 삼손은 그 여자를 무척 좋아하였다. 8 얼마 뒤에 삼손은 그 여자를 아내로 맞으러 그곳으로 다시 가다가, 길을 벗어나 자기가 죽인 사자가 있는 데로 가보았더니, 그 죽은 사자의 주검에 벌떼가 있고 꿀이 고여 있었다. 9 그는 손으로 꿀을 좀 떠다가 걸어가면서 먹고, 부모에게도 가져다주었으나, 그 꿀이 사자의 주검에서 떠온 것이라고는 말하지 않았다.

10 ○ 그의 아버지는 사돈 될 사람의 집으로 갔다. 삼손은, 신랑들이 장가갈 때 하는 풍습을 따라서, 거기에서 잔치를 베풀었다. 11 블레셋 사람들이 그를 보자, 젊은이 서른 명을 데려다가 그와 한자리에 앉게 하였다. 12 그때에 삼손이 그들에게 한 제안을 하였다. "내가 여러분에게 수수께끼를 하나 내려고 하

마노아는 신부의 집으로 갔습니다(10절). 신랑의 아버지가 아들과 함께 신부의 집으로 가는 게 일반적인 이스라엘의 결혼 풍습입니까? 이스라엘만의 풍습이라기보다는 고대 중동 지역의 결혼 풍습 가운데 하나였다고 볼 수 있습니다. 신부는 친정에서 지내고, 신랑은 처가에서 함께 살거나 아니면 종종 처가를 방문하며 생활하는 방식이었습니다. 이러한 방식이 고대 사람들 모두가 지키는 풍습이었다기보다 이러한 풍습도 있었다 정도로 보는 것이 적절하겠습니다. 삼손 이야기에 그의 부모가 등장하는 것은 모두 삼손의 행동이 부적절하다는 것과 연관됩니다. 그는 부모에게 이방 여인과 결혼하겠다 말하고, 죽은 시체를 만져서는 안 되는데 시체에서 찍어낸 꿀을 부모에게 말없이 가져다주고, 이제는 아버지를 블레셋 사람과의 잔치 자리까지 이끕니다.

는데, 잔치가 계속되는 이레 동안에 알아맞히어 보십시오. 여러분이 알아맞히면 내가 모시옷 서른 벌과 겉옷 서른 벌을 내놓고, 13 맞히지 못하면 여러분이 나에게 모시옷 서른 벌과 겉옷 서른 벌을 주도록 하는 것이 어떻겠습니까?" 그들이 말하였다. "좋습니다! 어디, 그 수수께끼를 한번 들어봅시다." 14 그래서 삼손이 그들에게 수수께끼를 내놓았다. "먹는 자에게서 먹는 것이 나오고, 강한 자에게서 단 것이 나왔다." 그러나 그들은 사흘이 지나도록 수수께끼를 풀 수가 없었다.

15 ○ 이레째가 되던 날 그들은 삼손의 아내를 을러대었다. "신랑을 꾀어서, 그가 우리에게 낸 그 수수께끼의 해답을 알아내서 우리에게 알려주시오. 그렇지 않으면 새댁과 새댁의 친정집을 불살라버리겠소. 우리가 가진 것을 빼앗으려고 우리를 초대한 것은 아니지 않소?" 16 그래서 삼손의 아내는 삼손에게 울며 말하였다. "당신은 나를 미워할 뿐이지, 사랑하지는 않아요. 그러니까 당신이 나의 나라 사람들에게 수수께끼를 내놓고도, 나에게는 해답을 가르쳐주지 않았지요." 삼손이

삼손은 어째서 내기와 아무 상관없는 아스글론 주민들을 30명이나 죽인 걸까요?(19절) 분풀이를 하려면 딤나 주민에게 해야 마땅하지 않나요? 엄밀히 따져보면 딤나 주민에게는 약속을 했으니 바로 분풀이하기는 어려웠을 것입니다. 딤나와 연관해서는 15장에서 더 다루어집니다. 내기에 진 삼손은 약속대로 옷을 마련해야 했고, 이를 위해 또 다른 블레셋 도시인 아스글론으로 가서 사람을 죽이고 옷을 마련해 옵니다. 놀랍게도 여기에도 '주님의 영'이 삼손에게 임한 것으로 나옵니다. 사사기 본문에 나오는 '주님의 영'은 대체로 '큰 능력', '놀라운 변화'를 상징한다고 이해할 수 있습니다. 삼손의 행동을 정당하다고 말할 수 없습니다. 다만 이 상황을 통해 그동안 이스라엘에게 악을 행하던 블레셋을 하나님께서 심판하시는 것은 분명합니다. 삼손은 결코 올바르다 할 수 없으나, 하나님께서는 그렇게 하나님의 부르심과 어긋나는 삼손을 통해서도 이스라엘을 구원하십니다.

아내에게 말하였다. "이것 봐요. 내 부모에게도 알려드리지 않았는데, 어떻게 당신에게 말할 수 있겠소?" 17 그러나 그의 아내는 삼손에게 이레나 계속되는 잔치 기간에 계속 울면서 졸라댔다. 이레째 되던 날 삼손은 드디어 아내에게 수수께끼의 해답을 말해버리고 말았다. 그러자 아내가 그 해답을 자기 동족 사람들에게 알려주었다. 18 이레째 되던 날 해가 지기 전에 그 성읍 사람들이 삼손에게 말하였다. "무엇이 꿀보다 더 달겠으며, 무엇이 사자보다 더 강하겠느냐?" 삼손이 그들에게 대답하였다. "나의 암소로 밭을 갈지 않았더라면, 이 수수께끼의 해답을 어찌 찾았으랴."

19 ○ 그때에 주님의 영이 삼손에게 세차게 내리 덮쳤다. 삼손이 아스글론으로 내려가서 그곳 주민 서른 명을 죽이고, 그들에게서 노략한 옷을 가져다가, 수수께끼를 푼 사람들에게 주었다. 그러고는 몹시 화가 나서, 자기 아버지의 집으로 돌아가 버렸다. 20 그러자 삼손의 아내는 삼손의 들러리로 왔던 한 친구의 아내가 되었다.

{ 제15장 }

1 이런 일이 있은 지 얼마 뒤에 밀 추수 때가 되었을 때에, 삼손은 새끼 염소 한 마리를 가지고 아내를 찾아가서, 장인에게 아내의 침실로 들어가게 해달라고 부탁하였으나, 장인은 그가 아내 방에 들어가는 것을 허락하지 않았다. 2 그리고 장인은 다른 제안을 하였다. "나는 자네가 그 애를 몹시 미워한다고 생각하고, 자네 친구에게 아내로 주었다네. 사실은 동생이 언니보다 더 예쁘니, 부디 그 애를 아내로 삼아주게." 3 그러자 삼손이 그들에게 "이번만은 내가 블레셋 사람들에게 어떤 손해를 끼친다 해도 나를 나무라지 못할 것이오" 하고 말하면서, 4 나가서 여우 삼백 마리를 잡아, 꼬리에 꼬리를 서로 비끄러매고는, 그 두 꼬리 사이에 가지고 간 홰를 하나씩 매달았다. 5 그는 그 홰에 불을 붙여 블레셋 사람의 곡식밭으로 여우를 내몰아서, 이미 베어 쌓아놓은 곡식가리에 불을 놓았다. 불은 곡식가리뿐 아니라 아직 베지 않은 곡식과 포도원과 올리브농원까지 다 태워버렸다. 6 블레셋 사람들은 누가 그렇게 하였는

14장 4절에 따르면, 삼손이 사랑에 빠지는 사건 자체가 하나님의 큰 그림 가운데 있었습니다. 그렇다면 여기서 이렇게 계속 일이 어그러지는 것 역시 마찬가지인가요? 본문은 삼손의 행동을 묘사할 뿐 이렇다 저렇다 판단하지 않습니다. 그리고 독자와 청중에게 삼손의 행동에 대한 판단의 몫을 맡기고 있습니다. 보기에 좋았던 아내를 두고 화가 나서 떠났던 삼손이 염소 새끼를 일종의 화해의 예물로 들고 다시 찾아갔지만, 이미 그 여인은 삼손 친구의 아내가 되어버렸습니다. 우리는 여기에서도 삼손의 경솔함을 볼 수 있습니다. 그는 아내를 빼앗긴 일에 대한 복수를 제 손으로 하는데, 이 역시 원수를 갚지 말라는 말씀(신 32:35)과 충돌됩니다. 그러나 이 모든 과정을 통해 삼손은 블레셋과 맞서면서 블레셋에 큰 타격을 주게 됩니다.

지 알아보았다. 마침내 사람들은, 딤나 사람 곧 삼손의 장인이 삼손의 아내를 빼앗아 들러리 섰던 친구에게 아내로 주었기 때문에, 삼손이 저지른 일임을 알게 되었다. 블레셋 사람들이 딤나로 올라가서, 그 여자와 그 아버지를 불에 태워 죽였다.

7 ㅇ 그러자 삼손이 그들에게 말하였다. "너희가 이렇게 하였으니, 내가 너희에게 원수를 갚기 전에는 가만히 있지 않겠다." 8 그는 블레셋 사람들을 닥치는 대로 마구 무찌르고, 내려가서 에담 바위 동굴에서 쉬고 있었다.

삼손이 블레셋을 치다

9 ㅇ 블레셋 사람들이 쳐올라와서 유다 땅에 진을 치고는, 레히 지방을 짓밟았다. 10 유다 사람들이 그들에게 말하였다. "당신들은 무엇 때문에 우리를 치러 올라왔소?" 그들이 대답하였다. "삼손을 잡으러 왔소. 삼손이 우리에게 한 대로, 우리도 그에게 갚아주겠소." 11 그래서 유다 사람 삼천 명이 에담 바위 동굴에 내려가서 삼손에게 말하였다. "블레셋 사람들이

삼손 하나를 잡자고 3천 명이나 몰려갔습니다(11절). 이 큰 무리가 왜 필요한 거죠? 이제 사태는 바야흐로 삼손이 속한 단 지파를 넘어서 유다 지파까지 영향을 미치는 상황으로 확장되었습니다. 삼손을 잡으려고 수많은 블레셋이 이스라엘 땅으로 침공하자, 그에 놀란 유다 지파는 삼손을 잡아 넘기려고 3천 명이나 동원했습니다. 이 많은 숫자는 유다 지파가 블레셋과 싸우기를 전혀 원치 않았음을 보여주기 위한 의도적인 표현이라고 할 수 있습니다. 이스라엘은 블레셋의 압제를 어느새 당연한 것으로 여기며 싸울 생각조차 하지 않았고, 오직 협상으로 대응하며 '현재 상황(status quo)'을 유지하는 데만 관심을 두고 있습니다. 삼손의 행동은 이와 같은 안일하고 비겁한 평화를 깨뜨리는 시작이었습니다.

우리를 지배하고 있다는 것을 당신은 잘 알지 않소? 그런데 당신이 어찌하여 우리에게 이런 일이 미치게 하오?" 삼손이 그들에게 대답하였다. "그들이 나에게 한 대로 나도 그들에게 갚아 주었을 뿐이오." 12 그러자 그들이 삼손에게 말하였다. "우리는 당신을 묶어 블레셋 사람들에게 넘겨주려고 왔소." 삼손이 그들에게 말하였다. "그렇다면 나를 죽이지 않겠다고 맹세하시오." 13 그들은 삼손에게 다짐하였다. "결코 죽이지 않겠소. 우리는 당신을 묶어서 그들에게 넘겨만 주겠소. 결코 우리가 당신을 죽이지는 않겠소." 그리고 그들은 새 밧줄 두 개로 그를 묶어서, 바위 동굴에서 데리고 나왔다.

14 ㅇ 삼손이 레히에 이르자, 블레셋 사람들이 마주 나오며, 그에게 소리를 질렀다. 그때에 주님의 영이 그에게 세차게 내리니, 그의 팔을 동여매었던 밧줄이 불에 탄 삼 오라기같이 되어서, 팔에서 맥없이 끊어져나갔다. 15 마침 삼손은 싱싱한 당나귀 턱뼈 하나가 있는 것을 보고, 그것을 손에 집어 들고, 블레셋 사람을 천 명이나 쳐 죽이고 나서, 16 이렇게 외쳤다. 나

삼손 혼자서 여우 300마리를 잡았다느니(4절), 당나귀 턱뼈 하나로 천 명을 죽였다느니(15절) 하는 건 전부 '많음'을 나타내는 비유적 표현인 거죠? 사사기 곳곳에 "주님의 영이 임했다"라는 표현이 쓰인 것에서 보듯, 이 책은 역사를 전달하는 책이 아니라 하나님과 그분의 백성에 대해 전하는 책이며, 이를 위해 문학적 장치나 표현을 곳곳에 마련해둡니다. 300마리의 여우는 실제 숫자일 수도 있지만, 독자와 청중이 그 상황을 상상하도록 유도하는 장치이기도 합니다. 당나귀 턱뼈로 죽인 사람의 숫자가 천 명이었다는 부분 역시, 유다 지파는 블레셋과 싸우기는커녕 삼손을 넘기려고 3천 명이나 몰려왔지만 삼손은 턱뼈로 천 명을 죽였다는 대조를 보여주는 장치입니다. 블레셋을 두려워하지 말고 하나님을 신뢰하며 맞설 것을 이러한 장치로 촉구한다고 이해할 수 있습니다.

귀 턱뼈 하나로 주검을 무더기로 쌓았다. 나귀 턱뼈 하나로 천 명이나 쳐 죽였다. 17 이렇게 외치고 나서, 삼손은 손에 든 턱뼈를 내던지고, 그곳 이름을 라맛레히라고 불렀다.

18 ○ 삼손은 목이 너무 말라서 주님께 부르짖었다. "주님께서 친히 이 크나큰 승리를 주님의 종의 손에 허락하셨습니다. 그런데 이제 제가 목이 타서 저 할례 받지 못한 자들의 손에 붙잡혀 죽어야 하겠습니까?" 19 하나님이 레히에 있는 한 우묵한 곳을 터지게 하시니, 거기에서 물이 솟아 나왔다. 삼손이 그 물을 마시자, 제정신이 들어 기운을 차렸다. 그래서 그 샘 이름을 엔학고레라고 하였는데, 오늘날까지도 레히에 있다.

20 ○ 삼손은 블레셋 사람들이 다스리던 시대에 이십 년 동안 이스라엘의 사사로 있었다.

'라맛레히'(17절)와 '엔학고레'(19절)라는 이름에는 특별한 의미가 담겼을 성싶습니다. '라맛레히'는 '턱뼈의 산'을 뜻합니다. 삼손이 당나귀 턱뼈로 무수한 블레셋 사람을 죽였고 그 시체가 산더미 같았다는 데서 유래했으며, '턱뼈로 만든 (시체의) 산'을 의미합니다. 턱뼈와 같은 보잘것없는 도구로도 그 강한 블레셋을 이길 수 있음을 증언하는 라맛레히는 현재의 상황을 당연한 것으로 받아들이지 말고 하나님을 신뢰하며 용기 있게 일어설 것을 촉구합니다. '엔학고레'는 '부르짖는 자의 샘'입니다. 목이 말라 부르짖을 때 하나님께서 그 곁에 샘이 나게 하신 것을 기념해 이러한 이름을 붙였습니다. 구약성경에는 이처럼 하나님께서 행하신 특별한 사건을 기념해 이름을 붙이는 경우가 빈번합니다. 이를 통해 대대손손 하나님의 행하심을 기억하며 기념하게 합니다.

{ 제16장 }

삼손이 가사에 가다

1 삼손이 가사에 가서, 창녀를 하나 만나 그의 집으로 들어갔다. 2 삼손이 거기에 왔다는 말을 들은 가사 사람들은, 그곳을 에워싸고 밤새도록 성문에 숨어 그를 기다렸다. 동이 틀 때를 기다렸다가 그를 죽이려고 생각한 그들은 밤새 가만히 있었다. 3 그러나 삼손은 밤늦도록 누워 있다가, 밤중에 일어나서 성 문짝을 양쪽 기둥과 빗장째 뽑았다. 그는 그것을 어깨에 메고 헤브론 맞은편 산꼭대기에 올라가, 거기에다 버렸다.

삼손과 들릴라

4 ○ 그 뒤에 삼손은 소렉 골짜기에 사는 어떤 여자를 사랑하게 되었는데, 그의 이름은 들릴라였다. 5 블레셋 사람의 통치자들이 그 여자를 찾아와서 말하였다. "당신은 그를 꾀어 그의 엄청난 힘이 어디에서 나오는지, 그리고 우리가 어떻게 하면

'가사'(1절)와 '소렉 골짜기'(4절)는 어느 나라 땅입니까? 설마 다시 블레셋 땅에 들어갔다는 뜻은 아니죠? 가사는 블레셋을 대표하는 다섯 도시 가운데 가장 남쪽에 위치한 곳이며, 소렉 골짜기는 블레셋과 이스라엘 사이에 놓인 지역입니다. 소렉 골짜기 서편에 삼손의 출신 지역인 소라와 에스다올이 있고, 그 동편에 딤나가 있습니다. 블레셋의 세력이 미치던 곳이었지만 이즈음 삼손의 활약을 통해 점차 이스라엘의 영향권으로 바뀌어가고 있었습니다. 가사까지 언급되었다는 것은 삼손과 이스라엘의 영향력이 블레셋 최남단 지역까지 미쳤음을 보여줍니다. 그렇지만 결국 삼손이 가사에서 죽게 된다는 점(21절)은 블레셋과의 싸움이 쉽지 않았음을 보여줍니다.

그를 잡아 묶어서 꼼짝 못 하게 할 수 있는지 알아내시오. 그러면 우리가 각각 당신에게 은 천백 세겔씩 주겠소."

6 ㅇ 그래서 들릴라가 삼손에게 물었다. "당신의 그 엄청난 힘은 어디서 나오지요? 어떻게 하면 당신을 묶어 꼼짝 못 하게 할 수 있는지 말해주세요." 7 삼손이 그에게 말해주었다. "마르지 않은 푸른 칡 일곱 매끼로 나를 묶으면, 내가 힘이 빠져서 여느 사람처럼 되지." 8 그리하여 블레셋 사람의 통치자들이 마르지 않은 푸른 칡 일곱 매끼를 그 여자에게 가져다주었고, 그 여자는 그것으로 삼손을 묶었다. 9 미리 옆방에 사람들을 숨겨놓고 있다가, 그에게 "삼손, 블레셋 사람들이 당신에게 들이닥쳤어요!" 하고 소리쳤다. 그러나 삼손은 그 밧줄을 불에 탄 삼 오라기를 끊듯이 끊어버렸다. 그의 힘의 비밀은 여전히 알려지지 않았다. 그러자 10 들릴라가 삼손에게 말하였다. "이것 봐요. 당신은 나를 놀렸어요. 거짓말까지 했어요. 무엇으로 당신을 묶어야 꼼짝 못 하는지 말해주세요." 11 삼손이 그에게 말하였다. "한 번도 쓰지 않은 새 밧줄로 나를 꽁꽁 묶으면, 내가 힘이 빠져서 여느 사람처럼 되지." 12 들릴라는 새 밧줄을

들릴라는 세 번이나 삼손을 시험합니다(6~14절). '하나님의 영'이 함께하는 사사라면 여인의 속셈을 눈치챘어야 마땅하지 않을까요? 딤나의 여성, 가사의 창녀, 소렉 골짜기의 들릴라까지, 삼손의 부적절한 행동은 줄곧 여성과 연관되어 있습니다. 사사기에서 '하나님의 영'은 '특별한 능력과 힘'이라는 표현과 동의어처럼 쓰이지만, 사람의 판단이나 분별과는 무관하게 사용된다고 할 수 있습니다. 그래서 하나님의 영이 있다고 해서 사람이 올바른 판단을 내리는 것으로 연결되지는 않습니다. 사사기는 삼손의 행동을 그저 객관적으로 보여주면서, 독자와 청중에게 판단을 맡깁니다. 이처럼 삼손 이야기는 동의하기 어려운 삼손의 행동, 그리고 그럼에도 불구하고 그의 행적을 통해 블레셋 세력을 약화시키는 하나님의 행하심이 엉켜 있습니다.

가져다가 그것으로 그를 묶었다. 미리 옆방에 사람들을 숨겨 놓고 있다가, 그에게 "삼손, 블레셋 사람들이 당신에게 들이닥 쳤어요!" 하고 소리쳤다. 그러나 삼손은 자기 팔을 묶은 새 밧 줄을 실오라기 끊듯이 끊어버렸다. 13 그러자 들릴라가 삼손 에게 말하였다. "당신은 여전히 나를 놀리고 있어요. 여태까지 당신은 나에게 거짓말만 했어요! 무엇으로 당신을 묶어야 꼼 짝 못 하는지 말해주세요." 삼손이 그에게 말하였다. "내 머리 칼 일곱 가닥을 베틀 날실에 섞어서 짜면 되지." 14 그 여자는 그것을 말뚝에 꽉 잡아매고, 그에게 "삼손, 블레셋 사람들이 당신에게 들이닥쳤어요!" 하고 소리쳤다. 그러자 삼손이 잠에 서 깨어나 말뚝과 베틀과 천을 뽑아 올렸다.

15 ○ 들릴라가 그에게 또 말하였다. "당신은 마음을 내게 털 어놓지도 않으면서, 어떻게 나를 사랑한다고 말할 수가 있어 요? 이렇게 세 번씩이나 당신은 나를 놀렸고, 그 엄청난 힘이 어디서 나오는지 아직 나에게 말해주지 않았어요." 16 들릴라 가 같은 말로 날마다 끈질기게 졸라대니까, 삼손은 마음이 괴 로워서 죽을 지경이 되었다. 17 하는 수 없이 삼손은 그에게 속

머리털을 자르자 힘도 빠졌습니다. 정말 머리털이 힘의 원천(17절)이었을까요? 당연 히 머리털은 상징적으로 이해해야 할 것입니다. 머리카락이 잘린 삼손의 모습은 하 나님의 부르심을 소홀히 여긴 사람과 그로 인해 주신 복을 거두어버리시는 하나님, 그리고 하나님만이 능력의 원천이었으나 자신의 능력인 것처럼 오만했던 사람의 몰락을 상징적으로 보여줍니다. 어머니의 태에서부터 나실 사람으로 구별된 삼손 은 들릴라의 무릎을 베고 누웠을 때, 즉 마치 어머니의 태에 다시 누운 모습처럼 되 었을 때(19절) 나실 사람 서원과 연관된 머리카락이 잘리고 말았습니다. 삼손은 3명 의 여성을 쫓으며 나실 사람으로서 자신을 분별하지 않았으며, 자신의 능력에 대해 자신감은 가득했을지 모르나 결국 여성에 의해 죽고 말았습니다.

마음을 다 털어놓으면서 말하였다. "나의 머리는 면도칼을 대어본 적이 없는데, 이것은 내가 모태에서부터 하나님께 바쳐진 나실 사람이기 때문이오. 내 머리털을 깎으면, 나는 힘을 잃고 약해져서, 여느 사람처럼 될 것이오." 18 들릴라는 삼손이 자기에게 속마음을 다 털어놓은 것을 보고, 사람을 보내어 블레셋 사람의 통치자들에게 전하였다. "한 번만 더 올라오십시오. 삼손이 나에게 속마음을 다 털어놓았습니다." 그러자 블레셋 사람의 통치자들이 약속한 돈을 가지고 그 여자에게 올라왔다. 19 들릴라는 삼손을 자기 무릎에서 잠들게 한 뒤에, 사람을 불러 일곱 가닥으로 땋은 그의 머리털을 깎게 하였다. 그런 다음에 그를 괴롭혀보았으나, 그의 엄청난 힘은 이미 그에게서 사라졌다. 20 그때에 들릴라가 "삼손! 블레셋 사람들이 들이닥쳤어요!" 하고 소리쳤다. 삼손은 잠에서 깨어나 "내가 이번에도 지난번처럼 뛰쳐나가서 힘을 떨쳐야지!" 하고 생각하였으나, 주님께서 이미 자기를 떠나신 것을 미처 깨닫지 못하였다. 21 블레셋 사람들은 그를 사로잡아, 그의 두 눈을 뽑고, 가사로 끌고 내려갔다. 그들은 삼손을 놋사슬로 묶어, 감

들릴라는 아무런 벌도 받지 않았고, 오히려 큰돈을 번 것 같습니다. 들릴라는 어떤 여성이었나요? 들릴라의 출신 지역인 소렉 골짜기는 블레셋과 이스라엘의 접경 지역이기에, 그녀는 블레셋 여인일 수도 있고 이스라엘 여인일 수도 있습니다. 그녀는 오직 들릴라라는 자신의 이름으로만 등장한다는 점에서, 매우 독립적이고 주체적인 여성이라 볼 수 있습니다. 사실 적장을 무찌른 드보라, 야엘과 더불어 들릴라 역시 당대의 영웅을 제거한 여성이라는 사사기의 일관된 흐름에 닿아 있기도 합니다. 성적 매력을 이용해 중요한 역사적 인물과 연결되는 여성들의 이야기는 이후에도 곳곳에 나타납니다(밧세바, 에스더, 유딧 등). 사사기 저자는 그녀에 대한 판단을 독자에게 맡깁니다. 우리는 자신이 가진 능력을 과연 무엇을 위해 사용할지 돌아보게 됩니다.

옥에서 연자맷돌을 돌리게 하였다. 22 그러나 깎였던 그의 머리털이 다시 자라기 시작하였다.

삼손이 죽다

23 ○ 블레셋 사람의 통치자들이 그들의 신 다곤에게 큰 제사를 바치려고 함께 모여 즐거워하며 떠들었다. "우리의 원수 삼손을 우리의 신이 우리의 손에 넘겨주셨다!" 24 백성도 그를 보고 그들의 신을 찬양하며 소리쳤다. "우리 땅을 망쳐놓은 원수, 우리 백성을 많이 죽인 원수를 우리의 신이 우리 손에 넘겨주셨다." 25 그들은 마음이 흐뭇하여, 삼손을 그곳으로 불러다가 자기들 앞에서 재주를 부리게 하라고 외쳤다. 사람들이 삼손을 감옥에서 끌어내었고, 삼손은 그들이 보는 앞에서 재주를 부리게 되었다. 그들은 삼손을 기둥 사이에 세워두었다. 26 그러자 삼손은 자기 손을 붙들어 주는 소년에게 "이 신전을 버티고 있는 기둥을 만질 수 있는 곳에 나를 데려다 다오. 기둥에 좀 기대고 싶다" 하고 부탁하였다. 27 그때에 그 신전에

28절은 블레셋인들에 대한 개인적인 원한을 갚아달라는 기도처럼 보입니다. 하나님은 이처럼 사사로운 복수를 도와주는 신입니까? 삼손을 사로잡은 사건을 블레셋 사람들은 "우리 땅을 망쳐놓은 원수를 우리 신이 우리 손에 넘겨주셨다"(23-24절)고 표현합니다. 이들에게 이 사건은 블레셋의 신이 그의 능력을 보여준 사건이었습니다. 이를 고려하면 삼손의 마지막 기도는 삼손 개인의 복수이면서 동시에 이스라엘의 복수라고 볼 수 있습니다. 삼손은 내내 자신의 욕망을 따라 여러 여자를 찾아다녔지만, 마지막에는 블레셋을 무찌르는 일에 자신의 목숨을 내놓았습니다. 삼손은 하나님의 사람이라면 이러이러해야 한다는 모든 기대를 허물어뜨립니다. 동시에 삼손의 이야기는 사람의 연약함과 부족함에도 불구하고 그를 통해 이스라엘을 구원하시는 하나님을 단적으로 보여줍니다.

는 남자와 여자로 가득 차 있었는데, 블레셋 사람의 통치자들도 모두 거기에 있었다. 옥상에도 삼천 명쯤 되는 남녀가 삼손이 재주 부리는 것을 구경하려고 모여 있었다.

28 ○ 그때에 삼손이 주님께 부르짖으며 간구하였다. "주 하나님, 나를 기억하여주시기를 간절히 바랍니다. 하나님, 이번 한 번만 힘을 주시기를 간절히 바랍니다. 나의 두 눈을 뽑은 블레셋 사람들에게 단번에 원수를 갚게 하여주십시오." 29 그런 다음에 삼손은 그 신전을 버티고 있는 가운데의 두 기둥을, 하나는 왼손으로 또 하나는 오른손으로 붙잡았다. 30 그리고 그가 "블레셋 사람들과 함께 죽게 하여주십시오!" 하고 외치며, 있는 힘을 다하여 기둥을 밀어내니, 그 신전이 무너져 내려 통치자들과 모든 백성이 돌 더미에 깔렸다. 삼손이 죽으면서 죽인 사람이, 그가 살았을 때에 죽인 사람보다도 더 많았다.

31 ○ 그의 형제들과 아버지의 집안 온 친족이 내려와서 그의 주검을 가지고 돌아가서, 소라와 에스다올 사이에 있는 그의 아버지 마노아의 무덤에 묻었다. 그는 스무 해 동안 이스라엘의 사사로 있었다.

{ 제17장 }

미가 집의 제사장

1 에브라임 산간지방에 미가라는 사람이 있었다. 2 그가 어머니에게 말하였다. "누군가가 은돈 천백 냥을 훔쳐갔을 때에, 어머니는 그 훔친 사람을 저주하셨습니다. 나도 이 귀로 직접 들었습니다. 보십시오, 그 은돈이 여기 있습니다. 바로 내가 그것을 가져갔습니다." 그러자 그의 어머니는 도리어 이렇게 말하였다. "애야, 주님께서 너에게 복 주시기를 바란다." 3 그는 은돈 천백 냥을 어머니에게 내놓았다. 그러자 그의 어머니가 말하였다. "나의 아들이 저주를 받지 않도록, 이 은돈을 주님께 거룩하게 구별하여 바치겠다. 이 돈은 은을 입힌 목상을 만드는 데 쓰도록 하겠다. 그러니 이 은돈을 너에게 다시 돌려주마." 4 그러나 미가는 그 돈을 어머니에게 돌려주었다. 그의 어머니가 은돈 이백 냥을 은장이에게 주어, 조각한 목상에 은을 입힌 우상을 만들게

2절에서 말하는 '주'는 히브리인들의 하나님을 말합니까? 그렇다면 목상을 만드는 데 돈을 쓰겠다는 3절과 어울리지 않습니다. 등장인물들은 입으로는 계속 이스라엘의 하나님을 운운하면서도 정작 하나님께서 가장 싫어하시는 우상을 만듭니다. 미가라는 이름은 "주님 같은 이가 누가 있으랴"라는 의미로, 주 하나님을 향한 찬양과 고백이 담겨 있지만, 정작 이 미가는 어머니의 돈을 훔쳤고, 어머니의 저주를 듣고 돈을 돌려줍니다. 또 그의 어머니는 훔친 이를 저주했다가 당사자가 아들임을 알고는 다시 주님의 이름으로 축복하며, 그 돈으로 우상을 만들기로 합니다. 문제가 되었던 돈은 은 천백 세겔이지만, 정작 우상을 만드는 데 소요된 비용은 200세겔이며, 나머지 돈의 행방은 묘연합니다. 본문은 풍자와 아이러니를 통해 이 시대가 얼마나 주님으로부터 떨어져나갔는지 적나라게 드러냅니다.

하였는데, 그것을 미가의 집에 놓아두었다.

5 ○ 미가라는 이 사람은 개인 신당을 가지고 있었다. 에봇과 드라빔 신상도 만들고, 자기 아들 가운데서 하나를 제사장으로 삼았다. 6 그때에는 이스라엘에 왕이 없었으므로, 사람들은 저마다 자기의 뜻에 맞는 대로 하였다.

7 ○ 유다 지파에 속한 유다 땅 베들레헴에 한 젊은이가 있었는데, 그는 레위 사람으로서 그곳에서 잠시 살고 있었다. 8 그 사람이 자기가 살던 유다 땅 베들레헴을 떠나서 있을 곳을 찾다가, 에브라임 산간지방까지 와서, 미가의 집에 이르렀다. 9 미가가 그에게 물었다. "젊은이는 어디서 오시는 길이오?" 그가 대답하였다. "나는 유다 땅 베들레헴에 사는 레위 사람인데, 있을 곳을 찾아다니고 있습니다." 10 미가가 그에게 말하였다. "우리 집에 살면서, 어른이 되어주시고, 제사장이 되어주십시오. 일 년에 은돈 열 냥을 드리고, 옷과 먹거리를 드리겠습니다." 이 말을 듣고 그 젊은 레위 사람은 안으로 들어갔다. 11 그 젊은 레위 사람은 미가와 함께 살기로 하고, 미가의 친아들 가

5절에 등장하는 미가의 '신당'은 누구를 섬기는 신당입니까? 미가는 무슨 권리로 자기 아들을 제사장으로 삼았습니까? 1-4절에서 보듯, 미가는 주 하나님을 믿는 신앙인입니다. 아마도 그 시대에는 이스라엘의 유력한 집마다 이러한 하나님의 집, 신당이 있었을 것이라 여겨집니다(참고, 6:25). 미가는 자신의 신당에 우상을 만들어 세웠으며, 제멋대로 자기 아들들 가운데 제사장을 세우기도 합니다. 이렇게 자신의 집에 신당을 만들고 우상을 세우고 마음대로 제사장을 세우는 행태는 훗날 북왕국을 시작한 왕 여로보암이 행했던 일이기도 합니다(왕상 12:26-33). 사사기는 이 시대가 주님을 섬기는 신앙과 바알 종교를 대표하는 우상이 어떻게 엉켜 있었는지 고발합니다. 그래서 6절은 이 시대를 가리켜 '저마다 자기의 뜻에 맞는 대로' 행한 시대라고 표현합니다.

운데 하나처럼 되었다. 12 미가가 그 레위 사람을 거룩하게 구별하여 세우니, 그 젊은이는 미가 집안의 제사장이 되어, 그의 집에서 살았다. 13 그래서 미가는, 자기가 이제 레위 사람을 제사장으로 삼았으니, 주님께서 틀림없이 자기에게 복을 주실 것이라고 생각하였다.

미가는 돌연히 낯선 레위인 청년을 제사장 자리에 앉힙니다(7-12절). 혈육을 제쳐두고 굳이 새로운 제사장을 들인 이유는 무엇입니까? 레위인이야말로 성소의 일을 수행하는 사람임을 미가 역시 알고 있었기 때문일 것입니다. 미가의 가정에 우상이 있었고, 에봇과 드라빔 역시 하나님의 뜻을 점치는 수단으로 사용되던 것들입니다. 그럼에도 이 레위인은 개의치 않고 돈을 받고 이 가정의 제사장이 됩니다. 성소에서 자신의 일을 수행해야 할 레위인이 거처를 정하지 못한 채 떠돌아야 하는 모습을 통해 사사기는 이 시대가 주님과 얼마나 멀어졌는지 드러냅니다. 이렇게 각자제 뜻에 맞는 대로 행하는 시대는 필연적으로 가장 약한 사람들의 삶을 위태롭게 만듭니다. 그리고 레위인이 돈을 주겠다는 제안을 듣고 개인 가정의 제사장으로 들어가는 모습 역시 사사기가 드러내는 이 시대의 실상입니다.

{ 제18장 }

미가와 단 지파

1 그때에 이스라엘에 왕이 없었고, 단 지파는 이스라엘의 지파들 가운데서 아직 그들이 유산으로 받을 땅을 얻지 못하였으므로, 그들이 자리 잡고 살 땅을 찾고 있었다. 2 그래서 단 지파 자손은 소라와 에스다올에 살고 있는 지파의 온 가문에서 용감한 사람 다섯 명을 뽑아서 땅 정찰 임무를 맡기고, 땅을 탐지하고 살피도록 보냈다. 그들은 에브라임 산간지방으로 들어섰다가, 미가의 집에 이르러 거기서 하룻밤을 묵었다. 3 미가의 집에 머무는 동안 그들은 그 젊은 레위 사람의 억양과 말씨를 알아듣고, 그에게 다가가서 물었다. "누가 당신을 이리로 데려왔습니까? 당신은 여기에서 무슨 일을 하십니까? 무엇 때문에 여기에 있습니까?" 4 그러자 그는 그들에게 대답하였다. "미가가 나에게 조건을 제시하고 나를 고용하여 자기의 제사장으로 삼았습니다." 5 그들이 그에게 말하였다. "하나님께 물어보아서,

단 지파에게 땅이 없었다(1절)는 말을 납득할 수 없습니다. 여호수아기 19장에는 단 지파가 소유한 땅이 자세히 나와 있지 않습니까? 사사기 1장 34절은 단 지파가 땅을 차지하는 데 어려움이 있었음을 보여줍니다. 그들은 자신들의 영역을 분배받았지만 이미 그 땅에 살고 있던 아모리 족과 제대로 싸워내지 못했습니다. 여호수아기 19장 47절은 단 지파가 자신들의 경계를 확장했음을 언급합니다. 그에 따르면 단 지파는 북쪽으로 올라가서 레센을 쳐서 점령하고 거기 거주했으며 그곳 이름을 단이라 불렀습니다. 레센이라는 이름은 사사기 18장에 언급된 라이스와 같은 이름이라고 할 수 있습니다. 여호수아기가 뭉뚱그려 서술했다면, 사사기 본문은 이에 대한 좀 더 구체적이고 사실적인 그림을 제시한다고 말할 수 있습니다.

우리가 가고 있는 이 길이 성공할 것인지, 우리에게 알려주십시오." 6 그 제사장이 그들에게 "평안히 가십시오. 주님께서 여러분이 가는 그 길을 인도하실 것입니다" 하고 일러주었다.

7 ○ 그래서 그 다섯 사람은 길을 떠나 라이스로 갔다. 그들은 그곳 사람들이, 한가하고 평화롭게 사는 시돈 사람들처럼, 안전하게 살고 있는 것을 보았다. 그리고 그 땅에는 어느 누구도 권력을 쥐고 그들을 해치는 자가 없었다. 그들은 시돈 사람들과도 멀리 떨어져 있어서, 어느 누구와도 접촉이 없었다.

8 ○ 다섯 사람이 소라와 에스다올로 돌아와 그들의 백성에게 이르렀다. 그들이 그 다섯 사람에게 정찰한 내용을 물으니, 9 그들이 이렇게 대답하였다. "어서 가서, 그들을 치도록 합시다. 우리가 본 그 땅은 정말 좋은 땅입니다. 우리가 이렇게 가만히 있을 때가 아닙니다. 망설이지 말고 빨리 쳐들어가서, 그 땅을 차지합시다. 10 우리가 거기에 가기만 하면, 넓은 땅에서 평안하게 살고 있는 백성들을 보게 될 것입니다. 하나님이 그 땅을 우리의 손에 넘겨주셨습니다. 무엇 하나 부러울 것이 없고, 부족한 것이 없는 곳입니다."

5-6절에서 제사장은 점쟁이 비슷한 역할을 합니다. 제사장은 이렇게 백성의 요구가 있을 때마다 하나님께 물어 앞날을 알려주는 일을 했습니까? 사무엘기상 2장 28절은 아론과 그의 자손을 제사장으로 세워 에봇을 입고 하나님 앞에 나와 하나님의 뜻을 묻도록 했다고 전합니다. 이처럼 제사장은 사람들이 찾아와 하나님의 뜻을 물을 때 에봇을 입고 하나님의 뜻을 알려주었습니다(삼상 23:9-11; 30:7-8). 그렇지만 이 본문에서 레위인을 통해 주어진 대답이 정말 하나님께로부터 온 것인지는 알 길이 없습니다. 특히 미가의 집에 있던 에봇과 드라빔 신상이 활용되었을 것을 생각하면, 독자는 이 레위인이 진정한 주님의 뜻과 무관하게 제멋대로 듣기 좋은 말을 하는 자임을 깨닫게 됩니다.

11 ○ 단 지파 가족들 가운데서, 육백 명이 무기를 들고, 소라와 에스다올에서 길을 떠났다. 12 그들은 유다 땅에 있는 기럇여아림에까지 가서 진을 쳤다. 그래서 그곳 이름이 오늘날까지도 마하네단이라 불리고 있는데, 그곳은 바로 기럇여아림 서쪽에 있다. 13 그들은 그곳에서 에브라임 산간지방으로 올라가서 미가의 집에 이르렀다.

14 ○ 전에 라이스 땅을 탐지하러 갔던 그 다섯 사람이 같이 간 사람들에게 말하였다. "여기 여러 채의 집이 있는데, 이 가운데 어느 한 집에 은을 입힌 목상이 보관되어 있다는 것을, 당신들은 알고 있을 것이오. 목상뿐만 아니라 드라빔과 에봇도 있소. 우리가 해야 할 일이 무엇이겠소?" 15 그런 다음에 그 다섯 사람은 젊은 레위 사람이 사는 집 곧 미가의 집으로 들어가서, 그에게 안부를 물었다. 16 단 자손 육백 명이 무기를 들고 문어귀를 지키고 있었다. 17 그 땅을 탐지하러 갔던 다섯 사람이 그리로 들어가서 은을 입힌 목상과 에봇과 드라빔과 부어 만든 우상을 챙기는 동안, 제사장은 무기를 지닌 육백 명과 함께 문어귀에 서 있었다.

18 ○ 미가의 집에 들어간 다섯 사람이 은을 입힌 목상과 에봇

'드라빔'(14절)은 무엇입니까? 드라빔은 여성이 깔고 앉아 감출 수 있을 만큼 작은 크기이기도 하고(창 31:34), 침대에 눕혀놓고 사람이 누운 것처럼 위장할 수 있을 정도의 크기이기도 합니다(삼상 19:13, 16). 가정에서 소유한 일종의 신상 같은 것으로 여겨지는데, 대체로 신의 뜻을 물으며 점을 칠 때 사용되었던 것 같습니다. 점을 치는 행위는 일상에서 하나님의 뜻에 올바르게 순종하기보다 그저 결과에만 집착하는 행동이기에, 구약성경에서는 이를 강력히 규탄합니다. 드라빔도 마찬가지입니다(삼상 15:23; 왕하 23:24). 미가와 레위인 이야기에 등장하는 에봇과 드라빔의 존재는 이 시기의 우상숭배를 단적으로 보여줍니다.

과 드라빔과 부어 만든 신상을 가지고 나올 때에, 제사장이 그들에게 어떻게 된 일이냐고 물었다. 19 그들이 그에게 대답하였다. "조용히 하십시오. 아무 말 말고 우리를 따라나서십시오. 우리의 어른과 제사장이 되어주십시오. 이 집에서 한 가정의 제사장이 되는 것보다야 이스라엘의 한 지파와 한 가문의 제사장이 되는 것이 더 낫지 않겠습니까?" 20 제사장은 그 제안이 마음에 들어, 에봇과 드라빔과 은을 입힌 목상을 받아들고, 그 무리들 가운데로 들어갔다.

21 ○ 그들은 발길을 돌려 길을 떠났다. 어린아이들과 가축과 값나가는 소유물을 앞세웠다. 22 그들이 미가의 집에서 떠나 멀리 갔을 때에, 미가와 이웃집 사람들이 함께 모여서, 단 지파 자손을 뒤쫓아왔다. 23 그들이 부르는 소리를 듣고, 단 지파 자손이 돌아서서 미가에게 물었다. "무슨 일이 있기에 이렇게들 모여서 오시오?" 24 미가가 말하였다. "뭐요? 내가 만든 신상과 제사장을 빼앗아가면서 무슨 일이 있느냐고? 그게 말이나 되는 소리요? 나에게 남은 것이 무엇이오?" 25 그러자

미가도, 단 지파도, 어째서 이처럼 제사장에 집착하는 걸까요?(19절) 우상을 악착같이 챙기는 걸 보면 하나님을 향한 신앙은 아닌 것처럼 보입니다만. 제사장은 하나님과 사람 사이를 중재하는 역할을 맡은 사람입니다. 죄를 지은 이들을 대신해 하나님께 제사를 드리기도 하고, 감사와 서원을 위해 제사를 드리기도 합니다. 나아가 어떤 중요한 상황에서 하나님의 뜻이 어디에 있는지 물을 수 있는 통로 역할도 했습니다. 특히 이스라엘의 경우 하나님의 인도하심을 따라 가나안 땅에 들어왔고 그들 열두 지파를 결속하는 중심에 주 하나님에 대한 신앙이 있다는 점에서 제사장의 역할은 결코 작지 않습니다. 본문의 레위인 사례에서 보듯, 이러한 제사장은 현존하는 권력을 하나님의 이름으로 정당화하는 못된 역할을 수행하기도 합니다. 이를 위해서도 권력 집단이든 개인이든 제사장이 필요했습니다.

단 지파 자손이 그에게 말하였다. "더 이상 아무 말도 하지 말고 가만히 있는 게 좋을 거요. 이 사람들이 성이 나서 당신들을 치고, 당신과 당신의 가족의 생명을 빼앗을까 염려되오." 26 미가는 상대가 자기보다 더 강한 것을 알고 발길을 돌려 집으로 돌아갔고, 단 지파 자손도 가던 길을 갔다.

27 ○ 단 지파 자손은, 미가가 만든 신상과 함께 그에게 딸린 제사장을 데리고, 한가하고 평화롭게 사는 라이스 백성에게 가서, 그들을 칼로 쳐서 죽이고, 그들의 성을 불살라버렸다. 28 그런데도 라이스를 구하여주는 자가 아무도 없었던 것은, 그 성읍이 베드르홉 부근의 골짜기에 있어서, 시돈에서 멀리 떨어져 있고, 또 어느 누구와도 접촉이 없었기 때문이다. 단 지파 자손은 허물어진 성을 다시 쌓고, 그곳에서 살았다. 29 그들은 이스라엘에서 태어난 그들의 조상 단의 이름을 따라, 그 성을 단이라고 불렀다. 그 성의 본래 이름은 라이스이다. 30 단 지파 자손은 자기들이 섬길 신상을 세웠다. 그리고 모세의 손자이며 게르손의 아들인 요나단과 그의 자손이

라이스 백성을 향한 단 지파의 행동(27절)은 아무리 좋게 봐주려 해도 '불법 침략과 약탈'에 지나지 않습니다. "주님께서 여러분이 가는 그 길을 인도하실 것입니다"(6절)라는 말처럼 하나님은 정말 이런 노략질까지 용납하는 건가요? 단 지파의 행동은 명확하게 침략과 노략, 약탈입니다. 사사기 본문은 단 지파의 행동에 대해 옳다 그르다 판단하지 않은 채 그저 나열하고 보여줍니다. 판단은 독자의 몫입니다. 이스라엘의 땅 정복이 단 지파가 라이스 사람을 쫓아낸 것처럼 평안하고 안전하게 살아가는 무고한 사람을 쫓아내는 과정이라면, 대체 그런 이스라엘이 왜 필요한가 당연히 의문을 품게 됩니다. 여호수아기 1장에서 하나님의 율법을 지키라는 권면, 그리고 사사기 첫머리에서 하나님을 저버리는 행위에 대한 경고는 이스라엘의 가나안 정착이 그저 남의 땅 빼앗기가 되어서는 안 된다는 것을 단단히 경고합니다.

단 지파의 제사장이 되어, 그 땅 사람들이 포로로 잡혀갈 때까지 그 일을 맡았다. 31 그들은, 하나님의 집이 실로에 있는 동안, 내내 미가가 만든 우상을 그대로 두고 섬겼다.

하나님이 아니라 다른 신을 섬기는 타락한 백성의 이야기가 사사들의 행적을 다루는 책에 끼어 있는 까닭은 무엇입니까? 미가는 어머니의 돈을 훔쳐 결국 그 돈으로 우상을 만들었고, 레위인은 하나님의 이름을 제멋대로 말하며 더 크고 강한 세력을 쫓아갔으며, 단 지파는 무력으로 라이스를 짓밟고 미가의 것을 빼앗아버렸습니다. 나아가 사사기 마지막에 놓인 17-21장은 등장하는 모든 이들이 제멋대로 행하는 타락한 현실을 보여줍니다. 이 다섯 장의 첫머리인 17장 6절과 마지막인 21장 25절은 당시에 왕이 없어서 사람들이 저마다 자기 뜻에 맞는 대로, 즉 자신의 욕심과 욕망대로 행했다고 적어둡니다. 그리고 18장 1절과 19장 1절에서도 그때 왕이 없었다고 언급합니다. 사사기 후반부는 하나님을 진정한 왕으로 고백하지 않는 세상이 얼마나 끔찍한지 적나라하게 보여줍니다.

{ 제19장 }

한 레위 사람과 그의 첩

1 이스라엘에 왕이 없던 때에, 한 레위 남자가 에브라임의 산골에 들어가서 살고 있었다. 그는 유다 땅의 베들레헴에서 한 여자를 첩으로 데려왔다. 2 그러나 무슨 일로 화가 난 그 여자는, 그를 떠나 유다 땅의 베들레헴에 있는 자기 친정집으로 돌아가서, 넉 달 동안이나 머물러 있었다. 3 그래서 그 남편은 그 여자의 마음을 달래서 데려오려고, 자기의 종과 함께 나귀 두 마리를 끌어내어 길을 떠났다. 그 여자가 그를 자기 아버지의 집으로 데리고 들어가자, 그 젊은 여자의 아버지가 그를 보고 기쁘게 맞이하였다. 4 그의 장인 곧 그 젊은 여자의 아버지가 그를 붙들므로, 그는 사흘 동안 함께 지내며 먹고 마시면서, 거기에 머물러 있었다. 5 나흘째 되는 날, 그가 아침 일찍 깨어 떠나려고 일어서니, 그 젊은 여자의 아버지가 사위에게 말하였다. "빵을 좀 더 먹고서 속이 든든해지거든 떠나게." 6 그래서 그들 두 사람은 또 앉아서 함께 먹고 마셨다. 그 젊은 여자의 아버

레위 남자의 장인은 어째서 이토록 딸 내외를 떠나보내지 않으려 애를 썼을까요? 남편과 문제가 생겨 친정으로 돌아온 딸로 인해 아버지로서 염려가 되던 차에 그 딸을 데리러 사위가 왔으니, 장인으로서는 크게 다행이고 기뻤을 것입니다. 넉 달 만에 딸을 찾아온 사위가 미울 수도 있지만, 장인으로서 그는 최대한 극진히 사위를 대접했습니다. 그야말로 장인은 자신의 딸을 힘겹게 만든 사위에게 최상의 환대를 제공한 것입니다. 그래서 장인이 베푼 환대는 이어질 기브아 사람들의 폭력적인 대우와 극명하게 대조됩니다. 한 가지 주목할 것은 이 장면에서 정작 딸의 대사는 한마디도 없다는 점입니다. 당시 사회가 일방적인 남성 위주의 사회였음을 엿볼 수 있습니다.

지가 사위에게 말하였다. "부디 오늘 하룻밤 더 여기서 묵으면서 기분 좋게 쉬게." 7 그 사람은 일어나 가려고 하였으나, 그의 장인이 권하여 다시 거기에서 하룻밤을 묵었다. 8 닷새째 되는 날 아침에 그가 일찍 일어나 떠나려고 하니, 그 젊은 여자의 아버지가 권하였다. "우선 속이 든든해지도록 무얼 좀 먹고 쉬었다가, 한낮을 피하여 천천히 떠나게." 그들 둘은 또 음식을 먹었다. 9 그 사람이 일어나 자기의 첩과 종을 데리고 떠나려고 하니, 그의 장인인 그 젊은 여자의 아버지가 그에게 권하였다. "자, 오늘은 이미 날이 저물어가니, 하룻밤만 더 묵어가게. 이제 날이 저물었으니, 여기서 머물면서 기분 좋게 쉬고, 내일 아침 일찍 일어나서 길을 떠나, 자네의 집으로 가게." 10 그러나 그 사람은 하룻밤을 더 묵을 생각이 없어서, 일어나서 나귀 두 마리에 안장을 지우고, 첩과 함께 길을 떠나, 여부스의 맞은쪽에 이르렀다. (여부스는 곧 예루살렘이다.) 11 그들이 여부스 가까이에 이르렀을 때에, 벌써 하루해가 저물고 있었다. 그의 종이 주인에게 말하였다. "이제 발길을 돌려 여부스 사람의 성읍으로 들어가, 거기에서 하룻밤 묵어서 가시지요."

12 ○ 그러나 그의 주인이 그에게 대답하였다. "안 된다. 이스

일행은 왜 여관에 묵지 않고 광장에 앉아 누군가가 나타나 숙소를 제공하길 기다렸나요?(15절) 오늘날에도 아랍 사람들 사이에서는 낯선 손님을 환대하는 일이 일상적으로 일어나지만, 고대사회에서도 나그네에 대한 환대는 일종의 상식과도 같았습니다. 그래서 레위인 일행은 광장으로 가서 자신들을 맞아줄 이들을 기다렸던 것 같습니다. 자신이 머무는 장막에 나그네들이 찾아오자 극진히 맞아들였던 아브라함(창 18장)과 롯(창 19장)의 사례 역시 당시의 관례를 반영합니다. 레위인이 굳이 좀 더 가까운 여부스 성읍이 아니라 기브아까지 갔던 것도 이왕이면 동족인 이스라엘 사람들의 환대를 기대했기 때문이었습니다.

라엘 자손이 아닌 이 이방 사람의 성읍으로 들어갈 수는 없다. 기브아까지 가야 한다." 13 그는 종에게 또 말하였다. "기브아나 라마, 두 곳 가운데 어느 한 곳에 가서 묵도록 하자." 14 그래서 그들이 그곳을 지나 계속 나아갈 때에, 베냐민 지파의 땅인 기브아 가까이에서 해가 지고 말았다. 15 그들은 기브아에 들어가서 묵으려고 그리로 발길을 돌렸다. 그들이 들어가 성읍 광장에 앉았으나, 아무도 그들을 집으로 맞아들여 묵게 하는 사람이 없었다.

16 ○ 마침 그때에 해가 저물어 밭에서 일을 마치고 돌아오는 한 노인이 있었다. 그는 본래 에브라임 산간지방 사람인데, 그때에 그는 기브아에서 살고 있었다. (기브아의 주민은 베냐민 자손이다.) 17 그 노인이 성읍 광장에 나그네들이 있는 것을 알아보고, 그들에게, 어디로 가는 길인지, 어디서 왔는지를 물었다. 18 레위 사람이 그에게 대답하였다. "우리는 유다 땅의 베들레헴에서 길을 떠나, 내가 사는 에브라임 산골로 가는 길입니다. 나는 유다 땅의 베들레헴에 갔다가 집으로 돌아가는 길

성읍 불량배들의 말이 쉽게 이해되지 않습니다. "그 사람하고 관계를 좀 해야겠소"(22절)라니, 무슨 뜻입니까? 여기에 쓰인 히브리어를 직역하면 "그 사람을 알아야겠소"입니다. 무엇보다 상대방의 동의도 얻지 않은 채 상대방을 '알아야겠다'는 것은 그 자체로 폭력과 다름없을 것입니다. 나아가 "누군가를 안다"는 것이 종종 성관계의 맥락에 쓰이기에(창 4:1), 여기서 기브아 사람들이 레위인을 성폭행하겠다는 의도를 드러낸 것으로 볼 수 있습니다. 소돔 사람들 역시 소돔 성을 찾아온 나그네를 향해 똑같은 표현을 사용하면서 성폭행을 시도했습니다(창 19:5). 이것은 '동성애'가 아니라 '나그네를 향한 성폭행', 다수가 힘을 내세워 상대방을 짓밟는 행동입니다. 특히 남자를 남자가 성폭행해 상대의 명예를 완전히 짓밟으려는 극악한 시도이기도 합니다.

인데, 이곳에서는 아무도 나를 맞아들이는 사람이 없습니다. 19 우리에게는 나귀에게 먹일 먹이도 있고, 또 나와 나의 처와 종이 함께 먹을 빵과 포도주도 있습니다. 부족한 것이라고는 아무것도 없습니다." 20 노인이 말하였다. "잘 오셨소. 우리 집으로 갑시다. 내가 잘 돌보아드리리다. 광장에서 밤을 새워서는 안 되지요." 21 노인은 그들을 자기 집으로 데리고 들어가서 나귀에게 먹이를 주었다. 그들은 발을 씻고 나서, 먹고 마셨다. 22 ○ 그들이 한참 즐겁게 쉬고 있을 때에, 그 성읍의 불량한 사내들이 몰려와서, 그 집을 둘러싸고, 문을 두드리며, 집주인인 노인에게 소리 질렀다. "노인의 집에 들어온 그 남자를 끌어내시오. 우리가 그 사람하고 관계를 좀 해야겠소."

23 ○ 그러자 주인 노인이 밖으로 나가서 그들에게 말하였다. "여보시오, 젊은이들, 제발 이러지 마시오. 이 사람은 우리 집에 온 손님이니, 그에게 악한 일을 하지 마시오. 제발 이런 수치스러운 일을 하지 마시오. 24 여기 처녀인 내 딸과 그 사람의 첩을 내가 끌어내다 줄 터이니, 그들을 데리고 가서 당신들 좋을

19장에는 더없이 끔찍한 내용들이 가득합니다. 기브아 주민들은 유난히 폭력적이고 잔인한 사람들이었습니까? 레위인의 장인이 보여준 환대와 나그네를 짓밟는 기브아 주민들의 모습은 극히 대조적입니다. 이것은 기브아 사람의 유별난 폭력성의 문제가 아닙니다. 레위인 일행을 맞았던 노인은 자신의 딸과 레위인의 첩을 대신 내어주겠다 하고, 결국 레위인의 첩이 끌려나갑니다(24-25절). 그런데 충격적이게도 이 레위인은 자신의 아내가 끌려갔는데도 개의치 않고 다음 날 아침 길을 떠나려고 합니다(27절). 사사기 마지막 장들이 그러하듯, 본문 역시 하나님을 왕으로 여기지 않고 제멋대로 행하면 어떤 일이 벌어지는지 보여줍니다. 결국 그런 사회에서는 가장 연약한 사람이 가장 극심한 고통을 겪게 됩니다. 이 19장에서는 그 연약한 피해자가 대사 한마디 없던 레위인의 첩인 여성이었습니다.

대로 하시오. 그러나 이 남자에게만은 그런 수치스러운 일을 하지 마시오." 25 그러나 그 불량배들은 노인의 말을 들으려 하지 않았다. 그래서 그 레위 사람은 자기 첩을 밖으로 내보내어 그 남자들에게 주었다. 그러자 그 남자들이 밤새도록 그 여자를 윤간하여 욕보인 뒤에, 새벽에 동이 틀 때에야 놓아주었다. 26 ○ 동이 트자, 그 여자는, 자기 남편이 있는 그 노인의 집으로 돌아와, 문에 쓰러져서, 아침이 밝아올 때까지 거기에 있었다. 27 그 여자의 남편이 아침에 일어나서, 그 집의 문을 열고 떠나려고 나와보니, 자기 첩인 그 여자가 두 팔로 문지방을 잡고 문간에 쓰러져 있었다. 28 일어나서 같이 가자고 말하였으나, 아무 대답이 없었다. 그는 그 여자의 주검을 나귀에 싣고, 길을 떠나 자기 고장으로 갔다. 29 집에 들어서자마자 칼을 가져다가, 첩의 주검을 열두 토막을 내고, 이스라엘 온 지역으로 그것을 보냈다. 30 그것을 보는 사람들마다 이구동성으로 말하였다. "이스라엘 자손이 이집트에서 나온 날부터 오늘까지 이런 일은 일어난 적도 없고, 또 본 일도 없다. 이 일을 깊이 생각하여보고 의논한 다음에, 의견을 말하기로 하자."

{ 제20장 }

이스라엘이 전쟁 준비를 하다

1 그리하여 북쪽의 단에서부터 남쪽의 브엘세바에 이르기까지, 또 동쪽의 길르앗 땅에서도, 모든 이스라엘 자손이 쏟아져 나와서, 온 회중이 한꺼번에 미스바에서 주님 앞에 모였다. 2 이때에 온 백성 곧 이스라엘 온 지파의 지도자들도 하나님의 백성의 총회에 참석하였다. 칼을 찬 보병도 사십만 명이나 모였다. 3 베냐민 자손은 모든 이스라엘 자손이 미스바로 올라왔다는 소식을 들었다.

○ 그때에 이스라엘 자손이 그 레위 사람에게 물었다. "이런 수치스러운 일이 어떻게 일어났는지 말하여보시오." 4 그러자 죽은 여자의 남편인 그 레위 사람이 대답하였다. "나는 첩을 데리고 베냐민 사람의 땅에 있는 기브아로 간 적이 있습니다. 하룻밤을 묵을 셈이었습니다. 5 그날 밤에 기브아 사람들이 몰려와서, 나를 해치려고, 내가 묵고 있던 집을 둘러쌌습니

온 이스라엘 백성이 미스바에 모였습니다. 이런 총회가 열린 경우가 또 있었습니까? 광야 여정에서도 이스라엘 총회가 언급되었습니다(신 31:30). 여리고와 아이 성 전투를 마친 후 에발산에 모여 하나님의 율법을 낭독할 때 역시 온 백성의 총회가 모였습니다(수 8:35). 온 이스라엘 회중은 요단강 동쪽 지파들이 제멋대로 단을 쌓아 문제가 생겼을 때도 모였습니다(수 22:12, 16). 훗날 다윗이 하나님의 궤를 옮기기로 결정할 때도(대상 13:2), 솔로몬 성전을 완성해 바칠 때도 온 회중이 모였습니다(왕상 8:14). 이러한 표현은 사안의 중대성을, 그리고 전체가 한 사람처럼 함께 대응했음을 보여줍니다. 사사기 내내 이스라엘 지파는 몇몇 지파끼리 움직이지만, 유일하게 이 장면에서 모든 지파가 모입니다.

다. 그들은 나를 죽이려 하였으나, 나 대신에 내 첩을 폭행하여, 그가 죽었습니다. 6 내가 나의 첩의 주검을 토막 내어 이스라엘이 유산으로 받은 모든 지역으로 보낸 것은, 그들이 이스라엘에서 이처럼 음란하고 수치스러운 일을 하였기 때문입니다. 7 여러분은 모두 이스라엘 자손이 아니십니까? 이제 여러분의 생각과 대책을 내놓으십시오!"

8 ○ 그러자 모든 사람이 한꺼번에 일어나서 외쳤다. "우리 가운데서 한 사람도 자기 장막으로 가서는 안 된다. 아무도 집으로 돌아가서는 안 된다. 9 이제 기브아 사람들에게 우리가 할 일은 이렇다. 제비를 뽑아 그들을 치자. 10 이스라엘의 모든 지파에서 백 명마다 열 명을, 천 명마다 백 명을, 만 명마다 천 명을 뽑아서, 그들에게 군인들이 먹을 양식을 마련하게 하고, 군인들은 베냐민 땅에 있는 기브아로 가서, 기브아 사람이 이스라엘 안에서 저지른 이 모든 수치스러운 일을 벌하게 하자."

11 그리하여 모든 이스라엘 사람이 하나같이 뭉쳐서, 그 성읍을 치려고 모였다.

12 ○ 이스라엘의 지파들이 베냐민 온 지파에게 사람을 보내어, 이렇게 말을 전하였다. "당신들 가운데서 이런 악한 일이

3절에 따르면 베냐민 자손들은 총회에 참석하지 않은 걸로 보입니다. 자발적인 불참인가요, 아니면 다른 지파에서 일부러 따돌렸던 걸까요? 레위인이 자기 아내의 시체를 열두 조각을 내서 각 지파에 보냈을 때(19:29), 벌어진 상황에 대한 간략한 설명도 당연히 있었을 것입니다. 그랬기에 모든 이스라엘이 그에 반응해서 함께 모이는 일도 가능했겠지요. 시체 조각은 베냐민 지파에도 보내졌을 것이고 베냐민 지파 역시 문제 상황을 짐작했을 것입니다. 그 시체 조각을 받은 이들은 모두 모였다고 1절에서 소개합니다. 베냐민 지파는 이 총회에 오지 않았는데, 베냐민 지파의 성읍인 기브아에서 발생한 문제이기 때문에 의도적으로 불참했다고 봐야 할 것 같습니다.

일어나다니, 어찌 된 일이오? 13 그러니 당신들은 이제 기브아에 있는 그 불량배들을 우리 손에 넘겨서, 우리가 그들을 죽여 이스라엘에서 이런 악한 일을 없애게 하시오." 그러나 베냐민 자손은 그들의 친족인 이스라엘 자손의 말을 들으려 하지 않았다. 14 오히려 베냐민 자손은 이스라엘 자손과 싸우러 나가려고, 모든 성읍에서 기브아로 모여들었다. 15 그날에 모여든 베냐민 자손은, 기브아의 주민들 가운데서 뽑은 칠백 명 외에도, 각 성읍에서 나온, 칼을 쓸 줄 아는 사람 이만 육천 명이 합세하였다. 16 이 모든 사람 가운데서 뽑힌 칠백 명 왼손잡이들은, 무릿매로 돌을 던져 머리카락도 빗나가지 않고 맞히는 사람들이었다. 17 이스라엘 사람들에게는, 베냐민 자손을 제외하고도, 칼을 쓸 줄 아는 사람이 사십만 명이나 있었는데, 그들은 모두 잘 싸우는 용사였다.

베냐민 지파와의 전쟁

18 ○ 이스라엘 자손이 일어나 베델로 올라가서, 하나님께 여

범죄자를 잡아서 넘기면 그만인데, 어째서 베냐민 지파는 온 이스라엘 백성에 맞서 싸우겠다는(13-14절) 무모한 결정을 내렸을까요? 베냐민 지파가 전체 이스라엘과의 전쟁 첫 시기에 승리하는 것을 볼 때(19-28절), 그리고 특히 기브아 사람들이 대단한 전투력을 지녔음을 볼 때(16절), 기브아 사람들이 자신들의 성을 방문한 나그네를 유린하려 한 것이나 베냐민 지파가 자기 지파 안에서 벌어진 끔찍한 일을 반성하지 않는 것에는 그들이 가진 무력에 대한 자신감과 오만함이 깔려 있다고 할 수 있습니다. 힘을 가진 이들은 자신들 안에서 벌어진 죄악까지도 그 힘을 사용해 덮어버리고 도리어 문제를 제기하는 이들을 제거하려 합니다. 베냐민 지파의 지극히 사사로운 모습은 사사 시대가 어떻게 무너지고 있는지를 보여주는 또 다른 사례입니다.

쭈었다. "우리 가운데 어느 지파가 먼저 올라가서 베냐민 자손과 싸워야 합니까?" 주님께서 말씀하셨다. "유다 지파가 먼저 올라가거라."

19 ㅇ 다음 날 아침에 이스라엘 자손이 출동하여, 기브아 맞은편에 진을 쳤다. 20 이스라엘 사람은 베냐민 자손과 싸우려고 나가서, 기브아를 마주 보고 전투태세를 갖추었다. 21 그러자 베냐민 자손이 기브아에서 나와, 그날에 이스라엘 사람 이만 이천 명을 땅에 쓰러뜨렸다. 22 – 23 그래서 이스라엘 자손은 베델로 올라가서, 주님 앞에서 날이 저물도록 목 놓아 울면서 여쭈었다. "우리가 다시 가서, 우리의 동기 베냐민 자손과 싸워도 되겠습니까?" 그때에 주님께서 "올라가서 싸워라!" 하고 말씀하셨다. 이스라엘 사람들은 스스로 용기를 내어, 첫날 대열을 갖추었던 그곳으로 가서, 다시 전투태세를 갖추었다.

24 ㅇ 그 이튿날에 이스라엘 자손이 베냐민 자손을 치려고 가까이 나아갔다. 25 베냐민 자손은 이튿날에도 그들을 대항하려고 기브아에서 나와서, 이스라엘 자손 만 팔천 명을 땅에 쓰러뜨렸는데, 죽은 이들은 모두 칼을 쓸 줄 아는 사람들이었다. 26 그

이스라엘 군대는 두 번이나 베냐민 지파에게 패했습니다. 하나님은 왜 전투를 허락하고서(22–23절) 뒷일을 책임져주지 않습니까? 만일 하나님께서 모든 일을 직접 다 수행하신다면 하나님을 믿는 사람은 그저 로봇이나 꼭두각시에 불과하지 않겠습니까? 하나님의 대답은 이스라엘이 걸어갈 방향이 타당하다는 것을 보여주신 것이고, 구체적인 일상은 그들 스스로 헤쳐나가는 것이 맞겠지요. 두 번의 패배는 베냐민 지파가 그동안 무력을 얼마나 단단히 키워왔는지를 잘 보여줍니다. 앞에서도 언급했지만, 그랬기에 그들은 기브아에서 끔찍한 일을 저질렀을 것이고, 그렇게 악을 행한 집단까지도 자기 사람이라는 이유로 감쌀 수 있었을 것입니다. 두 번의 패배는 베냐민의 악행이 '월등한 무력'에 기반을 둔 것임을 보여줍니다.

러자 온 이스라엘 자손은 베델로 올라가서, 주님 앞에서 목 놓아 울었다. 그들은 거기에 앉아서 날이 저물도록 금식하고, 주님께 화목제와 번제를 드리고, 27 주님께 여쭈었다. (그때는 하나님의 언약궤가 베델에 있었고, 28 아론의 손자이며 엘르아살의 아들인 비느하스가 제사장으로 있는 때였다.) "우리가 또다시 올라가서 우리의 동기 베냐민 자손과 싸워도 되겠습니까, 아니면 그만두어야 하겠습니까?" 주님께서 말씀하셨다. "올라가거라. 내일은 틀림없이 내가 그들을 너희 손에 넘겨주겠다."
29 ○ 이스라엘이 기브아 둘레에 군인들을 매복시켰다. 30 사흘째 되는 날 이스라엘 자손은 베냐민 자손을 치러 올라가서, 전과 마찬가지로 기브아 쪽으로 전투태세를 갖추었다. 31 베냐민 자손도 그들을 대항하려고 나왔으나, 꾐에 빠져 성읍에서 멀리 떠나게 되었다. 베냐민 자손은, 한쪽은 베델로 올라가는 길과 만나고 다른 한쪽은 기브아로 가는 길과 만나는 큰길과 들에서, 전과 같이 이스라엘 자손을 치기 시작하여, 그들을 서른 명가량 죽였다. 32 그러자 베냐민 자손은 이스라엘 자손이 처음과 같이 자기들에게 지고 있다고 생각하였다. 그러나 이스

언약궤는 '하나님의 집'(18:31)에 있는 게 정상이 아닌가요? 그렇다면 실로에 있어야 할 언약궤가 어째서 전쟁터인 베델에(27절) 와 있습니까? 사사 시대에 기본적으로 회막은 실로에 세워졌고(수 18:1) 하나님의 궤도 그곳에 안치되어 있었다고 여겨집니다. 이후 선지자 엘리와 사무엘의 시대에도 궤는 실로에 있었습니다(삼상 4:4). 그런데 왜 사사기 20장 상황에서 하나님의 궤가 베델에 있는지는 본문이 설명하지 않아서 연유를 알 수 없습니다. 또 사사기는 이 본문 외에는 궤에 대해 한 번도 언급하지 않습니다. 사실 베델이라는 이름은 '하나님의 집'이라는 뜻이기에, 하나님의 궤가 '하나님의 집'인 베델에 있는 것이 자연스럽기도 합니다. 사사기 본문은 베델에 존재하는 궤를 언급함으로써 온 이스라엘이 오직 하나님만을 간절히 구하고 있는 상황을 생생하게 표현한다고 볼 수 있습니다.

라엘 자손은 "우리가 도망치는 척하여 그들을 성읍에서 큰길까지 꾀어내자" 하고 말하였다. 33 그때에 모든 이스라엘 주력부대는 자기들이 있던 자리에서 일어나 바알다말에서 대열을 갖추었으며, 이스라엘의 매복부대는 기브아 주변에 숨어 있다가 거기에서 쏟아져 나왔다. 34 온 이스라엘에서 뽑힌 만 명이 기브아 정면에 이르자 전투는 치열해졌다. 그러나 베냐민 자손은 자기들에게 재앙이 미친 것을 알지 못하였다. 35 주님께서 이스라엘 앞에서 베냐민을 치셨으므로, 그날 이스라엘 자손이 칼을 쓸 줄 아는 베냐민 사람 이만 오천백 명을 모두 쳐 죽였다. 36 그제서야 베냐민 자손은 자기들이 패한 것을 알았다.

이스라엘이 승리한 방법

○ 이스라엘의 주력부대가 자기들이 있던 자리를 베냐민에게 내주고 물러선 것은, 기브아 둘레에 매복시켜둔 병력을 믿었기 때문이다. 37 매복한 군인들이 급히 나와 기브아로 돌격하여 사방으로 흩어져서, 칼날로 기브아의 성읍 주민을 다 쳐 죽

39-41절에는 29-36절의 내용이 고스란히 되풀이되고 있습니다. 사사기를 기록한 이는 어떤 의도에서 같은 이야기를 거푸 적은 걸까요? 엄밀하게 말하자면 35절까지의 내용을 베냐민 사람의 시각에서 다시 풀어쓴 것이 36-46절이라고 볼 수 있습니다. 35절까지는 간략히 전쟁 상황을 보도했다면, 36절부터는 베냐민 자손이 처음의 승리를 떠올리며 이전처럼 행하다가 참패하는 상황을 전달합니다. 이러한 배열을 통해 베냐민이 겪는 낭패와 당황스러움을 좀 더 생생하게 보여줍니다. 그들은 자신들의 능력과 무력을 믿고 오만하게 행했고 한동안 이기기도 했지만, 결국 패색이 짙어지는 것을 깨닫습니다. 힘을 믿고 교만하게 약자를 짓밟던 이들은 결국 이처럼 자신들이야말로 패색이 짙어져 망하게 되었음을 깨닫게 될 것입니다.

였다. 38 이스라엘 주력부대와 매복부대 사이에서는, 성읍에서 큰 연기가 구름기둥처럼 치솟는 것으로 신호를 삼자는 약속이 이미 되어 있었다. 39 이스라엘 사람들이 싸우다가 물러서자, 베냐민 사람들은 이스라엘 사람들 서른 명가량을 쳐 죽이면서, 이스라엘 사람들이 지난번 싸움에서처럼 자기들에게 꼼짝없이 진다고 생각하였다. 40 그러나 성읍에서 연기가 구름기둥처럼 치솟아 오를 때에 베냐민 사람들이 뒤돌아보니, 온 성읍이 불바다가 되어 불길이 하늘로 치솟는 것이 아닌가! 41 이스라엘 사람들이 반격하니, 베냐민 사람들은 패색이 짙은 것을 깨닫고, 몹시 겁에 질렸다. 42 그들은 이스라엘 사람들 앞에서 물러나 광야 길로 방향을 돌렸으나, 퇴로가 막혔다. 그들은 이스라엘 주력부대와 성읍을 치고 나온 부대 사이에 끼여 협살당하고 말았다. 43 이스라엘 사람들은 베냐민 사람들을 포위하고, 쉬지 않고 동쪽으로 기브아 맞은쪽에 이르기까지 추격하며 쳐부수었다. 44 그때에 베냐민 사람들이 만 팔천 명이나 쓰러졌는데, 그들은 모두 용사였다. 45 베냐민의 나머지 패잔병은 방향을 바꾸어 광야 쪽 림몬 바위 있는 데까지 도망쳤으나, 이

통계가 엉망입니다. 35절에서는 2만 5,100명이 죽었다고 했는데 46절에서는 2만 5,000명이라고 말합니다. 왜 이런 차이가 나는 거죠? 15절에서는 베냐민 지파의 모인 수가 2만 6,000명이고 기브아 출신은 별도로 700명이라고 전합니다. 아마도 35절과 46절에서 보듯 2만 5,000명이 맞는 수일 것 같습니다. 그런데 '백'을 가리키는 한 단어가 35절에는 있고 46절에는 없습니다. 그리고 47절에 따르면 600명이 도망쳤다고 되어 있습니다. 그래서 본문의 숫자를 정확하게 앞뒤가 맞게 맞추는 것은 불가능해 보입니다. 본문이 오래 전해 내려오는 과정에서 잘못 베껴 썼을 가능성이 있습니다. 본문이 말하고자 하는 핵심은 베냐민 지파의 완전한 패배와 몰락입니다. 무력을 내세워 약자를 짓밟던 세력은 이제 완전히 몰락하고 쇠약해졌습니다.

스라엘 사람들이 큰길에서 오천 명을 이삭 줍듯이 모조리 죽이고, 기돔에까지 쫓아가서 덮쳐 또 이천 명을 죽였다. 46 베냐민 사람들 가운데서 칼을 쓸 줄 아는 사람 이만 오천 명이 그날 모두 쓰러졌는데, 그들은 모두 용사들이었다.

47 ㅇ 그러나 육백 명은 방향을 돌려 광야 쪽 림몬 바위까지 도망쳐서, 넉 달을 그 림몬 바위 있는 곳에서 숨어 살았다. 48 이스라엘 사람들은 다시 베냐민 자손에게로 돌아와서, 그 성읍에서 사람이나 가축 할 것 없이 닥치는 대로 모두 칼로 쳐서 죽였다. 그들은 그 일대의 성읍도 모두 불살랐다.

{ 제21장 }

베냐민 사람들의 아내

1 이스라엘 사람들은 이미 미스바에서 "우리 가운데서는 아무도 딸을 베냐민 사람과 결혼시키지 않도록 하자!" 하고 맹세한 일이 있었다. 2 이스라엘 백성은 베델에 이르러, 거기에서 저녁이 되도록 하나님 앞에 앉아 소리를 높여 크게 통곡하였다. 3 그들은 울부짖었다. "주 이스라엘의 하나님, 어찌하여 이런 일이 이스라엘에서 일어났습니까? 오늘 한 지파가 끝내 이스라엘에서 없어지고 말았습니다." 4 다음 날 아침이 되자, 백성은 일찍 일어나 거기에 한 제단을 쌓고 번제와 화목제를 드렸다. 5 그런 다음에 이스라엘 자손은 이스라엘 모든 지파 가운데서 어느 지파가 주님 앞에 모인 그 총회에 참석하지 않았는지 알아보았다. 누구든지 미스바에 올라와서 주님 앞에 나아오지 않으면, 죽이기로 굳게 맹세하였기 때문이다. 6 이스라

2-3절을 보면 '악어의 눈물'이 생각납니다. 이스라엘 백성이 스스로 결정해서 제 손으로 베냐민 지파를 칼로 쳐 죽여놓고 이제 와서 통곡하는 이유를 모르겠습니다. 이 본문에서 우는 장면은 2장 1-5절의 우는 장면과 대응됩니다. 이번에 이스라엘은 베냐민 지파를 거의 전멸시키고 그들과 결코 결혼으로 엮이지 않겠다 선언하고서는 웁니다. 이방 백성과 엮이지 않겠다고 선언한 적은 없는 이스라엘 백성이 베냐민 자손과는 섞이지 않겠다 선언하니, 참으로 대조적입니다. 이방 백성은 완전히 내쫓지 못했던 이들이 베냐민 지파와 전쟁하면서는 사람이나 가축이나 닥치는 대로 죽이고 성읍을 불살랐다는 점도 대조적입니다(20:48). 이스라엘은 이러한 통곡 장면으로 마치 자신들이 무척 의로운 사람인 것처럼 가장하며 참상을 뒤집어씌울 희생양을 찾습니다. 사사기는 이스라엘의 모순을 적나라하게 드러냅니다.

엘 자손은 그들의 동기 베냐민 자손에 대하여 측은한 마음이 생겨서 "오늘 이스라엘에서 지파 하나가 없어져버렸다. 7 우리 스스로가 이미 우리 딸을 그들과는 결혼시키지 않기로 주님께 맹세하였으니, 우리가 어떻게 해야 그 살아남은 사람들에게 아내를 구해줄 수 있겠는가?" 하고 걱정하였다.

8 ○ 그래서 그들은 이스라엘 지파 가운데 어느 지파가 미스바에 올라오지 않았는지, 주님 앞에 나아오지 않았는지를 알아보았다. 그러자 길르앗의 야베스에서는 한 사람도 진으로 오지도 않고, 이 총회에도 참석하지 않은 사실이 드러났다. 9 그들이 백성을 일일이 살펴보니, 정말 길르앗의 야베스 주민은 한 사람도 없었다. 10 그래서 회중은 가장 용감한 군인 만 이천 명을 그리로 보내면서 명령하였다. "너희는 가서 길르앗의 야베스 주민을, 여자나 어린아이 할 것 없이, 칼로 쳐서 죽여라. 11 너희가 할 일은, 남자를 모두 죽이고, 남자와 동침한 일이 있는 여자도 모조리 죽이는 것이다." 12 그들은 길르앗의 야베스 주민 가운데서 아직 남자와 한 번도 동침하지 않은 처녀 사백 명을 찾아내어, 가나안 땅의 실로에 있는 진으로 데리고 왔다.

이스라엘 백성은 베델에 제단을 쌓고 제사를 드렸습니다(4절). 하지만 제사는 성막에서만 드리게 되어 있지 않던가요? 20장 26절에 따르면 베델에 하나님의 궤가 있었고 백성이 그곳에서 번제와 화목제를 드렸습니다. 궤가 있다는 점에서 베델 역시 하나님의 성소였다고 볼 수 있습니다. 그러나 20장에서는 비느하스 제사장을 언급하지만 21장에는 그가 등장하지 않으며, 20장에서는 하나님의 응답이 있으나 21장에서는 없다는 점에서 대조적입니다. 특히 21장에서는 하나님의 응답이나 말씀이한 번도 언급되지 않습니다. 그야말로 백성은 마음대로 제단을 쌓고 마음대로 제사를 드리며 마음대로 결정합니다. 거듭거듭 사사기는 백성의 행태를 그저 진술하면서 독자와 청중에게 판단을 맡깁니다.

13 ○ 그러고 나서 온 회중은 림몬 바위에 숨어서 사는 베냐민 자손에게 사람을 보내어 그들과 화친을 선언한다는 말을 전하였다. 14 그때에 베냐민 자손이 돌아오니, 이스라엘 사람들은 길르앗의 야베스의 여자들 가운데서 살려둔 여자들을 그들과 결혼시켰다. 그러나 여자의 수가 모자랐다.

15 ○ 주님께서 이스라엘 지파들 가운데서 한 지파가 비어 틈이 생기게 하셨으므로, 이스라엘 백성은 베냐민 지파가 딱하다는 생각이 들었다. 16 그때에 회중의 장로들이 걱정하였다. "베냐민 지파 가운데서 여자들이 다 죽었으니, 이제 우리가 어떻게 하여야 살아남은 남자들에게 아내를 짝지어줄 수 있겠습니까?" 17 그들이 또 말하였다. "베냐민 지파에서 살아남은 남자들에게도 유산이 있어야, 이스라엘 가운데서 한 지파가 없어지지 않을 것입니다. 18 그러나 이미 이스라엘 자손이, 자기 딸을 베냐민 사람과 결혼시키는 사람은 누구든지 저주를 받을 것이라고 맹세하였으니, 우리는 아무도 우리의 딸들을 그들과 결혼시킬 수 없습니다." 19 그래서 그들은 한 묘안을 생각해냈다. "그렇다! 실로에서 해마다 열리는 주님의 축제가 곧 다가

총회에 참석하지 않은 행위가 모조리 도륙을 당할 만큼 큰 죄인가요?(8~11절) 이스라엘은 베냐민 자손과 결혼 관계로 엮이지 않겠다 맹세했고(1절), 이제 베냐민 지파는 이방 민족과 결혼하지 않는 한 대가 끊길 수밖에 없습니다. 그러자 이스라엘은 자신들의 맹세도 지키면서 베냐민의 절손도 막기 위해, 베냐민과의 전쟁을 수행했던 총회에 참석하지 않은 이들을 희생양으로 결정했습니다. 자신들의 부적절하고 성급한 맹세를 지키기 위해, 총회에 오지 않았다는 이유를 들어 한 집단에 속한 남자 모두를 죽이기로 결정을 내린 것입니다. 경솔한 맹세로 딸을 죽인 입다를 연상시키는 이와 같은 모습은 당시 이스라엘 집단이 얼마나 율법주의적이고 위선적이며 힘과 숫자를 내세우는 집단인지 폭로합니다.

온다." (실로는 베델 북쪽, 르보나 남쪽, 베델에서 세겜으로 올라가는 큰길 동쪽에 있다.) 20 그리고 그들은 베냐민 자손에게 이렇게 지시하였다. "당신들은 가서 포도원에 숨어서 21 살피다가, 실로의 처녀들이 춤을 추러 나오면, 포도원에서 달려나와, 그 실로의 처녀들 가운데서 하나씩 붙들어 아내를 삼아, 베냐민 땅으로 돌아가시오. 22 그들의 아버지들이나 오라버니들이 우리에게 와서 시비를 걸면, 우리가 그들에게 '전쟁에서 여자를 잡아다가 아내로 삼듯 여자들을 빼앗아온 것이 아니니, 딸들을 그들의 아내로 삼도록 하여주시오. 또 당신들이 딸들을 그들에게 준 것이 아니니, 당신들이 맹세한 것을 스스로 깨뜨린 것도 아니오' 하고 답변해주겠소." 23 그래서 베냐민 자손은 그 지시대로 하였다. 그들은, 춤추는 여자들 가운데서 자신들의 수효만큼 여자들을 붙들어 아내로 삼고, 자기들이 유산으로 얻은 땅으로 돌아가서, 성읍들을 재건하고, 거기에서 살았다. 24 그때에야 이스라엘 자손도 그곳을 떠나, 각자 자기 지파와 자기 가족에게로 돌아갔다. 곧 각자가 그곳에서 떠나 자기가 유산으로 얻은 땅으로 돌아간 것이다.

이스라엘 백성이 생각해낸 묘안이란 납치를 묵인하는 꼼수였습니다(19~22절). 이런 식으로 맹세를 지키는 게 무슨 의미가 있습니까? 길르앗의 야베스 남자들을 다 죽이고 그곳 여성을 데려다가 강제로 베냐민 지파 남자들과 결혼하게 하고도 200명의 여성이 모자라자, 이스라엘 백성은 베냐민 자손으로 하여금 실로 축제에 춤추러 나온 여성을 납치해 아내로 삼게 합니다. 악을 징벌하겠다며 악을 행하고, 그 악을 덮기 위해 또 다른 악을 내세웁니다. 사사기는 이러한 모습을 그대로 진술하며 독자에게 판단을 맡깁니다. 이와 같은 현실에서 대체 신앙은 어떤 역할을 하는 것일까요? 이스라엘이 말끝마다 하나님을 말하지만, 실상은 하나님과 전혀 무관한 일이 빈번하게 벌어집니다.

25 ○ 그때에는 이스라엘에 왕이 없었으므로, 사람들은 저마다 자기의 뜻에 맞는 대로 하였다.

25절은 17장 6절과 토씨 하나 틀리지 않고 정확히 일치합니다. 왕이 없는 걸 이토록 아쉬워하는 이유는 무엇입니까? 사사기는 이 모든 참상의 근본적인 원인으로 왕이 없어서 사람들이 제멋대로 행하기 때문이라고 증언합니다. 사사 시대 다음에는 사울과 다윗으로 이어지는 왕정이 도래하기 때문에, 여기서의 왕을 강력한 중앙집권을 실행하는 왕으로 생각할 수도 있습니다. 그러나 왕이 돼달라는 백성의 요구에 "오직 하나님께서 다스리실 것이다"라고 답했던 기드온의 말을 기억할 때(8:23), 사사기가 말하는 왕은 인간의 왕이 아니라 하나님이신 왕을 가리킨다고 봐야 합니다. 하나님의 말씀에 귀 기울이지 않고 제멋대로 행하는 세상은 힘과 권력, 숫자가 지배하는 세상이며, 약자가 유린당하는 세상입니다. 레위인의 첩과 실로 축제에서 끌려간 여성 피해자들은 당대 사회의 불의와 죄악을 가장 적나라하게 보여줍니다.

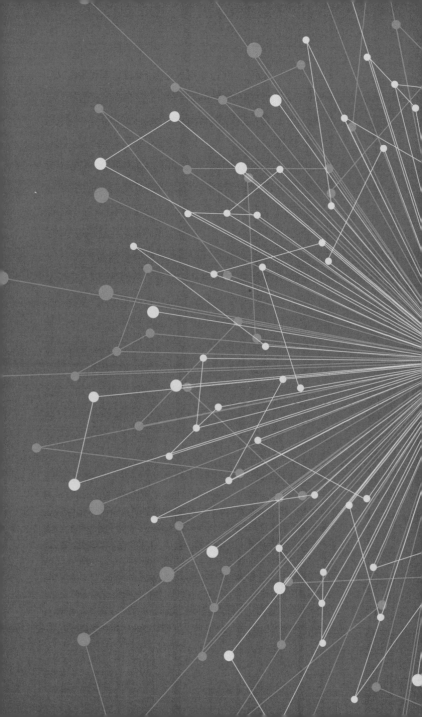

룻기

Ruth

율법에 충실한
공동체의 사람들

룻기는 사사 시대라고 배경을 알리며 시작하고,
마지막에는 다윗의 이름으로 끝맺습니다.
사사기가 전하는 사사 시대, 특히 사사기 마지막 부분에 놓인
사사 시대의 혼란과 폭력, 약자 희생이라는 그림은
룻기가 전하는 사사 시대의 아름답고 소박한 모습과는 지극히 대조적입니다.
사사기가 계속해서 '왕이 없던 시절'과 사회의 혼란을 연결시켜서
얼핏 이스라엘 온 나라를 하나로 묶고 혼란을 잠재울
훌륭한 왕의 출현을 소망하는 것 같지만, 바로 다음에 놓인 룻기는
그런 훌륭한 왕이나 권력자가 없어도
하나님의 율법을 준수하고 따르는 공동체를 통해
과부와 이방 여인으로 대표되는 약자가 회복되고
안전한 삶을 살 수 있음을 보여줍니다.

룻기는 흉년 때문에 이방 땅 모압에 가서 살아야 했으나 모든 것이 실패로 돌아간 한 가정의 이야기로 시작합니다. 남편들은 모두 죽고 남겨진 시어머니 나오미와 두 며느리 가운데 하나인 룻은 이 가정의 고향인 베들레헴으로 돌아오고, 놀랍게도 황폐해졌던 이 가정은 다시 회복됩니다. 이러한 회복의 중심에 룻이 있습니다. 룻은 먼 친척 보아스와 결혼하고, 두 사람 사이에서 태어난 아들로부터 이어지는 후손에 다윗이 있습니다. 그래서 룻기는 참으로 살기 어렵던 시대에 어떻게 한 가정이 회복되는지를 보여줍니다.

용기 있게 서로를 책임진 약자들의 이야기

흉년은 창세기부터 시작해 성경에 빈번하게 등장하는 소재입니다. 이와 같은 자연재해 혹은 천재지변은 모든 이의 삶을 힘겹게 만들지만, 특히 가난한 사람에게는 더욱 큰 타격입니다. 나오미의 가정 역시 흉년으로 인해 유대 땅을 떠나 모압까지 옮겨가야 할 정도가 되었고, 급기야 가족 가운데 남편과 두 아들 모두 그 땅에서 죽습니다. 이러한 상황에서 남겨진 여성은 어떻게 삶을 정상적으로 이어갈 수 있을까요? 만일 우리 현실에서 이렇게 여성만 남겨졌다면 어떻게 삶이 가능했을까요? 완전히 붕괴되고 처참해졌을 나오미의 삶을 일으켜 세운 한 가지는 며느리 룻의 사랑입니다. 모압 여인인 룻은 남편이 죽었으니 원래 민족인 모압 땅에서 살 길을 찾으라는 시어머니 나오미의 권면에도 불구하고 홀로 남겨진 나오미를 끝까지 따르고, 결국 그녀에게는 완전히 낯선 땅일 유다 베들레헴까지 오게 됩니다. 그녀는 추수하는 일꾼들을 따라다니며 땅에 떨어진 곡식을 주워 나오미를 봉양하며 일상을 회복하게 됩니다.

그래서 자신만을 생각하며 살 길을 찾아가지 않고, 홀로 남겨질 나이 든 시어머니와 끝까지 함께한 룻을 가리키는 가장 단적인 표현은 '자비' 혹은 '인애'입니다. 나오미가 룻을 가리켜 두 번이나 그러한 사람이라 표현하고(1:8; 2:20), 룻을 알게 된 보아스가 그녀를 가리켜 그렇게 표현하기도 합니다(3:10, 새번역 성경은 여기에서 이 단어를 '갸륵한 마음씨'로 옮겼습니다). 특히 보아스는 룻을 '정숙한 여인'이라고도 표현합니다(3:11). 여성의 미덕을 '정숙'이라는 말로 표현하는 것은 시대에 뒤떨어진 성차별적인 인상을 주기 때문에 썩 좋은 번역은 아닙니다. 사실 이에 해당하는 히브리어가 잠언 31장 10절에서는 '유능한 아내'라고 번역되었는데, 잠언 31장 10-31절을 읽어보면 이 여인을 그저 '정숙'이나 '유능'으로만 말할 수 없음을 알 수 있습니다. 같은 단어가 남자에게 적용되었을 경우 대개 '용사'로 번역됩니다. 그래서 '용기 있는 여인', '강건한 여인'과 같은 표현이 어떨까 싶습니다.

성경이 말하는 이러한 용기와 강건함은 제 한 몸 건사 잘하는 이에게 적용되는 것이 아니라, 그 힘겹던 시대에 자기 앞가림

만 하거나 자신의 영광만을 위해 살지 않고 혼자된 시어머니를 끝까지 신실하게 사랑하고 섬기며 가야 할 길을 걸어갔던 여성에게 적용됩니다. 시어머니 나오미 역시 아들이 죽자 며느리를 붙잡지 않고 그들의 평안을 위해 자유롭게 돌아가서 새로운 남편을 맞아 행복하라 권하고(1:8-9), 자신을 끝까지 따르는 룻의 행복을 위해 노력합니다(3:1). 참으로 어렵던 시기에 이 여성들은 서로를 책임지고 돌아보려 애씁니다.

하나님의 율법을 준수하는 공동체가 곧 사회 안전망

룻기에서 주목할 또 다른 점은 당시의 사회제도입니다. 나오미와 룻처럼 가장 밑바닥에 떨어진 이들이 회복될 수 있도록 한 것은 당시 율법에 규정된 사회제도였습니다. 하나님께서는 모세를 통해 주신 율법에서 추수할 때 모퉁이를 남겨두고, 추수하다가 땅에 떨어진 것 역시 그 마을의 가난한 자들을 위해 남겨두라 명하셨습니다(레 19:9-10). 베들레헴은 이 율법이 살아 있는 지역이었고, 룻은 땅에 떨어진 것을 모아 시어머니와 함께 삶을 이어갈 수 있었습니다.

룻기의 배경이 되는 또 다른 제도는 수혼제도와 유산 무르기입니다. 수혼제도는 형이 자녀를 낳지 않고 사망했을 경우 다른 형제가 남겨진 형수를 취해 자식을 낳아 죽은 형의 대를 잇게 하는 제도입니다(신 25:5-10). 유산 무르기 제도는 이스라나란히 놓인 사사기와 룻기의 배열은 상당히 의미심장합니다. 이러한 배열을 통해 사사기가 말하고자 하는 왕은 단순히 인간의 멋진 왕이 아니라, 하나님의 율법에 순종하는 공동체를 이끄는 왕, 즉 왕이신 하나님임을 알려줍니다. 룻기 마지막에 놓인 '다윗'이라는 이름 역시 다윗이 오면 모든 문제가 해결된다고 이야기하는 것이 아니라, 다윗으로 상징되는 하나님의 율법에 순종하는 사람을 기대하도록 만듭니다. 그 다윗은 신실하고 용기 있는 룻, 그리고 지혜로운 나오미의 후손입니다.

엘 중 누군가가 가난 때문에 기업으로 내려오는 땅을 팔게 되었을 경우, 가장 가까운 친척이 그 값을 지불하고 대신 그 땅을 되사도록 한 제도입니다(레 25:23-55). 이 제도가 수혼제도와 결합해, 가장 가까운 친척이 홀로 남겨진 과부와 결혼해 아이를 낳아 대를 잇게 할 뿐 아니라 그 아이에게 과부의 죽은 남편의 땅이 상속되도록 했습니다. 이것은 무엇보다도 죽은 사람과 결부되어 있는 기업으로의 땅이 그 가족 안에서 보존되게 하려는 목적이었을 것입니다.

나오미는 이 제도를 염두에 두고 친척 보아스와 룻이 맺어지도록 했습니다. 나오미와 룻의 회복이 가능했던 것은 이처럼 율법에 충실한 공동체가 있었기 때문이기도 합니다. 이를 요샛말로 사회 안전망이라고 할 수 있겠지요. 더구나 룻이 이방 사람임에도 불구하고 아무 차별 없이 삶이 제자리를 잡을 수 있었다는 점 또한 매우 인상적입니다.

롯기는 사사 시대라고 배경을 알리며 시작하고(1:1), 마지막에는 다윗의 이름으로 끝맺습니다(4:22). 사사기가 전하는 사사 시대, 특히 사사기 마지막 부분에 놓인 사사 시대의 혼란과 폭력, 약자 희생이라는 그림은 롯기가 전하는 사사 시대의 아름답고 소박한 모습과는 지극히 대조적입니다. 사사기가 계속해서 '왕이 없던 시절'과 사회의 혼란을 연결시켜서 얼핏 이스라엘 온 나라를 하나로 묶고 혼란을 잠재울 훌륭한 왕의 출현을 소망하는 것 같지만, 바로 다음에 놓인 롯기는 그런 훌륭한 왕이나 권력자가 없어도 하나님의 율법을 준수하고 따르는 공동체를 통해 과부와 이방 여인으로 대표되는 약자가 회복되고 안전한 삶을 살 수 있음을 보여줍니다.

이러한 점에서 나란히 놓인 사사기와 롯기의 배열은 상당히 의미심장합니다. 이러한 배열을 통해 사사기가 말하고자 하는 왕은 단순히 인간의 멋진 왕이 아니라, 하나님의 율법에 순종하는 공동체를 이끄는 왕, 즉 왕이신 하나님임을 알려줍니다. 롯기 마지막에 놓인 '다윗'이라는 이름 역시 다윗이 오면 모든 문제가 해결된다고 이야기하는 것이 아니라, 다윗으로 상징되는 하나님의 율법에 순종하는 사람을 기대하도록 만듭니다. 그 다윗은 하늘에서 떨어진 존재가 아니라 신실하고 용기 있는 룻, 그리고 지혜로운 나오미의 후손입니다.

{ 제1장 }

엘리멜렉과 그 가족의 모압 이주

1 사사 시대에 그 땅에 기근이 든 일이 있었다. 그때에 유다 베들레헴 태생의 한 남자가, 모압 지방으로 가서 임시로 살려고, 아내와 두 아들을 데리고 길을 떠났다. 2 그 남자의 이름은 엘리멜렉이고, 아내의 이름은 나오미이며, 두 아들의 이름은 말론과 기룐이다. 그들은 유다 베들레헴 태생으로서, 에브랏 가문 사람인데, 모압 지방으로 건너가 거기에서 살았다. 3 그러다가 나오미의 남편 엘리멜렉이 죽고, 나오미와 두 아들만 남았다. 4 두 아들은 다 모압 여자를 아내로 맞이하였는데, 한 여자의 이름은 룻이고, 또 한 여자의 이름은 오르바였다. 그들은 거기서 십 년쯤 살았다. 5 그러다가 아들 말론과 기룐이 죽으니, 나오미는 남편에 이어 두 아들마저 잃고, 홀로 남았다.

이방인이라면 질색을 하는 히브리인이 '임시로'(1절) 이방 민족 속에 들어가 10년쯤 (4절) 산다는 게 가능한 일인가요? 이런 경우가 잦았습니까? 이스라엘 땅에도 흘러 들어온 유민이 있었고, 이스라엘 역시 그런 유민이 되곤 했습니다. 이미 아브라함 시절부터 동족을 떠나 낯선 이방인의 땅에서 살아가는 삶이 시작되었고, 심지어 야곱의 자손은 요셉을 따라 이집트까지 내려가 400년 이상을 살기도 합니다. 낯선 땅을 살아가는 이스라엘의 모습은 창세기부터 구약성경 전체에 줄기차게 반복되는 모습입니다. 특히 이렇게 이방 땅에 가서 살게 되는 상황은 흉년이나 전쟁처럼 원래 살던 땅에서 삶의 모든 기반이 허물어진 때이기도 합니다. 그러므로 문제는 이방인 자체가 아니라 이방의 종교와 삶, 삶의 방식입니다.

룻이 베들레헴으로 오다

6 ○ 모압 지방에서 사는 동안에, 나오미는 주님께서 백성을 돌보셔서 고향에 풍년이 들게 하셨다는 말을 듣고, 두 며느리와 함께 모압 지방을 떠날 채비를 차렸다. 7 나오미가 살던 곳을 떠날 때에, 두 며느리도 함께 떠났다. 그들은 유다 땅으로 돌아가려고 길을 나섰다. 8 길을 가다가, 나오미가 두 며느리에게 말하였다. "너희는 제각기 친정으로 돌아가거라. 너희가, 죽은 너희의 남편들과 나를 한결같이 사랑하여주었으니, 주님께서도 너희에게 그렇게 해주시기를 빈다. 9 너희가 각각 새 남편을 만나 행복한 가정을 이루도록, 주님께서 돌보아주시기를 바란다." 나오미가 작별하려고 그들에게 입을 맞추니, 며느리들이 큰 소리로 울면서 10 말하였다. "아닙니다. 우리도 어머님과 함께 어머님의 겨레에게로 돌아가겠습니다." 11 그러나 나오미는 말렸다. "돌아가다오, 내 딸들아. 어찌하여 나와 함께 가려고 하느냐? 아직, 내 뱃속에 아들들이 들어 있어서, 그것들이 너희 남편이라도 될 수 있다는 말이냐? 12 돌아가다오, 내 딸들아. 제발 돌아가거라. 재혼을 하기에는, 내가 너무 늙

11-13절의 내용은 만일 나오미에게 다른 아들들이 있었더라면 남편을 잃은 두 며느리와 맺어줄 수 있었다는 뜻입니까? 룻기 서론에서도 다루었지만, 고대 이스라엘에는 수혼제도가 있었습니다. 형이 자식을 낳지 못하고 죽은 경우 동생이 형수를 취해 대를 이어 형의 땅을 이어받도록 하는 제도입니다. 그래서 나오미에게 다른 아들이 있다면 형수인 룻이나 오르바를 취할 수 있었다는 말입니다. 오늘날에는 이러한 제도를 이해하기 어렵지만, 고대사회에서 이 제도는 홀로 남겨진 여성의 삶이 다시 회복되도록 도왔을 것입니다. 고대 세계에서 결혼은 서로가 서로를 책임지는 것, 서로 지켜내는 것과 연관되었습니다.

었다. 설령, 나에게 어떤 희망이 있다거나, 오늘 밤 내가 남편을 맞아들여 아들들을 낳게 된다거나 하더라도, 13 너희가, 그것들이 클 때까지 기다릴 셈이냐? 그때까지 재혼도 하지 않고, 홀로들 지내겠다는 말이냐? 아서라, 내 딸들아. 너희들 처지를 생각하니, 내 마음이 너무나 괴롭구나. 주님께서 손으로 나를 치신 것이 분명하다."

14 ㅇ 그들은 다시 한번 큰 소리로 울었다. 마침내 오르바는 시어머니에게 입 맞추면서 작별 인사를 드리고 떠났다. 그러나 룻은 오히려 시어머니 곁에 더 달라붙었다. 15 그러자 나오미가 다시 타일렀다. "보아라, 네 동서는 저의 겨레와 신에게로 돌아갔다. 너도 네 동서의 뒤를 따라 돌아가거라."

16 ㅇ 그러자 룻이 대답하였다. "나더러, 어머님 곁을 떠나라거나, 어머님을 뒤따르지 말고 돌아가라고는 강요하지 마십시오. 어머님이 가시는 곳에 나도 가고, 어머님이 머무르시는 곳에 나도 머무르겠습니다. 어머님의 겨레가 내 겨레이고, 어머님의 하나님이 내 하나님입니다. 17 어머님이 숨을 거두시는 곳에서 나도 죽고, 그곳에 나도 묻히겠습니다. 죽음이 어머님

롯은 친정뿐 아니라 겨레의 신과도 결별을 선언합니다(16절). 롯이 이처럼 단호하게 시어머니를 따라나선 이유는 무엇입니까? 이스라엘을 제외한 고대사회에서 다른 종교를 인정하고 받아들이는 것은 어려운 일이 아니었습니다. 다른 도시에서는 그 도시의 신을 경배하는 것이 당연한 일이고 일종의 교양이기도 했습니다. 롯이 나오미 집안과 결혼하면서 주 하나님을 자신의 하나님으로 받아들이는 것 또한 어렵지 않았을 것입니다. 그러나 집안이 완전히 무너지고 시어머니 홀로 남겨진 상황에서 젊은 룻이 그곳에 계속 머물러 있겠다 결정하는 것은 결코 쉽지 않은 일이었습니다. 그녀는 홀로 남겨진 나이 든 시어머니와 끝까지 함께하기로 결단했습니다. 자신의 집을 모두 떠나 낯선 백성에게로 온 룻은 또 한 사람의 아브라함이라고 할 수 있습니다.

과 나를 떼어놓기 전에 내가 어머님을 떠난다면, 주님께서 나에게 벌을 내리시고 또 더 내리신다 하여도 달게 받겠습니다."
18 나오미는 룻이 자기와 함께 가기로 굳게 마음먹은 것을 보고, 더 이상 말리지 않았다.

19 ○ 그 두 사람은 길을 떠나서, 베들레헴에 이르렀다. 그들이 베들레헴에 이르니, 온 마을이 떠들썩하였다. 아낙네들이 "이게 정말 나오미인가?" 하고 말하였다. 20 나오미가 그들에게 대답하였다. "나를 나오미라고 부르지들 마십시오. 전능하신 분께서 나를 몹시도 괴롭게 하셨으니, 이제는 나를 마라라고 부르십시오. 21 나는 가득 찬 채로 이곳을 떠났습니다. 그러나 주님께서는 나를 텅 비어서 돌아오게 하셨습니다. 주님께서 나를 치시고, 전능하신 분께서 나를 불행하게 하셨는데, 이제 나를 나오미라고 부를 까닭이 어디에 있겠습니까?"
22 이렇게 하여 나오미는 모압 여인인 며느리 룻과 함께 모압 지방에서 돌아왔다. 그들이 베들레헴에 이르렀을 때는 보리를 거두기 시작할 무렵이었다.

'나오미'와 '마라'(20절)는 저마다 이 여인의 굴곡진 처지를 묘사하는 듯 보입니다. 각각 무슨 뜻을 담고 있습니까? '나오미'는 '즐거워하다, 기뻐하다, 달콤하다'와 같은 뜻을 가진 동사에서 파생한 이름으로, '즐거움, 쾌락, 기쁨'이라는 의미를 지닙니다. 반면 '마라'는 '쓰라림, 괴로움'과 같은 뜻을 지닌 단어에서 파생되었습니다. 나오미라는 이름은 딸이 행복한 삶을 살기를 바라며 그녀의 부모가 지어준 이름이겠지만, 지금 나오미는 자신의 삶이 기쁨과는 거리가 멀고 온통 고통과 괴로움, 쓰라림으로 가득하다는 것을 '마라'라는 이름으로 표현합니다. 남편이 죽고 두 아들마저 전부 죽었으니, 사람들이 그녀의 불행을 두고 얼마나 뒷말을 했을까요? 나오미가 자신의 삶에 얼마나 깊이 절망하고 체념했을지 이 이름에서 능히 짐작할 수 있습니다.

{ 제2장 }

룻이 보아스를 만나다

1 나오미에게는 남편 쪽으로 친족이 한 사람 있었다. 그는 엘리멜렉과 집안 간으로서, 재력이 있는 사람이었다. 그의 이름은 보아스이다.

2 ○ 어느 날 모압 여인 룻이 나오미에게 말하였다. "밭에 나가 볼까 합니다. 혹시 나에게 잘 대하여주는 사람을 만나면, 그를 따라다니면서 떨어진 이삭을 주울까 합니다." 나오미가 룻에게 대답하였다. "그래, 나가보아라." 3 그리하여 룻은 밭으로 나가서, 곡식 거두는 일꾼들을 따라다니며 이삭을 주웠다. ○ 그가 간 곳은 우연히도, 엘리멜렉과 집안 간인 보아스의 밭이었다. 4 그때에 마침 보아스가 베들레헴 성읍에서 왔다. 그는 "주님께서 자네들과 함께하시기를 비네" 하면서, 곡식을 거두고 있는 일꾼들을 격려하였다. 그들도 보아스에게 "주님께서 주인어른께 복을 베푸시기 바랍니다" 하고 인사하였다. 5 보

남의 밭에서 떨어진 이삭을 줍는 것(2절)은 일종의 절도 아닌가요? 밭주인이 가만두지 않을 성싶습니다. 레위기 19장 9-10절에 이와 연관된 율법이 있습니다. 이에 따르면 추수할 때 흘린 곡식은 마을의 가난한 사람과 외국인 품꾼들이 주워갈 수 있도록 다시 줍지 말고 둬야 하며, 밭의 모퉁이는 그들이 추수하도록 남겨둬야 합니다. 이후 유대인들은 마을의 가난한 사람을 위해 밭모퉁이를 어느 정도 남겨둬야 할지 가난한 사람의 형편에 따라 그 분량을 조정하기도 했습니다. 이와 같은 법은 가난한 사람 또한 이스라엘 사람이든 이방인이든 다시 회복할 수 있는 기회, 살아갈 수 있는 기회를 제공하는 사회 안전망에 해당한다는 것을 알려줍니다. 마을의 가난한 이는 다른 사람이 아니라 함께 살아가야 할 이웃임을 이 법이 확실히 보여줍니다.

아스가 일꾼들을 감독하는 젊은이에게 물었다. "저 젊은 여인은 뉘 집 아낙인가?" 6 일꾼들을 감독하는 젊은이가 대답하였다. "저 젊은 여인은 나오미와 함께 모압 지방에서 돌아온 모압 사람입니다. 7 일꾼들의 뒤를 따라다니면서, 곡식 단 사이에서 떨어진 이삭을 줍도록 허락해달라고 하더니, 아침부터 와서 지금까지 저렇게 서 있습니다. 아까 여기 밭집에서 잠깐 쉬었을 뿐입니다." 8 보아스가 룻에게 말하였다. "여보시오, 새댁, 내가 하는 말을 잘 들으시오. 이삭을 주우려고 다른 밭으로 가지 마시오. 여기를 떠나지 말고, 우리 밭에서 일하는 여자들을 바짝 따라다니도록 하시오. 9 우리 일꾼들이 곡식을 거두는 밭에서 눈길을 돌리지 말고, 여자들의 뒤를 따라다니면서 이삭을 줍도록 하시오. 젊은 남자 일꾼들에게는 댁을 건드리지 말라고 단단히 일러두겠소. 목이 마르거든 주저하지 말고 물단지에 가서, 젊은 남자 일꾼들이 길어다가 둔 물을 마시도록 하시오." 10 그러자 룻은 엎드려 이마를 땅에 대고 절을 하면서, 보아스에게 말하였다. "저는 한낱 이방 여자일 뿐인데, 어찌하여 저 같은 것을 이렇게까지 잘 보살피시고 생각하여주십니까?"

룻이 '우연히도' 보아스의 밭에 이르렀고(3절), '그때에 마침' 보아스가 왔다고 하는데 (4절), 우연이 너무 겹치는 것 아닌가요? 룻기의 매우 중요한 특징 가운데 하나는 하나님의 개입이나 말씀이 전혀 없다는 점입니다. 나오미와 룻은 하나님을 신뢰하며 일상을 대처하지만, 하나님께서 그들의 삶에 직접 개입하시는 모습은 룻기에서 전혀 보이지 않습니다. 그렇지만 나이 든 시어머니를 떠나지 않고 낯선 땅까지 따라온 이 젊은 여성이 다다른 밭이 하필이면 먼 친척인 보아스의 밭이고, 그때 마침 보아스가 그곳을 방문하는 우연 속에서 우리는 하나님의 행하심을 느끼게 됩니다. 사실 '우연'은 '필연'이라고 할 수 있지 않을까요? 히브리어로 '우연'이라는 단어를 달리 '운명'이라 번역할 수 있는 것도 그 때문일 것입니다.

11 보아스가 룻에게 대답하였다. "남편을 잃은 뒤에 댁이 시어머니에게 어떻게 하였는지를, 자세히 들어서 다 알고 있소. 댁은 친정아버지와 어머니를 떠나고, 태어난 땅을 떠나서, 엊그제까지만 해도 알지 못하던 다른 백성에게로 오지 않았소? 12 댁이 한 일은 주님께서 갚아주실 것이오. 이제 댁이 주 이스라엘의 하나님의 날개 밑으로 보호를 받으러 왔으니, 그분께서 댁에게 넉넉히 갚아주실 것이오." 13 룻이 대답하였다. "어른께서 이토록 잘 보살펴주시니, 몸 둘 바를 모르겠습니다. 어른께서 거느리고 계신 여종들 축에도 끼지 못할 이 종을 이처럼 위로하여주시니, 보잘것없는 이 몸이 큰 용기를 얻습니다."

14 ㅇ 먹을 때가 되어서, 보아스가 그에게 말하였다. "이리로 오시오. 음식을 듭시다. 빵 조각을 초에 찍어서 드시오." 룻이 일꾼들 옆에 앉으니, 보아스는 그 여인에게 볶은 곡식을 내주었다. 볶은 곡식은 룻이 배불리 먹고도 남았다. 15 룻이 이삭을 주우러 가려고 일어서자, 보아스가 젊은 남자 일꾼들에게 일렀다. "저 여인이 이삭을 주울 때에는 곡식 단 사이에서도 줍도록 하게. 자네들은 저 여인을 괴롭히지 말게. 16 그를 나무라지 말고, 오히려

보아스가 생면부지의 룻에게 과하다 싶게 친절했던(8-9절) 까닭은 무엇입니까? 11-12절에 나온 것처럼, 룻이 나오미에게 했던 일이 당시 마을에 널리 퍼졌기 때문일 것입니다. 떨어진 이삭줍기와 같은 규정에서 보듯, 이스라엘 사회는 나그네와 가난한 사람도 함께 살아가도록 하는 것을 매우 중요하게 여겼습니다. 그런데 이방 여인인 룻이 나이 든 과부인 시어머니를 떠나지 않고 완전히 낯선 이스라엘 땅까지 이주해온 것은 이스라엘 공동체와 주 하나님 신앙의 본질에 닿아 있는 행동이라 할 수 있습니다. 보아스는 룻의 이러한 행실을 알아보고 귀히 여길 줄 아는 사람이었습니다. 그런 보아스의 배려로 룻은 한 에바의 곡식을 주울 수 있었는데, 한 에바는 열 사람 몫에 해당하는 풍성한 양식이었습니다(출 16:16, 36).

단에서 조금씩 이삭을 뽑아 흘려서, 그 여인이 줍도록 해주게."
17 ○ 룻은 저녁때까지 밭에서 이삭을 주웠다. 주운 이삭을 떠니, 보리가 한 에바쯤 되었다. 18 룻은 그것을 가지고 성읍으로 돌아갔다. 룻은 주워온 곡식을 시어머니에게 내보였다. 배불리 먹고 남은 볶은 곡식도 꺼내서 드렸다. 19 시어머니가 그에게 물었다. "오늘 어디서 이삭을 주웠느냐? 어디서 일을 하였느냐? 너를 이처럼 생각하여준 사람에게, 하나님이 복을 베푸시기를 바란다." 그러자 룻은 시어머니에게, 자기가 누구네 밭에서 일하였는지를 말하였다. "오늘 내가 가서 일한 밭의 주인 이름은 보아스라고 합니다." 20 나오미가 며느리에게 말하였다. "그는 틀림없이 주님께 복 받을 사람이다. 그 사람은, 먼저 세상을 뜬 우리 식구들에게도 자비를 베풀더니, 살아 있는 우리에게도 한결같이 자비를 베푸는구나." 나오미가 그에게 말을 계속하였다. "그 사람은 우리와 가까운 사이다. 그는 집안 간으로서 우리를 맡아야 할 사람이다." 21 모압 여인 룻이 말하였다. "그뿐이 아닙니다. 그가 데리고 있는 젊은 남자 일꾼들이 곡식 거두기를 다 끝낼 때까지, 그들을 바싹 따라다니라고 하였습니다." 22 나오미가 며느리 룻에게 일렀다. "얘야, 그가 데리고 있

'우리를 맡아야 할 사람'(20절)이란 무슨 뜻입니까? 여기에는 고대 이스라엘의 '무르기' 규정이 전제되어 있습니다. 레위기 25장 23-55절에 따르면, 이스라엘 사람이 가난해서 가진 땅을 팔거나 자신의 몸을 다른 집에 종으로 팔았을 경우 그의 가장 가까운 친척이 그 판값을 '무르도록' 했습니다. 가까운 친척의 삶이 가난 때문에 나락으로 빠지는 일이 없도록 서로 연대하라는 것이 이 규정의 취지입니다. 특히 여성이 남편과 자식 없이 홀로 남겨졌을 경우 가까운 친척이 그녀와 결혼해 자녀를 낳고 그 아이를 통해 죽은 남편 가문의 땅이 이어지도록 했습니다. 나오미에게 보아스는 그렇게 '무를' 책임이 있는 친척 가운데 한 명이었습니다.

는 젊은 여자들과 함께 다니는 것이 좋겠구나. 젊은 남자 일꾼들에게 시달림을 받다가 다른 밭으로 가지 않아도 되니 말이다." 23 그리하여 룻은, 보리 거두기뿐만 아니라 밀 거두기가 끝날 때까지도, 보아스 집안의 젊은 여자들을 바싹 따라다니면서 이삭을 주웠다. 그러면서 룻은 시어머니를 모시고 살았다.

{ 제3장 }

룻이 보아스와 가까워지다

1 시어머니 나오미가 룻에게 말하였다. "애야, 네가 행복하게 살 만한 안락한 가정을, 내가 찾아보아야 하겠다. 2 생각하여 보렴. 우리의 친족 가운데에 보아스라는 사람이 있지 아니하냐? 네가 요즈음 그 집 여자들과 함께 일하고 있다. 잘 들어 보아라. 오늘 밤에 그가 타작마당에서 보리를 까부를 것이다. 3 너는 목욕을 하고, 향수를 바르고, 고운 옷으로 몸을 단장하고서, 타작마당으로 내려가거라. 그 사람이 먹고 마시기를

1~4절은 상당히 놀랍습니다. 나오미가 룻에게 이토록 노골적이고 대담한 주문을 하는 이유는 무엇입니까? 룻은 그야말로 우연히 보아스를 만났지만, 룻을 통해 보아스가 어떻게 룻을 배려했는지 전해 들은 나오미는 자신이 무엇을 해야 할지 깨달았습니다! 룻이 '행복하게 살 수 있는 안락한 가정'을 이루는 길을 발견한 것입니다. 처음부터 보아스가 친척이기에 이렇게 접근한 것이 아니라, 룻이 우연히 만난 사람이 친척 보아스라는 사실을 알게 되면서 나오미의 대담한 계획이 시작됩니다. 나이든 시어머니는 진심으로 자신의 며느리가 행복하기를 원했고, 그를 위해 주도적으로 일을 진행합니다. 룻은 나오미를 섬겼고, 나오미는 룻의 행복을 빕니다.

마칠 때까지, 너는 그가 눈치채지 못하도록 조심하여야 한다. 4 그가 잠자리에 들 때에, 너는 그가 눕는 자리를 잘 보아두었다가, 다가가서 그의 발치를 들치고 누워라. 그러면 그가 너의 할 일을 일러줄 것이다." 5 룻이 시어머니에게 대답하였다. "어머님께서 일러주신 대로 다 하겠습니다."

6 ○ 그는 타작마당으로 내려가서, 시어머니가 시킨 대로 다 하였다. 7 보아스는 실컷 먹고 마시고 나서, 흡족한 마음으로 낟가리 곁으로 가서 누웠다. 룻이 살그머니 다가가서, 보아스의 발치를 들치고 누웠다. 8 한밤중이 되었을 때에, 보아스는 으시시 떨면서 돌아눕다가, 웬 여인이 자기 발치께에 누워 있는 것을 보고 깜짝 놀라면서 9 "누구요?" 하고 물었다. 룻이 대답하였다. "어른의 종 룻입니다. 어른의 품에 이 종을 안아주십시오. 어른이야말로 집안 어른으로서 저를 맡아야 할 분이십니다." 10 보아스가 룻에게 말하였다. "이봐요, 룻, 그대는 주님께 복 받을 여인이오. 가난하든 부유하든 젊은 남자를 따라감직한데, 그렇게 하지 않으니, 지금 그대가 보여준 갸륵한 마음씨는, 이제까지 보여준 것보다 더욱더 값진 것이오. 11 이제부터는 걱

마름과 일꾼들을 거느릴 만큼 부유하고 덕망 있는 지역 유지였던 보아스는 왜 낟가리 곁에서 한뎃잠을 잤습니까?(7절) 추수를 끝마치는 날 보아스가 어디에서 자는지 살펴보라는 나오미의 말(4절)은 아마도 그가 이처럼 바깥에서 잘 것을 예상하고 있었음을 알려줍니다. 고대 세계에서는 추수하는 날 흥겹게 먹고 마신 다음 이처럼 바깥의 곡식단 근처에서 자는 일이 일상적이고 자연스러웠으리라 짐작할 수 있습니다. 그랬기에 그곳에는 덮고 자는 침구도 마련되어 있었던 것 같습니다. 아마도 그가 침실 안에 들어가서 잤더라면 룻이 그곳까지 찾아 들어가기는 어려웠을 것입니다. 룻기는 한 편의 소설처럼, 두 사람이 우연히 만나고 추수가 끝나는 날 바깥에서 잠자게 되는 상황을 통해 보아스와 룻을 이어갑니다.

정하지 마시오, 룻. 그대가 바라는 것이라면 무엇이든지 다 들어주겠소. 그대가 정숙한 여인이라는 것은 온 마을 사람들이 다 알고 있소. 12 내가 집안 간으로서 그대를 맡아야 할 책임이 있다는 것은 틀림없소. 하지만 그대를 맡아야 할 사람으로, 나보다 더 가까운 친족이 한 사람 있소. 13 오늘 밤은 여기서 지내고, 날이 밝거든 봅시다. 그가 집안 간으로서 그대를 맡겠다면, 좋소. 그렇게 하도록 합시다. 그러나 그가 그렇게 하지 않겠다면, 그때에는 내가 그대를 맡겠소. 이것은 내가, 살아계신 주님을 두고 맹세하는 것이오. 아침까지 여기 누워 있으시오." 14 ○ 룻은 새벽녘까지 그의 발치에 누워 있다가, 서로 얼굴을 알아보기 어려운 이른 새벽에 일어났다. 이것은 보아스가, 그 여인이 타작마당에 와서 있었다는 것을 남들이 알아서는 안 된다고 말하였기 때문이다. 15 보아스가 말하였다. "걸치고 있는 겉옷을 이리 가지고 와서, 펴서 꼭 잡으시오." 보아스는, 룻이 겉옷을 펴서 잡고 있는 동안, 보리를 여섯 번 되어서 그에게 이워주고는 성읍으로 들어갔다.

보아스는 룻에게 호의를 품고 있는 듯한데, 룻의 감정은 알 수가 없습니다. 결혼은 거래와 달라서 사랑이 전제되어야 하는 게 아닌가요? 보아스에 대한 룻의 마음을 우리가 알 길이 없지만, 오직 사랑이라는 감정 때문만이 아닌 것은 분명해 보입니다. 보아스의 이불 속에서 룻은 보아스의 날개로 덮어주기를(품에 안아 달라는 9절의 표현은 직역하면 '날개로 덮다'입니다) 청하면서 보아스가 자신을 '맡을 자'라고 말합니다. 앞서 2장 20절 해설에서 보았듯이, 이것은 혼자된 과부를 가까운 친척이 책임지는 율법 규정과 연관됩니다. 룻은 여전히 젊었고 얼마든지 자신의 마음 가는 대로 행동할 수 있었지만, 그녀는 고대 이스라엘의 율법에 맞춰 나오미의 가르침을 따라 행동합니다. 그랬기에 보아스는 룻의 이 행동을 보고 시어머니를 떠나지 않고 끝까지 따랐던 것보다 더욱 '가륵한' 행동이라 표현합니다(10절).

16 ○ 룻이 시어머니에게 돌아오니, 시어머니가 물었다. "애야, 어찌 되었느냐?" 룻은 그 남자가 자기에게 한 일을 시어머니에게 낱낱이 말하고, 17 덧붙여서 말하였다. "여섯 번이나 되어서 준 이 보리는, 어머님께 빈손으로 가서는 안 된다고 하면서, 바로 그가 손수 담아준 것입니다." 18 그러자 시어머니가 일렀다. "애야, 일이 어떻게 될지 확실해질 때까지, 너는 가만히 기다리고 있거라. 아마 그 사람은 지금쯤 가만히 있지 않을 거다. 이 일을 마무리 짓는 데, 오늘을 넘기지는 않을 것이다."

{ 제4장 }

룻이 보아스와 결혼하다

1 보아스가 성문 위 회관으로 올라가서 앉아 있는데, 그가 말하던, 집안 간으로서의 책임을 져야 할 바로 그 사람이 마침 지나가고 있었다. 보아스가 그에게 "여보시오, 이리로 좀 올라와서 앉으시오" 하고 말하였다. 그러자 그가 올라와서 앉았다. 2 보아스는 성읍 원로 열 사람을 청하여, 그 자리에 함께 앉도록 하였다. 그 사람들이 모두 자리에 와서 앉자 3 보아스가 집안 간으로서 책임을 져야 할 사람에게 말하였다. "모압 지방에서 돌아온 나오미가 우리의 친족 엘리멜렉이 가지고 있는 밭을 팔려고 내놓았소. 4 나는 이 사실을 분명히 알려드리오. 여기 앉아계시는 분들과 우리 마을 어른들께서 보시는 앞에서, 나는 당신이 그 밭을 사라고 말씀드리오. 당신이 집안 간으로서의 책임을 지겠다면, 그렇게 하시오. 그러나 집안 간으로서의 책임을 지지 않겠다면, 그렇게 하지 않겠다고 분명히 말하여주시오. 당신이 집안 간으로서의 책임이 있는 첫째 사람이

'성문 위 회관'(1절)은 어떤 장소를 가리킵니까? 히브리어로는 그저 '성문'이라는 단어만 사용되었습니다. 고대 세계에서 성의 구조는 성문을 지나면 곧바로 널찍한 광장으로 연결됐습니다. 이 광장에서는 그 마을의 중요한 회의나 재판이 벌어지기도 하고, 장터가 열리기도 했으며, 행정 절차가 집행되기도 했습니다. 개역개정 성경에서 "성문에서 정의를 세우라"(암 5:15)라고 표현된 내용은 성문 앞 광장에서 벌어지는 재판에서 정의로운 판결이 내려져야 함을 의미합니다. 그래서 '성문'은 그 마을의 모든 공적인 삶의 현장이라고 할 수 있습니다. 새번역 성경은 이를 반영해 '성문'을 '성문 위 회관'이라는 구체적인 표현으로 옮겼습니다.

오. 나는 그다음이오." 그러자 그가 대답하였다. "내가 집안 간으로서의 책임을 지겠소." 5 보아스가 다시 말하였다. "그렇다면, 나오미의 손에서 그 밭을 사는 날로, 고인의 아내인 모압 여인 룻도 아내로 맞아들여야 하오. 그렇게 하여야만, 그가 물려받은 그 유산이 고인의 이름으로 남게 될 것이오." 6 그러자 집안 간으로서의 책임이 있는 그 사람이 말하였다. "그런 조건이라면 나는 집안 간으로서의 책임을 질 수 없소. 잘못하다가는 내 재산만 축나겠소. 나는 그 책임을 질 수 없으니, 당신이 내가 져야 할 집안 간으로서의 책임을 지시오."

7 ○ 옛적에 이스라엘에는, 유산매매나 물물교환과 같은 일을 법적으로 분명히 할 때에는, 한쪽 사람이 다른 한쪽 사람에게 자기의 신을 벗어서 주는 관습이 있었다. 이스라엘에서는 이렇게 함으로써 일이 확정된다는 증거를 삼았다. 8 집안 간으로서의 책임이 있는 그 사람이 보아스에게 "당신이 사시오" 하면서, 자기의 신을 벗어주었다. 9 그러자 보아스가 원로들과 온 마을 사람들에게 선언하였다. "여러분은 오늘 이 일의 증인입

나오미에게 밭이 있었나요?(3절) 그렇다면 구차하게 남의 밭에서 이삭을 주을 필요가 없지 않았을까요? 제 밭에서 농사를 지으면 되잖아요. 열왕기하 8장을 보면 아들과 함께 이방 땅에서 7년을 살다 돌아온 한 과부가 자신에게 속한 이전 땅을 차지한 사람들로부터 토지에 대한 권리를 찾고자 왕에게 호소하고 마침내 되찾는 사건이 나옵니다(왕하 8:1-6). 나오미의 경우도 이와 비슷해 보입니다. 나오미의 남편 엘리멜렉의 가정이 모압으로 이주할 때, 그들의 땅을 다른 사람에게 넘겼을 것입니다. 땅은 사고파는 것이 아니라 사용권을 넘기는 것이기에, 언제든 원주인이 되찾을 수 있었습니다. 그것이 무르기 권리입니다. 그런데 나오미에게 그 땅을 되찾을 힘이 없으면 나오미는 그 땅을 무를 권리를 가까운 친족에게 양도할 수 있습니다. 3절의 "나오미가 밭을 팔려고 한다"는 말은 나오미가 바로 이 무르기 권리를 양도하겠다는 뜻으로 이해할 수 있습니다.

니다. 나는 엘리멜렉이 가지고 있던 모든 것과, 기룐과 말룐이 가지고 있던 모든 것을 나오미의 손에서 사겠습니다. 10 나는 말룐의 아내인 모압 여인 룻도 아내로 맞아들여서, 그 유산이 고인의 이름으로 남아 있도록 하겠습니다. 그렇게 하여, 고인의 이름이 그의 고향 마을에서도 끊어지지 않고, 친족들 사이에서도 끊어지지 않도록 하겠습니다. 여러분은 오늘 이 일의 증인입니다." 11 그러자 성문 위 회관에 모인 온 마을 사람들과 원로들이 대답하였다. "우리가 증인입니다. 주님께서, 그대의 집안으로 들어가는 그 여인을, 이스라엘 집안을 일으킨 두 여인 곧 라헬과 레아처럼 되게 해주시기를 빕니다. 에브랏 가문에서 그대가 번성하고, 또한 베들레헴에서 이름을 떨치기를 빕니다. 12 주님께서 그 젊은 부인을 통하여 그대에게 자손을 주셔서, 그대의 집안이 다말과 유다 사이에서 태어난 아들 베레스의 집안처럼 되게 하시기를 빕니다."

13 ㅇ 보아스는 룻을 아내로 맞이하였다. 그 여인이 자기 아내가 되자, 그는 그 여인과 동침하였다. 주님께서 그 여인을 보

"나오미의 밭을 사며 룻까지 아내로 맞아야 한다"(5, 10절)는 게 무슨 뜻인지 모르겠어요. 땅은 사고팔 수 없는 것이며, 큰 가족인 지파 안에 머물러야 합니다. 그래야 재난이나 전쟁 등 특정한 상황으로 인해 가난해지더라도 다시 회복될 수 있을 것입니다. 나오미 가족에게 땅이 있었고 그 사용권을 팔았다가 이제 다시 땅을 회복하려고 하는 상황에서 누군가 그 가족을 위해 무르는 일을 수행한다면, 그 땅은 무르기를 수행하는 사람에게 넘어가는 것이 아니라 원래 소유자인 엘리멜렉과 나오미 가족에게 돌아가야 합니다. 이를 위해 그 땅만 무를 것이 아니라 룻과 결혼해 태어날 자손에게 그 땅이 이어지도록 해야 합니다. 이러한 고대 이스라엘의 율법은 '땅 없는 자유'는 오래갈 수 없다는 것, 그리고 아무리 어려워지더라도 건강한 공동체 안에서 다시 회복될 수 있어야 한다는 점을 잘 보여줍니다.

살피시니, 그가 임신하여 아들을 낳았다. 14 그러자 이웃 여인 들이 나오미에게 말하였다. "주님께 찬양을 드립니다. 주님께 서는 오늘 이 집에 자손을 주셔서, 대가 끊어지지 않게 하셨습 니다. 그의 이름이 이스라엘에서 늘 기리어지기를 바랍니다. 15 시어머니를 사랑하는 며느리, 아들 일곱보다도 더 나은 며 느리가 아기를 낳아주었으니, 그 아기가 그대에게 생기를 되찾 아줄 것이며, 늘그막에 그대를 돌보아줄 것입니다." 16 나오미 가 그 아기를 받아 자기 품에 안고 어머니 노릇을 하였다. 17 이 웃 여인들이 그 아기에게 이름을 지어주면서 "나오미가 아들을 보았다!" 하고 환호하였다. 그들은 그 아기의 이름을 오벳이라 고 하였다. 그가 바로 이새의 아버지요, 다윗의 할아버지이다. 18 ○ 다음은 베레스의 계보이다. 베레스는 헤스론을 낳고, 19 헤스론은 람을 낳고, 람은 암미나답을 낳고, 20 암미나답 은 나손을 낳고, 나손은 살몬을 낳고, 21 살몬은 보아스를 낳 고, 보아스는 오벳을 낳고, 22 오벳은 이새를 낳고, 이새는 다 윗을 낳았다.

하나님이 한 일을 다루는 것도 아니고, 하나님에 대한 언급조차 거의 없는 이 이야기 가 성경에 들어와 있는 이유는 무엇입니까? 이방 여인 룻은 나이 든 시어머니의 곁 을 지키며 이삭을 주워 그녀를 봉양하고, 나오미는 며느리의 행복을 위해 지혜롭 고 과감한 계획을 짜서 진행합니다. 보아스는 힘겨운 상황에 처한 이들의 어려움을 이용하거나 괴롭히지 않고, 신실하게 제 역할을 수행하는 것으로 그들을 돕습니다. 무엇보다 본문의 공동체에서는 이삭줍기나 무르기 제도, 수혼제도와 같은 율법 규 정이 당연한 것처럼 지켜지고 있어서, 나오미와 룻처럼 바닥에 처한 이들이라 할지 라도 존엄한 삶을 다시 회복할 수 있습니다. 특히 룻은 이방 여인임에도 차별이나 불합리한 일을 당하지 않고 이스라엘 공동체 안에서 살아갑니다. 그래서 룻기는 하 나님을 언급하지는 않지만, 하나님을 왕으로 모시고 살아가는 세상을 보여줍니다.

구약 한눈에 보기

창세기 우주와 세상 만물, 시간, 인류가 어디서 비롯되었으며 어떻게 존재하게 되었는지 설명한다. 한편으로는 하나님께서 손수 인간을 빚어 만드신 뜻은 무엇이며, 그 하나하나와 어떤 관계를 맺고 싶어 하시는지, 인류를 향해 어떤 계획과 기대를 가지고 있으며 또 무얼 약속하시는지, 그 약속이 어떻게 한 세대에서 다음 세대로 꿋꿋이 흘러내려 갔는지 그려낸다. 천지창조의 파노라마에서 출발해서, 약속을 간직한 야곱 일가가 기근을 피해 이집트로 내려가 정착한 내력으로 마감된다.

출애굽기 이집트에서 종살이를 하던 이스라엘 백성의 탈출기. 하나님은 모세라는 지도자를 내세워 가혹한 착취와 노역에 시달리던 이스라엘 백성을 건져내 약속의 땅으로 안내하신다. 끝까지 거부하고 버티는 파라오에게 내린 열 가지 엄청난 재앙, 바다가 갈라져 길이 열리는 사건을 비롯해 하나님께서 이스라엘 백성에게 베푸신 갖가지 기적 등 흥미진진한 이야기들이 실려 있다. 두고두고 지키도록 하나님께서 직접 정해주신 여러 절기와 예배의식, 법률 제도 등도 볼 수 있다.

레위기 이스라엘 백성이 지켜야 할 규칙을 모은 법률서. 언약을 품은 백성이 깨끗한 삶과 마음으로 하나님과 친밀한 관계를 맺으며 살아갈 여러 방법을 구체적으로 제시한다. 하나님께 드리는 제사와 제물의 종류, 제사장의 자격과 권위, 정결한 짐승과 부정한 짐승, 성적인 규례, 결혼과 가정을 둘러싼 제도, 사형으로 다스려야 할 범죄, 땅의 소유권, 안식년과 희년 제도 등을 자세히 다룬다.

민수기 두 차례의 인구조사 기록을 밑그림으로 이스라엘 백성의 광야 생활을 따라간다. 종살이에서 풀려난 감격은 어느 결에 사라지고 불평과 불만이 이스라엘 백성 가운데 자리 잡는다. 원망은 모세와 그 가족, 그리고 실질적으로는 하나님을 향하기에 이르고, 마침내 온 백성이 불순종의 대가를 치르게 된다. 이집트에서 출발한 첫 세대는 영영 약속의 땅에 들어가지 못하고 광야에서 스러지고 만다.

신명기 약속의 땅을 코앞에 두고, 모세가 이스라엘 백성에게 남긴 마지막 당부. 모세는 이집트의 손아귀에서 벗어난 뒤로 40년에 걸쳐 광야를 떠돌았던 세월을 되짚는다. 하나님을 외면하고 우상을 숭배했던 죄를 지적하는 한편, 그럼에도 불구하고 조금도 부족함 없이 먹이고 입힌 하나님의 돌보심을 일깨운다. 이어서 율법의 가르침을 일일이 꼽아가며 하나님 앞에서 거룩하게 사는 일이 얼마나 중요한지 강조한다. 하나님의 법에 따르는 이가 누릴 축복과 거부하는 이에게 향하는 저주를 낱낱이 열거한다. 모세가 눈을 감으면서 이스라엘 역사도 새로운 국면으로 넘어간다.

여호수아기 새로운 지도자 여호수아를 따라 요단강을 건넌 이스라엘 백성의 가나안 정복기. 하나님의 능력에 힘입어 견고하기 이를 데 없는 여리고 성을 무너뜨리면서 시작된 정복 전쟁은 치열한 공방을 거듭하며 길게 이어진다. 하나님께서 알려주신 전투 원칙에 충실했을 때는 어김없이 승리를 거뒀지만, 자만해서 또는 속임수에 넘어가 명령을 어겼을 때는 막대한 피해를 입었다. 여호수아는 싸워 얻은 땅들을 각 지파에 나눠주고, 끝까지 하나님께 충실하겠다는 백성의 다짐을 받는다.

사사기 모세와 여호수아 이후, 이스라엘에 임금이 나오기 전까지 긴 세월 동안 백성을 다스렸던 숱한 지도자(사사)들의 이야기. 약속의 땅에 자리를 잡았지만, 이스라엘 백성은 누가 자신들의 참 하나님인지를 이내 잊고 말았다. 신앙은 흐트러지고, 우상숭배가 만연했다. 세상은 거칠어졌고, 틈만 나면 뭇 민족들의 침략과 압제에 시달렸다. 하나님은 그때마다 사사들을 세워 백성을 구출하고, 그분과 맺은 약속을 소중히 여기라고 요구하신다.

룻기 사사 시대에 살았던 룻이라는 여인의 일대기. 독특하게도 주인공 룻은 히브리인이 아니었다. 멸시의 대상이었던 이방인, 그것도 이스라엘과 적대지간인 모압의 여인이 어떻게 히브리 역사의 한 장을 차지하게 되었을까? 남편과 사별하고, 먹고살 길조차 막막했던 이방 여인이 율법이 정한 의무를 충실히 이행하려는 진실한 사내와 만나 건강하고 안정된 삶을 회복하는 이 단순한 이야기가 오늘을 사는 우리에게 전하는 메시지는 무엇일까?

사무엘기상 사사의 시대가 마무리되고 왕의 통치가 시작되는 시기의 거대한 역사 드라마. 주요 등장인물은 사무엘, 사울, 다윗이다. 일찌감치 제사장 손에 맡겨져 성전에서 살았던 사무엘은 곧바른 사사로 성장하고, 이스라엘의 왕정을 여는 중책을 맡는다. 첫 왕 사울은 뛰어난 자질을 가졌지만 제 힘과 능력을 과신한 탓에 서서히 몰락의 길을 걷는다. 하나님의 명령에 따라 사무엘은 다시 다윗에게 기름을 붓고 왕위를 넘긴다. 저 유명한 '다윗과 골리앗'의 한판 승부 이야기도 여기서 볼 수 있다.

사무엘기하 이스라엘 역사를 통틀어 가장 위대한 임금으로 꼽히는 다윗의 통치와 추락을 그린다. 난국을 진정시키고 왕위에 오른 그는 주변 국가들을 잇달아 굴복시키고 빼앗겼던 법궤를 되찾았으며, 영토를 크게 넓혀 강국으로 성장할 토대를 놓는다. 하지만 간통을 저지르고 충직한 부하를 사지에 내몰아 죽게 하는 치명적인 범죄를 저지르면서 단번에 추락하고 만다. 이윽고 사랑했던 아들이 반란을 일으키고, 함께 사지를 넘나들었던 신하들이 갈라져 서로 죽이는 비극적인 사태가 벌어진다.

열왕기상 솔로몬과 그 이후에 등장한 왕들, 그리고 걸출한 예언자들의 행적을 기록한 책. 왕위 다툼의 최종 승자가 된 솔로몬은 통치 초기, 대대적인 제사를 드리고 웅장한 성전을 건축하는 등 하나님을 향한 진심을 드러낸다. 하지만 명성과 권력이 드높아지자 초심을 잃고 백성에게 높은 세금과 힘든 노역을 강요하는 한편, 끝없는 정략결혼으로 동맹을 늘려간다. 결국 솔로몬이 눈을 감기 무섭게 왕국은 이스라엘과 유다로 갈라진다. 두 나라는 제각기 왕위를 이어가며 끝없이 부대낀다. 하나님은 엘리야를 통해 권능을 드러내 보이며 거룩한 약속을 상기시키고 회개를 촉구하신다.

열왕기하 이스라엘과 유다 왕국이 차례로 무너져 내리는 쇠락의 역사를 다룬다. 하나님은 예언자들을 숱하게 보내 멸망을 경고하고 바른길로 돌아서길 요구하시지만, 두 나라의 대다수 임금들은 귀를 단단히 틀어막고 거룩하지 못한 삶으로 오로지한다. 예언자 엘리야의 뒤를 이은 엘리사는 수없이 많은 기적들을 일으키고 개혁을 부르짖었지만, 보람을 얻지 못한다. 결국 북쪽 이스라엘은 앗시리아에, 남쪽 유다는 바빌론에 차례로 멸망당하고 만다.

역대지상 아담부터 다윗에 이르는 이스라엘의 방대한 족보, 그리고 다윗이 통치하던 시절의 역사를 기록한 책. 족보는 포로로 끌려갔다 간신히 고향으로 돌아온 이스라엘 백성에게 민족의 정체성을 확인시키고 궁극적으로 되돌아가야 할 지점이 어디인지 가리켜 보여준다. 족보를 상세하게 소개한 뒤에는 언약궤를 되찾고 성전 지을 준비를 완벽하게 갖춰놓았던 다윗 임금에 초점을 맞춘다. 다윗 왕국은 영광스러운 역사의 첫 줄이었고, 성전은 하나님과 맺은 약속의 상징이었기 때문이다.

역대지하 역대지하는 솔로몬 왕국으로 시선을 돌린다. 솔로몬이 지은 성전이 얼마나 화려하고 웅장했는지, 그 안에 들어가는 기구 하나하나까지 상세히 그려가며 소개한다. 아울러 솔로몬의 부귀와 영화가 얼마나 대단했으며 지혜가 얼마나 탁월했는지 낱낱이 되새김질한다. 뒤를 이은 임금들의 발자취를 따라가며 이스라엘이 몰락하고 포로 신세가 되었음을 알리지만, 끝머리에는 고레스가 내린 해방 명령을 실어 또 다른 시대가 열릴 것임을 예고한다.

에스라기 페르시아로 끌려갔다가 풀려난 이스라엘 백성의 귀향, 그리고 성전과 성벽을 다시 세우는 힘겨운 씨름, 무너진 이스라엘 백성의 신앙을 되세우려는 선지자 에스라의 분투를 다룬다. 기적처럼 포로 신세에서 벗어나 고향으로 돌아온 백성은 감격 속에 제사를 드리고 성전과 성읍 재건에 나서지만, 완공을 보기까지는 악랄하고도 치밀한 적들의 방해 공작에 시달려야 했다. 뒤늦게 2진을 이끌고 이스라엘에 돌아온 에스라는 신앙이 형편없이 흐트러진 동포들의 모습에 경악하고 곧장 회복운동에 나선다.

느헤미야기 에스라와 비슷한 시대를 살았던 느헤미야가 고향으로 돌아와 펼친 개혁운동을 담고 있다. 바빌론에서 임금을 모시는 관리로 일하던 느헤미야는 재건 공사가 지지부진하다는 고국 소식에 귀환을 결심한다. 고향에 돌아온 느헤미야는 적대 세력의 압박을 뿌리치고 여러 가문과 힘을 모아 재건 공사를 마무리한다. 마침내 공사가 끝나자, 이스라엘 백성은 한데 모여 율법을 낭독하고, 죄를 뉘우치고, 예배를 드리고, 삶의 자세를 가다듬었다.

에스더기 페르시아의 임금 아하수에로의 왕비가 된 유대 여인 에스더의 파란만장 일대기. 에스더가 포로의 처지에서 단번에 왕비가 되었을 즈음, 유대인들은 총체적인 난국을 맞는다. 임금의 총애를 받는 고관 하만이 자신에게 고분고분 고개를 숙이지 않는 유대인들을 모조리 말살하기로 작정하고 실행에 들어간 까닭이다. 에스더는 제 목숨을 내놓고 동족을 살리는 데 앞장선다.

욥기 더없이 풍요롭고 행복한 삶을 누리던 이가 하루아침에 가진 걸 다 잃어버리고 고통의 수렁에 빠진다면, 그의 뇌리엔 어떤 생각들이 오갈까? 나무랄 데 없이 선한 성품, 풍요로운 삶, 화목한 가정까지 무엇 하나 모자람 없던 욥은 거대한 불행에 휩쓸려 고통의 바다 깊숙이 가라앉고 만다. 친구들은 잘못한 게 있으니 벌을 받는 게 아니냐고 하지만, 욥으로선 불행의 원인을 도무지 가늠할 수 없다. 토론이 이어지고 목소리가 높아지지만, 결론은 나지 않는다. 이제 하나님의 답을 들어볼 차례다. 그분은 무어라 하시는가?

시편 하나님의 백성이 부르는 노래 모음. 다윗과 솔로몬을 비롯해 여러 시인들의 노래를 모았다. 하나님의 됨됨이와 이루신 일들을 높이고 찬양하는 노래가 많지만, 그것이 전부는 아니다. 더러는 베풀어주신 은혜에 감격하기도 하고, 괴로움을 호소하며 도움을 구하기도 하고, 허물을 고백하고 용서를 구하기도 하고, 하나님께서 주신 약속을 되새기기도 하며, 예배의 즐거움을 노래하기도 한다.

잠언 하나님을 임금으로 삼고 사는 백성의 눈으로 어떻게 세상을 살아야 할지 간결하게 정리한 글 모음. 지혜가 얼마나 소중한 보물인지 누누이 설명한 뒤, 좋은 친구를 사귀고, 슬기로운 말을 하고, 게으름과 성적인 유혹을 피하는 법 등 다양한 주제를 다룬다. 흔히 보는 교훈집이나 금언서와는 출발이 다르다. 잠언은 지혜의 근원을 하나님에 두는 까닭이다.

전도서 땅에 코를 박고 사는 이들에게 삶의 본질을 가리켜 보이며 고개를 들어 하늘을 올려다보라고 가르치는 책. "헛되고 헛되다. 모든 것이 헛되다"라는 선언에서 출발해 무슨 일이든 때가 있는 법임을 일깨운다. 인생은 불공평하며 한 치 앞도 알 수 없지만, 조바심칠 게 아니라 오늘을 살며 하나님을 바라보라고 권한다.

아가 두 연인이 나누는 사랑 노래. 낯빛이 까만 여인과 왕이기도 하고 목자이기도 한 사내는 끝없이 연모하고, 사랑을 나누며, 혼인의 즐거움을 만끽하고, 더불어 춤을 춘다. 둘이 서로를 그리워하며 쏟아내는 고백은 다정하고, 안타까우며, 사랑스럽고, 더러 에로틱하기까지 하다.

이사야서 네 임금의 치세와 흥망성쇠를 지켜본 선지자 이사야는 유다와 예루살렘에 관한 환상을 보고 백성에게 하나님이 주신 메시지를 선포한다. 하나님께 등을 돌린 '죄지은 민족, 허물이 많은 백성, 흉악한 종자, 타락한 자식들'을 향해 심판이 코앞에 닥쳤음을 경고하는 반면, 다른 한편으로는 그럼에도 불구하고 더없이 큰 권세로 구원하시는 하나님의 사랑을 선포한다.

예레미야서 유다가 막바지를 향해 치닫던 시절에 활동했던 예언자 예레미야가 전하는 하나님의 메시지. 멸망이 코앞에 닥쳤으니 당장 뉘우치고 돌아서라 외쳤기에 백성의 격렬한 반발을 샀다. 임금과 백성의 비위를 맞추기에 급급한 사이비 예언자들의 모욕을 감수해야 했고, 옥에 갇히기도 했다. 하지만 예레미야는 암울한 미래를 예고하는 데 그치지 않고 하나님의 약속이 회복되는 궁극적인 미래를 가리켜 보인다.

예레미야 애가 유다의 참담한 미래를 내다보고 탄식하며 눈물짓는 예언자의 노래. 백성은 사로잡혀 사방팔방으로 뿔뿔이 흩어지고, 거룩한 성 예루살렘은 황폐해져 적막이 감돈다. 예언자는 이 모두가 마땅히 치러야 할 죗값임을 지적하고, 고아의 처지가 된 백성을 기억해주길 하나님께 호소한다.

에스겔서 포로로 끌려간 바빌론에서 예언자로 활동했던 에스겔의 메시지. 앞선 책의 예언자들처럼 유다와 뭇 나라들에 쏟아질 하나님의 심판을 선포하고, 예루살렘의 회복과 축복을 예고하며, 하나님께서 더없이 가까이 함께해주실 미래를 소망한다. 책을 가득 채운 기이하고 기묘한 행적과 환상들은 이런 메시지들을 생생하게 전달하고 깊이 각인시킨다.

다니엘서 포로의 처지로 바빌론 왕궁에 살며 집중 관리를 받았던 유다 청년 다니엘이 하나님을 향한 순수한 마음을 지키기 위해 벌였던 씨름, 그리고 그이가 꿈에 보았던 놀라운 환상을 기록한 책. 한결같은 신앙을 가졌던 까닭에 다니엘은 일생일대의 위기를 겪지만, 하나님의 극적인 개입으로 목숨을 건진다. 후반부에는 다니엘이 보았던 기이한 환상과 상징들이 파노라마처럼 펼쳐진다.

호세아서 신앙적으로 한없이 타락하고 우상숭배가 극성을 부리던 이스라엘 땅에서 활동했던 예언자 호세아의 입을 통해 전하는 하나님의 메시지. 바람기 가득한 아내를 결코 포기하지 않고 줄곧 사랑을 이어가는 삶을 통해 하나님의 사랑이 얼마나 극진한지 한눈에 보여준다.

요엘서 유다와 예루살렘에 닥친 엄청난 자연재해를 소재로 예언자 요엘이 전한 하나님의 메시지. 예언자는 메뚜기 떼의 습격을 이민족의 침입에 빗대어 설명한 뒤, 뉘우치고 돌아오기를 기대하는 하나님의 마음을 전한다. 하나님은 진심으로 회개하면 재앙을 거두기도 하는 분임을 강조하며, 즉각적이고 전폭적인 회개를 촉구한다.

아모스서 종교적인 타락과 위선. 무너진 정의. 부패한 사회를 매섭게 비판했던 예언자 아모스가 전한 하나님의 메시지. 다마스쿠스와 모압을 비롯해 숱한 주변 국가들을 향한 하나님의 진노와 징계를 선포하고 이스라엘의 멸망을 예언하지만, 거룩한 질서가 회복된 미래에 대한 예고도 빼놓지 않는다.

오바댜서 예언자 오바댜의 입을 통해 에돔을 향한 노여움과 심판을 예고하시는 하나님의 메시지. 유다가 바빌론에 시달리는 모습을 지켜보며 돕기는커녕 도리어 웃음 짓던 오만한 에돔은 하나님의 손에 무너지고, 거룩한 백성이 승리를 거둘 것을 예고한다.

요나서 예언자 요나는 강대국 니느웨에 가서 죄를 꾸짖고 심판이 임박했음을 알리라는 하나님의 명령을 받지만, 순종 대신 도망을 택한다. 이후에 벌어지는 사건들은 속속들이 죄에 물든 인간일지라도 돌이키기만 하면 얼마든지 용서하시겠다는 하나님의 속내를 여실히 보여준다.

미가서 정의는 무너지고 죄악이 차고 넘치는 유다와 이스라엘을 꾸짖고, 거룩한 뜻과 질서가 지배하는 새로운 세상을 그려 보이며, 하나님께서 진정으로 원하시는 바가 무엇인지를 명쾌하게 제시한다.

나훔서 나훔이 선포한 하나님의 메시지로 '피의 도성, 거짓말과 강포가 가득하며 노략질을 그치지 않는 도성' 니느웨의 멸망을 예고한다. 하나님이 얼마나 크고 강하며 사랑이 가득한 분인지 설명하고, 그 권세가 어떻게 니느웨를 파멸에 이르게 할지 그림처럼 선명하게 보여준다.

하박국서 정의와 심판에 대한, 예언자 하박국과 하나님의 질의응답. 하박국은 세상에 이토록 불의가 가득한데 하나님은 어째서 짐짓 모른 체하시는가 따져 묻고, 하나님께서는 지체 없이 단호한 답변을 내놓으신다. 하박국은 "주 하나님은 나의 힘"이라는 고백으로 긴 대화를 마무리한다. 하나님은 과연 어떤 답을 주셨을까?

스바냐서 예언자 스바냐가 전하는 하나님의 메시지. 유다와 열방의 죄상을 통렬하게 지적하고 시시각각 다가오는 심판을 예고하는 한편, 징벌이 그치는 '그날이 오면' 축제 같은 즐거움이 가득하리라고 가르친다.

학개서 바빌론 포로 생활에서 풀려나 고국에 돌아온 뒤, 성전을 다시 세우기 위해 안간힘을 썼던 예언자 학개가 전하는 하나님의 메시지. 재건 작업이 지지부진한 현실 앞에서 성전을 다시 세우는 행위가 갖는 의미를 설파하고, "언약이 아직도 변함이 없고, 나의 영이 너희 가운데 머물러 있으니, 너희는 두려워하지 말라"는 거룩한 음성을 전달한다.

스가랴서 뿔과 대장장이, 측량줄, 대제사장 여호수아, 순금 등잔대와 두 올리브나무, 날아다니는 두루마리, 곡식 넣는 뒤주, 병거 네 대 등 기이하고 다양한 환상들을 기록하고, 선택한 백성을 향한 하나님의 구원 계획을 소개하는 예언자 스가랴의 글.

말라기서 구약성경의 마지막 책. 진실한 예배가 사라지고 말라비틀어진 형식만 남은 세상, 약자들이 억압받고 소외되는 불의한 사회를 고발하고, 하나님께서 '특사'를 보내셔서 온갖 불순한 동기와 행위들을 정결하게 하며 굽은 정의를 바로 세우시는 날이 기필코 오리라고 단언한다.

Bible in Hand | 교양인을 위한 성경

〈교양인을 위한 성경〉 시리즈는 〈성경전서 새번역〉 본문과 해제로 구성해 각 책별로 발간하고 있다. 구약은 김근주 교수(기독연구원 느헤미야), 신약은 권연경 교수(숭실대 기독교학과)가 성경을 읽어가는 재미와 정보의 길안내를 맡았다. 〈교양인을 위한 성경〉 시리즈는, 성경을 읽기 쉽고 보기 좋게 편집해, 페이지마다 궁금해할 만한 부분에 해제를 달았다. 언제 어디서나 들고 다니며 읽기 편하게 일반 단행본 모양으로 한 권씩 묶었다.

구약

세상의 모든 처음
창세기 | 248p | 11,000원 | Ebook 8,000원

영광의 탈출, 새로운 삶을 향하여
출애굽기 | 212p | 11,000원 | Ebook 8,000원

시민의 조건
신명기 | 200p | 15,000원 | Ebook 11,000원

선택, 어느 편에 설 것인가?
여호수아기 · 사사기 · 룻기 | 278p | 15,000원 | Ebook 11,000원

왕국의 출발, 왕의 조건을 묻다
사무엘기(상 · 하) | 316p | 19,000원 | Ebook 14,000원

남북왕조실록, 선택과 도태의 역사
열왕기(상 · 하) | 324p | 22,000원 | Ebook 16,000원

하나님 없는 세상에서 하나님과 함께 살아가기
에스라기 · 느헤미야기 · 에스더기 | 192p | 9,000원 | Ebook 7,000원

고난을 해석하는 제3의 시선
욥기 | 162p | 15,000원 | Ebook 11,000원

마음의 끝에서 부르는 새 노래
시편 | 358p | 19,000원 | Ebook 14,000원

지혜와 삶과 사랑
잠언 · 전도서 · 아가 | 192p | 8,500원 | Ebook 6,500원

어둠을 딛고 빛을 읽다
이사야서 | 278p | 15,000원 | Ebook 11,000원

신약

성취된 약속, 왕으로 온 메시아
마태복음서 | 188p | 10,000원 | Ebook 8,000원

너희는 나를 누구라고 하느냐?
마가복음서 | 128p | 7,000원 | Ebook 5,500원

예수 연대기 : 말구유에서 빈 무덤 너머까지
누가복음서 | 208p | 11,000원 | Ebook 8,000원

검은 현실을 부수는 빛의 소리
요한복음서 | 156p | 8,000원 | Ebook 6,000원

행진, 담대하게 거침없이
사도행전 | 176p | 8,500원 | Ebook 6,500원

벼랑 끝 인생에게 주는 생존방정식
로마서·고린도전후서·갈라디아서 | 272p | 15,000원 | Ebook 11,000원

살며, 사랑하며, 지키며
에베소서·빌립보서·골로새서·데살로니가전후서·디모데전후서·
디도서·빌레몬서 | 208p | 15,000원 | Ebook 11,000원

위기의 신앙 공동체, 무엇으로 사는가
히브리서·야고보서·베드로전·후서·요한1·2·3서·유다서
184p | 15,000원 | Ebook 11,000원

●Bible in Hand | 교양인을 위한 성경 시리즈는
구약 17권, 신약 9권으로 2026년 완간 예정이다.

BIBLE in Hand 교양인을 위한 성경

선택, 어느 편에 설 것인가?

구약 | 여호수아기 · 사사기 · 룻기

1쇄 발행일 2020년 7월 7일
2쇄 발행일 2025년 4월 2일

펴낸이 최종훈
펴낸곳 봄이다 프로젝트
등록 2017-000003
주소 경기도 양평군 서종면 황순원로 414-58 (우편번호 12504)
전화 02-733-7223
이메일 hoon_bom@naver.com

책임편집 이나경 박준숙
디자인 designGo
표지 이미지 shutterstock
인쇄 SP

ISBN 979-11-963622-9-4
값 15,000원